Lucius Apuleius

Der goldene Esel

Übersetzt von Carl Fischer
Mit einer Einleitung und Erläuterungen
von Bernhard Kytzler

Bibliothek der Antike
Deutscher Taschenbuch Verlag
Artemis Verlag

Vollständige Ausgabe.

Oktober 1990
Deutscher Taschenbuch Verlag GmbH & Co. KG,
München

Umschlaggestaltung: Celestino Piatti
Gesamtherstellung: C. H. Beck'sche Buchdruckerei,
Nördlingen
Printed in Germany · ISBN 3-423-02250-7

Über dieses Buch

Lucius, ein junger Grieche, lebenslustig, neugierig und auf Zauberei erpicht, wird von einer Hexe in einen Esel verwandelt. Als er gerade zurückverwandelt werden soll, zerrt eine Räuberbande ihn aus seinem Stall. Er nimmt Reißaus, und damit beginnt eine Reihe von Abenteuern, bei denen der in seiner Tierhaut gleichsam versteckte Lucius erfährt, wie bedenklich sich das Treiben der Menschen ausnimmt, wenn sie sich unbeobachtet fühlen. Daß er dabei Prügel einstecken muß, versteht sich im Eselsdasein. Er fällt in die Hände von Wüstlingen und Sadisten, gerät unter die höchst merkwürdige Priesterschar der »Syrischen Göttin« und nimmt als stiller Beobachter an ihren homoerotischen und masochistischen Orgien teil. Nur bisweilen geht es ihm besser. Bei einem Koch kann er sich an übriggebliebenen Geflügeln, Plätzchen und Kuchen laben, und im Haus einer von seiner Eselsgestalt entflammten Sodomitin genießt er eine Weile lang Ruhe und Wohlleben, bis er vor ihrer Zudringlichkeit die Flucht ergreift. Nach langer Suche findet er doch noch das Mittel, das ihn wieder in einen Menschen verwandelt: Die Göttin Isis zeigt es ihm im Traum und führt ihn so endlich seiner Erlösung zu.

Lucius Apuleius, 125 n. Chr. in einer afrikanischen Provinz Roms geboren, hat neben seinem Roman philosophische, theologische und rhetorische Schriften verfaßt. Er ist dadurch zu ungewöhnlichem Ruhm gekommen; schon zu Lebzeiten wurden ihm mehrere Denkmäler gesetzt. Ohne Zweifel hat er mit den scheinbar bloß heiteren oder burlesken Episoden seines ›Goldenen Esels‹ auch eine philosophische Absicht verfolgt: Sie besteht in der Lehre, daß der Mensch sich von seiner Tiernatur befreien müsse, um in reiner Hinwendung zum Göttlichen sein eigentliches Leben zu finden.

Literatur · Philosophie · Wissenschaft

Bibliothek der Antike
Herausgegeben von Manfred Fuhrmann

EINLEITUNG

Im Gegensatz zu den meisten anderen antiken Romanautoren, deren Lebenslauf uns vielfach kaum kenntlich ist, tritt der Verfasser des vielleicht frühesten uns vollständig erhaltenen antiken Romans der Nachwelt deutlicher vor Augen. Seine Lebenszeit ist zwischen 125 und 180 n. Chr. anzusetzen, sein Geburtsort ist Madaura in Numidien. Neben dem hier abgedruckten Hauptwerk, von dem im folgenden zu reden sein wird, liegen uns noch mehrere kleinere Werke vor, ferner auch Hinweise auf verlorene Veröffentlichungen (Reden, Poeme, Naturwissenschaftliches, Historiographisches) sowie pseudepigraphische Schriften. Am interessantesten unter den kleineren Werken ist wohl die einzige uns erhaltene Gerichtsrede aus der Kaiserzeit, die ›Apologie‹ aus dem Jahre 158 n. Chr., in der sich Apuleius gegen die Anklage der Zauberei verteidigt, die ihm seine Heirat mit der recht vermögenden Witwe Aemilia Pudentilla eingetragen hatte. Aus verschiedenen anderen Reden sind besonders effektvolle Glanzstellen, wohl von späterer anonymer Hand, herausgehoben worden; die 23 Texte dieser ›Florida‹ füllen 43 Seiten. Daneben sind noch Schriften zu erwähnen, die sich philosophischen Fragen zuwenden, so die Erörterungen über Dämonologie und das *Daimonion* des Sokrates (›De deo Socratis‹) und über Platon und seine Lehre (›De Platone et eius dogmate‹); die letztere hat uns als älteste lateinische Schrift des Neuplatonismus zu gelten und beansprucht auch als ausgearbeitetes Kollegheft wie Ciceros ›De inventione‹ eigenes Interesse. Schließlich ist, nach Ciceros Übertragung des Platonischen ›Timaios‹, des Apuleius lateinische Bearbeitung der Schrift ›Über das Weltall‹ aus dem *Corpus Aristotelicum* (›De mundo‹) die nächste uns erhaltene nahezu wörtliche Übertragung eines griechischen Prosatextes ins Lateinische.

Auch der Roman des Apuleius, von ihm selbst ›Verwandlungen‹ benannt (›Metamorphoseis‹), von Augustin (›Der Gottesstaat‹ 18,18) als ›Der goldene Esel‹ erwähnt, geht auf eine griechische Vorlage zurück, von der uns im Corpus der Schriften des Lukian eine von einem Angehörigen der Zweiten Sophistik (vielleicht Phoinix oder Phylax aus Hypata, 2. Jahrhundert n. Chr.) geformte Fassung erhalten ist. Wenn man diese zum Vergleich mit dem Werk des Apuleius heranzieht, zeigt sich unter anderem zweierlei: Apuleius hat durch aufwendige Sprachkunst, mehr noch durch vielfältige umfangreiche Einlagen das Werk auf etwa den sechsfachen Umfang gebracht; zum anderen hat er ihm statt des burlesken Schlusses einen feierlich mystischen Ausklang gegeben, indem er das ganze elfte Buch hinzufügt, das der Göttin Isis geweiht ist. Unter den bereits erwähnten Einfügungen (sie sind nebenstehend aufgeführt) finden sich Anklänge an das Siegfried- und das Phädra-Motiv; als berühmteste Einlage gilt die in die Mitte des Romans plazierte märchenhafte Erzählung von Amor und Psyche. Sie ist dem Thema der Haupterzählung verbunden durch das gemeinsame Motiv der Neugier, *curiositas*, welche den Menschen ins Unglück führt, aus dem ihn erst nach vielerlei Leid und Prüfung die Gunst einer gnädigen Gottheit erlöst. Ist es im Märchen die Neugier der liebenden Psyche, die trotz des Gebotes ihres Gatten sich nicht bezähmen kann und ihn unerlaubt im Schlaf betrachtet, so ist es im Roman selbst der junge Erzähler, der aus Neugier sich mit unerlaubten magischen Künsten in einen Esel verwandelt, dann aber die Rückkehr zur Menschengestalt nicht mehr zu bewirken vermag, so daß er als Grautier ein gar grausames Geschick erleiden muß, bis ihn endlich nach vielerlei Pein die Gnade der Isis erlöst.

Ruhm und Nachruhm des Apuleius übertreffen alles, was andere antike Romanautoren zu erreichen vermochten. Zu Lebzeiten wurden ihm Statuen gesetzt, als einziger römischer Dichter neben Vergil wurde er durch eine Bronzestatue im byzantinischen Gymnasium Zeuxippos geehrt (›Anthologia Palatina‹ 2, 303), *Contorniaten*, jene münzartigen Medaillen der römischen Antike, zeigen sein Bildnis. Berühmt war er nicht nur als Rhetor, sondern auch als Zauberer, dessen Wundertaten, wie Augustin mehrfach bezeugt, von den Gegnern der jungen Kirche mit denen Christi verglichen wurden. Zahlreiche Spuren bekunden auch seinen Einfluß im Mittelalter. Boccaccios ›Decamerone‹ nimmt die Geschichte vom Galan im Faß wieder auf (Bocc. 7, 2). Einen Höhepunkt markiert Raffaels Zyklus ›Amor und Psyche‹ in der Farnesina in Rom.

APULEIUS

DER GOLDENE ESEL

ERSTES BUCH

Also gut! ich will ein paar milesische Geschichten erzählen und dein geneigtes Ohr mit angenehmem Geplauder erfreuen – soweit du es nicht verschmähst, in diese mit dem spitzen Nilrohr beschriebenen ägyptischen Blätter Einblick zu nehmen: in menschliche Gestalten und Geschicke, die sich verwandeln und wieder zurückverwandeln, daß du dich wundern wirst.

Ich fange an. – Aber wer ist der Erzähler?

In aller Kürze: der attische Hymettos, der korinthische Isthmos und der spartanische Tainaros, herrliche Gefilde und ewig gepriesen in noch herrlicheren Büchern, sind die Heimat meines Geschlechts; dort habe ich als Kind im ersten Unterricht Attisch gelernt. Dann habe ich mich in der Stadt Latiums als junger Student mit der bei den Quiriten heimischen Sprache mit Fleiß und Mühe und ohne die Anleitung eines Lehrers vertraut zu machen begonnen und sie zu beherrschen gelernt.

Und deshalb bitte ich auch um Nachsicht, wenn ich durch mein Ungeschick in der mir nicht so geläufigen auf dem römischen Forum üblichen Ausdrucksweise Anstoß erregen sollte. Andererseits entspricht vielleicht gerade dieser Wechsel im Tonfall den Kapriolen der Geschichte, die uns bevorsteht. Ich erzähle eine griechische Geschichte, eine besonders amüsante Geschichte. Paß auf, lieber Leser: Es wird dir Spaß machen!

*

Thessalien – denn dorther stamme ich mütterlicherseits, und daß sich meine Abstammung von dem berühmten Plutarch und seinem Neffen, dem Philosophen Sextus, herleitet, kann mir nur zur Ehre gereichen –, Thessalien also war das Ziel einer Geschäftsreise. Nachdem ich steile Gebirge, feuchte

Täler, taufrische Wiesen und unwegsame Felder hinter mir hatte, sprang ich, da ich auf einem schneeweißen einheimischen Schimmel ritt, der ebenfalls schon recht müde war, auf die Füße, um die vom Sitzen begünstigte Schläfrigkeit abzuschütteln und mir die Beine zu vertreten; ich wischte mit etwas Laub dem Pferd sorgsam den Schweiß ab, rieb ihm die Ohren, machte das Zaumzeug los und führte es gemächlichen Schrittes langsam weiter, bis sich sein Leib die übliche und natürliche Abhilfe suchte und von der lästigen Ursache seiner Trägheit befreite. Während es sich im Vorbeigehen die Wiesen schmecken ließ, an denen es vornübergebeugt und mit seitwärts gewandtem Maul rupfte, gesellte ich mich als dritter zu zwei Gefährten, die vor uns gingen. Und wie ich ihren Gesprächen zuhörte, fing der eine von ihnen auf einmal laut zu lachen an und rief: »Spare deine Worte, hör auf mit diesem Unsinn und diesen Ungeheuerlichkeiten!«

Was ich vernahm, reizte meinen immer wachen Wissensdurst um so mehr, und ich mischte mich ein: »Im Gegenteil, laßt mich zuhören! Ich bin zwar nicht neugierig, möchte aber gerne alles oder wenigstens so viel als möglich wissen. Zugleich wird uns durch die angenehme Unterhaltung der Aufstieg auf den Hügel weniger sauer.«

Der zuerst gesprochen hatte, erwiderte: »Weiß Gott, dieses Märchen ist so wahr wie die Behauptung, durch irgendeinen Hokuspokus würden die Flüsse rückwärts fließen, das Meer regungslos erstarren, die Winde aufhören zu wehen, die Sonne stillstehen, der Mond zu Schaum werden, die Sterne niederfallen, würde es nie mehr Tag und würde es ewige Nacht!«

Da faßte ich etwas mehr Mut und sagte: »Du hast angefangen zu erzählen, laß dich nicht ärgern und dich nicht davon abbringen, auch den Rest zu berichten«, und zu dem anderen: »Wenn du auch dicke Ohren und einen eigensinnigen Kopf hast, so kann doch trotzdem wahr sein, was dir nicht gleich einleuchtet. Du scheinst wirklich nicht zu wissen, daß man oft verkehrterweise für Schwindel hält, was neu zu hören oder ungewohnt zu sehen ist oder was zumindest außerhalb unserer Vorstellung zu liegen scheint. Aber wenn du dann genauer hinsiehst, wirst du merken, daß es nicht nur möglich, sondern sogar auch wahrscheinlich ist.

Als ich mich zum Beispiel gestern abend mit meinen Tischgenossen um die Wette bemühte, statt eines vernünftigen Bissens ein zu großes Stück Käsepolenta hinunterzuwürgen, wäre ich beinahe erstickt, weil mir der zähe Brei im Halse steckenblieb und ich keine Luft mehr bekam. Und doch habe ich kürzlich in Athen, vor der Bunten Halle, mit diesen meinen beiden Augen einen Schausteller einen scharfen Reitersäbel mit der Spitze voran verschlucken sehen, der sich dann auch noch für ein paar Münzen einen Jagdspieß mit dem gefährlichen Ende tief in den Unterleib stieß. Und kaum zu glauben, auf die eiserne Spitze der Lanze, die samt dem Schaft aus dem Schlund wieder herauskam, kletterte ein junger Kerl und zeigte dort Akrobatenstücke, so elegant und luftig, daß wir Zuschauer nur so staunten. Geschickter hätte sich auch nicht die geschmeidigste Schlange um den knotigen Stock des Heilgottes schlingen und winden können. – Wie dem nun sei, auch wenn du schon angefangen hast, deine Geschichte zu erzählen, ich bitte dich, noch einmal von vorn zu beginnen. Ich will sie für deinen Kameraden mit glauben, und im ersten Wirtshaus machen wir Rast, und ich will für deine Zeche aufkommen. Das soll dein Lohn sein.«

Jener erwiderte: »Deinen Wunsch erfülle ich dir selbstverständlich gern, und ich will mit der ganzen Geschichte noch einmal von vorn anfangen. Zunächst aber schwöre ich dir beim allschauenden Sonnengott, daß alles, was ich erzähle, die lautere Wahrheit ist, wie ich sie selbst erlebt habe; ihr werdet euern Zweifel begraben, wenn ihr in der nächsten thessalischen Stadt feststellt, daß noch in aller Leute Mund ist, was vor aller Augen geschah. Doch damit ihr auch wißt, wer und woher ich bin: ich heiße Aristomenes und stamme aus Ägion. Und was mein Gewerbe betrifft, so ziehe ich mit

Honig, Käse und anderem Ladenkram kreuz und quer durch Thessalien, Ätolien und Böotien. Da ich nun hörte, daß in Hypata, übrigens die schönste Stadt von ganz Thessalien, frischer und wohlschmeckender Käse zu einem günstigen Preis angeboten wird, machte ich mich rasch auf den Weg, um den ganzen Posten aufzukaufen. Aber wie es zu gehen pflegt, ich war mit dem linken Fuß aufgestanden und sah mich in meiner Hoffnung auf ein gutes Geschäft getäuscht; am Tag zuvor hatte nämlich der Großhändler Lupus alles weggeschnappt. So hatte ich mich schließlich, erschöpft von der sinnlosen Eile, gegen Abend ins Bad begeben.

Und hier sehe ich plötzlich meinen alten Freund Sokrates. Er saß am Boden, notdürftig in seinen zerrissenen Mantel gehüllt, vor Blässe und Magerkeit kaum wiederzuerkennen und ganz wie die Stiefkinder Fortunas, die an den Ecken zu betteln pflegen. Bei seinem Aufzug schämte ich mich fast, ihn anzusprechen, obwohl er ein Freund und guter Bekannter war. ›He, Sokrates, was soll denn das heißen? Wie siehst du denn aus? Schämst du dich nicht? Zu Hause hat man dich schon beweint und betrauert, das Gericht hat für deine Kinder schon den Vormund bestellt, deine Frau ist nach der Trauerfeier vor Kummer und Schmerz fast zusammengebrochen; sie hat sich die Augen aus dem Kopf geweint, bis sie fast blind war, und wird von ihren Eltern gedrängt, ihr verwaistes Heim durch die Freuden einer neuen Ehe wieder aufzuhellen. Und du läufst hier zu unser aller Schande wie ein leibhaftiges Gespenst herum!‹

›Ach, Aristomenes‹, erwiderte er, ›du hast ja keine Ahnung von des Glückes Launen, von seinem Unbestand und Wechsel!‹ Und zugleich versteckte er sein schamrotes Gesicht hinter den geflickten Lumpen, so daß sein Leib vom Nabel abwärts kaum noch bedeckt war. Ich konnte das jammervolle Schauspiel nicht länger mit ansehen, legte ihm die Hand auf die Schulter und hieß ihn aufstehen.

Aber mit verhülltem Haupt, so wie er war, rief er: ›Laß sein! Laß doch Fortuna sich auch weiter des Triumphes freuen, den sie sich zu verschaffen wußte!‹

Ich erreichte es, daß er mitging, und gleichzeitig zog ich einen meiner beiden Umhänge von der Schulter und beeilte mich, ihn zu bekleiden, besser gesagt: ihn zu bedecken, führte ihn umgehend ins Bad, brachte ihm, was er zum Salben und was er zum Waschen brauchte, scheuerte ihm mit Müh und Not die Schmutzkruste vom Leib und brachte ihn, nachdem das gründlich besorgt war, in ein Gasthaus, indem ich, selber mehr als müde, ihn mühsam auf den Beinen hielt; dort legte ich ihn auf das Bett, ließ ihn sich satt essen, tröstete ihn mit Wein und versuchte, ihn durch allerlei Geschwätz aufzumuntern. Bald gab es ein behagliches Geplauder, Scherze, Witze und auch schon kleine Sticheleien, als er auf einmal aus tiefster Brust qualvoll aufseufzte und sich mit geballter Faust vor die Stirn schlug und rief:

›Ach, ich Unglücklicher! Nur weil ich mir das Vergnügen eines Fechterspiels nicht versagen konnte, von dem viel Aufhebens gemacht wurde, bin ich in solches Elend geraten! Du erinnerst dich noch, daß ich seinerzeit nach Makedonien reiste, um ein bißchen Geld zu verdienen; und wie ich nach zehn Monaten mit gefüllter Börse wieder auf dem Heimweg bin, werde ich kurz vor Larissa, wo ich mir im Vorbeigehen das Schauspiel ansehen wollte, in einer einsamen und engen Schlucht von Räubern schlimmster Sorte überfallen, so daß ich, all meiner Habe beraubt, nur mit Müh und Not noch mein Leben rette, um aufs äußerste zugerichtet bei einer Schankwirtin namens Meroë einzukehren, einem schon etwas älteren, aber nicht so üblen Geschöpf, der ich die Umstände meiner langen Wanderschaft, meiner mühseligen Heimreise und meiner elenden Ausplünderung erzählte; sie ließ sich dazu herbei, mich mit aller Herzlichkeit willkommen zu heißen, lud mich mir nichts dir nichts zu einem guten Essen und schließlich, da sie sich nicht mehr zu lassen wußte, auch in ihr Bett ein. Und das war mein Unglück, denn aus der zufälligen Begegnung dieser einen Nacht entwickelte sich ein jahrelanges und unerfreuliches Verhältnis; und die Fetzen, die mir die Räuber aus Menschenfreundlichkeit noch gelassen hatten, um mich zu bedecken, habe ich samt meinem ganzen Verdienst als Sackträger, solange ich noch bei Kräften war, für sie geopfert, bis mich das gute Weib und die böse Fortuna in jene Verfassung gebracht haben, deren Zeuge du vorhin geworden bist.‹

›Wahrhaftig, du verdienst es‹, sprach ich, ›daß es dir noch schlimmer geht, als es dir schon ergangen ist, wenn dir schnöde Lust und eine alte Vettel mehr wert sind als dein Zuhause und deine Kinder!‹

Doch auf einmal legte er den Zeigefinger an den Mund und flüsterte ganz erschrocken: ›Still, still‹, und sich umblikkend, ob niemand zuhöre, fuhr er fort: ›Nimm dich vor der Hexe in acht, daß dir deine vorlaute Zunge nicht Schaden bringt!‹

›Was soll denn das heißen?‹ fragte ich zurück: ›Was ist denn das für ein Weib, deine Hexenmeisterin und Schankwirtin?‹

›Eine Zauberin‹, sagte er, ›die Macht hat über das All; sie kann den Himmel herabziehen, die Erde hinaufhängen, die Quellen versiegen und die Berge zerfließen lassen; sie läßt die Toten aufwachen und die Götter sterben, sie löscht Sterne aus und erleuchtet den Tartarus!‹

›Halt!‹ rief ich, ›packe dein tragisches Theater ein und laß den Vorhang fallen, rede wie ein vernünftiger Mensch!‹

›Willst du das eine oder andere oder mehreres von ihren Künsten hören? Denn daß sie nicht nur Einheimische, sondern auch Inder und Äthiopier von hüben und drüben und sogar Antipoden sterblich in sich verliebt macht, das sind nur Kleinigkeiten ihrer Kunst, Scherze sozusagen. Höre, was sie sich vor aller Leute Augen geleistet hat!

Einen ihrer Liebhaber, der sich in eine andere vergafft hatte, hat sie mit einem einzigen Wort in einen Biber verwandelt, um ihn an dem zu strafen, womit er sich vergangen hat: dieses Tier entmannt sich nämlich selbst, wenn es fürchtet, in Gefangenschaft zu geraten.

Einen Gastwirt aus der Nachbarschaft, der ihr Konkurrenz machte, hat sie in einen Frosch verwandelt; nun schwimmt der Alte in seinem eigenen Weinfaß herum und begrüßt, in der Hefe versinkend, seine alten Kunden dienstbeflissen mit heiserem Quaken.

Einen vom Gericht, der ihr den Prozeß machen wollte, hat sie in ein Schaf verwandelt; und nun kann er als Schaf den Verteidiger spielen.

Der Frau eines ihrer Liebhaber, die zu vorlaut geklatscht hatte, hat sie kurz vor der Geburt den Leib verschlossen und das Kind zurückgetrieben, so daß sie zu ewiger Schwangerschaft verdammt ist; und wie die Leute erzählen, wird die Ärmste nun schon seit Jahren immer dicker, als wollte sie einen Elefanten zur Welt bringen.

Weil dadurch viele Leute zu Schaden kamen, wuchs der allgemeine Unwille, und man beschloß, sie am anderen Tag zu Tode zu steinigen. Doch kam sie diesem Anschlag kraft ihrer Zaubersprüche zuvor; so wie Medea in der ihr von Kreon zugestandenen Tagesfrist sein ganzes Haus mitsamt der Tochter und dem Alten selbst durch den Flammenkranz zu Asche vebrannte, schloß sie mittels eines vor einem Grab vorgenommenen Leichenzaubers (wie sie mir selbst erzählt hat, als sie betrunken war) durch heimliche Geisterkraft die ganze Bevölkerung in ihre Häuser ein, so daß man zwei Tage lang weder die Riegel sprengen noch die Türen ausheben und nicht einmal die Wände selbst zu durchbrechen vermochte, bis sich endlich alle einhellig dazu herbeiließen, unter den heiligsten Eiden zu beteuern, man wolle nicht nur selbst nicht Hand an sie legen, sondern sie auch vor jedem, der anders dächte, schützen und ihr zu Hilfe kommen. Damit zufrieden, hat sie die ganze Stadt wieder erlöst. Aber den Anstifter jenes Anschlags hat sie bei stockfinstrer Nacht mit seinem ganzen Haus, einschließlich der Wände, des Bodens und der Fundamente, verschlossen wie es war, hundert Meilen weit in eine andere Stadt versetzt, die auf dem Gipfel eines so hohen Berges lag, daß es dort kaum Wasser gab. Weil aber die Häuser dort so dicht standen, daß für den neuen Ankömmling kein Platz zu finden war, setzte sie sein Haus einfach vor das Tor und machte sich wieder davon.‹

›Merkwürdig‹, sagte ich, ›und zugleich auch zum Fürchten, was du da berichtest, Sokrates! Du machst mir nicht nur Angst, sondern jagst mir den größten Schrecken ein, du setzt mir nicht nur einen Floh, sondern einen Elefanten ins Ohr, daß deine Alte durch ähnliche Geisterhilfe unsere Gespräche belauschen könnte. Daher wollen wir uns bald schlafen legen und uns, sobald unsere nächtliche Müdigkeit verscheucht ist, noch vor Tagesanbruch möglichst rasch aus dem Staube machen.‹

Während ich ihm noch diesen Rat gab, schnarchte der gute Sokrates bereits laut und tief, ermüdet vom ungewohnten Weingenuß und von den Aufregungen des Tages. Also machte ich die Türe zu, schob den Riegel vor, rückte mein Bett hinter die Türangel und legte mich dann ebenfalls nieder. Vor lauter Angst konnte ich eine ganze Weile keinen Schlaf finden, dann endlich fielen mir gegen Mitternacht die Augen zu. Kaum war ich ein wenig eingeschlafen, als es plötzlich einen Riesenkrach gab, schlimmer als wenn ein Haufen Räuber eingedrungen wäre; die Tür sprang auf oder wurde vielmehr aufgebrochen, daß die Splitter nur so durch die Luft flogen. Mein ohnehin zu kleines, dreibeiniges und morsches Bett wurde umgerissen und blieb, als ich herausgefallen war, umgestürzt über mir liegen.

Da wurde ich belehrt, daß die Empfindungen sich von Natur aus oft auf sich widersprechende Art äußern. So wie man nämlich bisweilen vor Freude Tränen vegießt, konnte ich mich jetzt in meinem größten Schrecken des Lachens nicht erwehren, daß ich aus Aristomenes plötzlich zu einer Schildkröte geworden war. Und wie ich am Boden liegend, durch mein so sinnreich umgefallenes Bett geschützt, nach der Seite schiele und abwarte, was weiter geschieht, erkenne ich zwei ziemlich betagte Weiber, deren eine eine helle Lampe und deren andere einen Schwamm und einen blanken Dolch trug. In diesem Aufzug stellten sie sich um den friedlich schlummernden Sokrates. Die mit dem Dolch fing an: ›Das ist er, Schwester Panthia, mein teurer Endymion, mein Ganymed, der Tag und Nacht sich über meine Jährchen lustig gemacht hat, der meine Liebe mit Füßen getreten und nicht nur meinen guten Namen in Verruf gebracht hat, sondern auch noch ausreißen will. Soll ich mich von diesem hinterlistigen Odysseus veralbern lassen und wie Kalypso meine ewige Einsamkeit beweinen?‹ Und während sie mit der ausgestreckten Rechten auf mich wies, rief sie: ›Und dieser kluge Ränkeschmied Aristomenes, der den Fluchtplan ausgeheckt hat und der jetzt, schon halbtot, der Länge nach unter seinem Bett am Boden liegt und zu uns herüberschielt, meint, mich ungestraft beschimpfen zu können. Er soll mir aber bald, nein gleich, nein hier auf der Stelle seine dreisten Reden und seine Neugier bereuen!‹

Wie ich das hörte, brach mir Armem der kalte Schweiß aus, und ich erschauerte durch Mark und Bein unter meinem Bett, so daß es unruhig über meinem Rücken bebte und tanzte. Doch die gute Panthia meinte: ›Wollen wir ihn, teure Schwester, zuerste bacchantisch in Stücke reißen oder ihm die Beine festbinden und ihm seine Gemächte abschneiden?‹ Meroë erwiderte – denn ich merkte, daß sie es war, von der Sokrates erzählt hatte: ›Nein, er soll am Leben bleiben und die Leiche dieses Kümmerlings im Sand verscharren‹, und gleichzeitig bog sie den Kopf des Sokrates zurück, stieß ihm den Dolch bis ans Heft in die linke Halsgrube und fing das herausspritzende Blut so geschickt mit einem untergehaltenen Schlauch auf, daß kein Tropfen danebenfiel. Ich habe es mit meinen eigenen Augen gesehen. Und um keinen der Opferbräuche außer acht zu lassen, wie mir schien, griff die gute Meroë mit der Rechten durch die Wunde tief in das Innere, suchte das Herz meines armen Freundes und zog es heraus, indessen er, nachdem ihm die Kehle mit der scharfen Waffe durchschnitten war, aus seiner Wunde stöhnte oder vielmehr röchelte und seinen Geist aufgab. Während Panthia die weit klaffende Wunde mit einem Schwamm zustopfte, flüsterte sie:

›Schwamm, o Schwamm, im Meer geboren!
Geh nicht überm Fluß verloren!‹

Dann drehten sie sich um, schoben das Bett auf die Seite und blieben breitbeinig über mir stehen, um so lange auf mich herabzuregnen, bis sie mich mit ihrem übelriechenden Naß völlig eingeweicht hatten.

Kaum waren sie hinaus, als sich die Tür unbeschädigt wieder an ihren alten Platz begab: die Angeln ruhten wieder auf ihren Zapfen, die Bänder sprangen wieder auf ihre Balken, die Riegel rasteten wieder ein.

Aber ich lag noch immer am Boden, besinnungslos, nackt, fröstelnd und naß wie ein Neugeborenes, oder im Gegenteil halbtot, mich selbst überlebend, ein Wiedergänger und auf jeden Fall ein sicherer Kandidat für das Kreuz: ›Was soll aus mir werden‹, sprach ich, ›wenn man morgen früh merkt, daß mein Zimmergenosse ermordet ist? Wer wird meiner Aussage Glauben schenken? Du hättest zumindest um Hilfe rufen können, wenn du starker Kerl mit dem Weib nicht allein fertig werden konntest; vor deinen Augen wird ein Mensch umgebracht, und du schweigst dazu? Warum hat denn die Mörderbande sich nicht auch an dir vergriffen? Warum hat denn ihre Mordlust ausgerechnet den Augenzeugen ihres Verbrechens geschont? Also marsch in den Tod, dem du entkommen bist!‹

Das waren meine Gedanken, während die Nacht allmählich wieder zum Tage wurde. In dieser Lage schien es mir das Beste, mich noch in der Dämmerung heimlich aus dem Staube zu machen und trotz aller Angst möglichst viel an Straße zu gewinnen. Ich nahm mein Gepäck auf, steckte den Schlüssel ins Schloß und wollte den Riegel zurückschieben; aber diese brave treue Tür, die in der Nacht so gerne aufgesprungen war, ließ sich jetzt nur schwer und mit knapper Not öffnen, nachdem ich den Schlüssel immer wieder von neuem probiert hatte.

›He! Wo ist da jemand?‹ rief ich, ›macht die Haustür auf, ich will fort, ehe es hell wird!‹ Der Knecht, der hinter der Haustür auf dem Boden lag, brummte verschlafen: ›Was soll das heißen? Weißt du nicht, daß Räubergesindel die Wege unsicher macht – mitten in der Nacht willst du aufbrechen?

Und selbst wenn du lebensmüde bist, weil du irgend etwas auf dem Kerbholz hast, habe ich noch lange keinen Kürbiskopf, daß ich mich für dich totschlagen lassen will!‹ – ›Es wird bald hell sein‹, gab ich zur Antwort. ›Und was sollte bei einem armen Wanderer für die Räuber schon zu holen sein außer seinen leeren Taschen? Oder weißt du Dummkopf nicht, daß auch zehn starke Männer keinen Nackten ausplündern können?‹ Mürrisch und faul drehte er sich auf die andere Seite und brummte: ›Wer weiß denn überhaupt, ob du nicht deinen Freund, mit dem du gestern abend hier eingekehrt bist, umgebracht hast und dich nun aus dem Staube machen willst?‹

Ich erinnere mich, daß mir zumute war, als würde sich die Erde vor mir auftun und als würde ich bis auf den finstersten Grund des Tartarus blicken, aus dem der Zerberus schon gierig nach mir schnappte. Jetzt war mir klar, daß die gute Meroë meine Kehle nicht aus Erbarmen geschont, sondern mich tückisch für das Kreuz aufgespart hatte.

Also ging ich in das Zimmer zurück und überlegte, wie ich am schnellsten kurzen Prozeß mit mir machen könnte. Aber da mir Fortuna keine andere Mordwaffe bot als mein Bett, rief ich: ›Ach mein herzliebes Bett, das so viel Schlimmes mit mir zusammen erlebt hat, du Mitwisser und Zuschauer der nächtlichen Geschehnisse, das allein ich vor Gericht zum Zeugen meiner Unschuld aufrufen kann, leihe mir ein helfendes Werkzeug, daß ich in die Unterwelt fliehen kann!‹ Und zugleich mit diesen Worten löste ich den Gurt, der es zusammenhielt, warf das eine Ende des Strickes über einen Balken oberhalb des Fensters und knotete es fest, in das andere knüpfte ich eine feste Schlaufe, kletterte auf das Gestell und steckte sozusagen als höherstehender Todeskandidat den Kopf in die Schlinge. Aber wie ich mit dem einen Fuß das Bettgestell, auf dem ich stand, fortstieß, damit sich im Fallen durch mein eigenes Gewicht der Knoten um meinen Hals zuzöge und mir die Atemwege verschlösse, riß auf einmal der alte und morsche Strick, und ich fiel auf den unter mir liegenden Sokrates – er schlief ja neben mir –, und wir rollten uns überschlagend auf den Boden.

Und natürlich kommt im gleichen Augenblick der Hausknecht herein und brüllt aus Leibeskräften: ›Wo bist du denn? Erst hast du es mitten in der Nacht so eilig, und jetzt schnarchst du unter deiner Decke!‹ Da erwachte Sokrates – ob durch unseren Fall oder das wüste Geschrei des Rüpels, weiß ich nicht –, stand als erster auf und lamentierte: ›Nicht zu Unrecht beklagen sich alle Reisenden über das Wirtshausgesindel. Steckt doch dieser neugierige Kerl seinen Kopf ganz ungebeten zur Tür herein – vermutlich wollte er sehen, ob es etwas zum Stehlen gibt – und weckt mich ohnehin maroden Mann mit seinem wilden Gebrüll mitten aus dem tiefsten Schlaf!‹ Heiter und freudig überrascht tauchte ich herauf: ›Hier steht er, Herr Oberhausknecht, mein Kamerad und Freund, von dem du heute nacht in deinem Rausch behauptet hast, er sei von mir ermordet worden!‹ Und zugleich fiel ich meinem Sokrates um den Hals und küßte ihn. Doch diesem stieg der unerfreuliche Geruch jener Flüssigkeit in die Nase, mit der mich die Hexen bedacht hatten, und wütend stieß er mich zurück. ›Bleib mir vom Leibe‹, rief er, ›Nachttopfstinker schlimmster Sorte!‹ und begann sich witzelnd nach der Ursache eines solchen Duftes zu erkundigen. Ich wich ihm in meiner Not durch eine schlagfertige Albernheit aus, um ihn abzulenken, klopfte ihm auf die Schulter und sagte: ›Brechen wir auf, um den Reiz einer Morgenwanderung zu genießen!‹ Ich nahm mein Gepäck, bezahlte beim Wirt die Rechnung für unser Nachtquartier, und dann machten wir uns auf den Weg.

Wir waren schon ein gutes Stück vorangekommen, als die Sonne aufging und es hell wurde. Ich blickte neugierig und beunruhigt nach dem Hals meines Reisegefährten, in dem ich den Dolch hatte stecken sehen, und dachte bei mir: ›Dummkopf, diese wüsten Träume hast du deinem Weinrausch zu verdanken! Da ist dein Sokrates, heil, munter und gesund! Wo ist die Wunde, der Schwamm, wo die große und frische Narbe?‹ Und ich sprach zu ihm: ›Die guten Ärzte haben völlig recht, wenn sie sagen, daß übermäßiges Essen und Trinken schwere und wüste Träume verursacht; ich jedenfalls habe, weil ich mich gestern abend beim Trinken zu sehr gehen ließ, ganz schlimme und schreckliche Szenen erlebt, so daß ich noch jetzt meine, von Blut nur so zu triefen!‹ Er grinste und fragte: ›Blut? Ich hätte eher auf etwas anderes geraten! Aber ich selber habe geträumt, ich würde ermordet. Mein Hals hat mir schrecklich weh getan, und mir war, als würde mir das Herz aus dem Leib gerissen; sogar jetzt noch bekomme ich kaum Luft, mir zittern die Knie, und ich taumle dahin und muß unbedingt etwas essen, um wieder zu Kräften zu kommen.‹ – ›Klar‹, sagte ich, ›ich habe einen Bissen für dich dabei‹, nahm meine Tasche von der Schulter, reichte ihm rasch etwas Käse und Brot und schlug vor: ›Wir wollen uns dort unter die Platane setzen.‹

Das geschah, und dann nahm auch ich etwas zu mir; doch wie ich ihn so hastig essen sah, wurde ihm auf einmal schlecht, und ich merkte, wie er sich grün und gelb verfärbte. Sein Anblick erschreckte mich so sehr, daß mir vor Angst und in Erinnerung an die nächtlichen Furien der Bissen Brot, den ich eben hinunterschlucken wollte, so klein er war, im Halse steckenblieb und weder hinunter noch herauf konnte. Und daß auf der Straße kein Mensch zu sehen war, beunruhigte mich erst recht. Wer würde glauben, daß von uns zwei Reisegefährten der eine ohne Zutun des anderen gestorben sei? – Als er sich satt gegessen hatte, machte sich ein entsprechender Durst bemerkbar; hatte er doch in seinem Heißhunger ein beträchtliches Stück von dem scharfen Käse verschlungen. Nicht weit vom Fuß der Platane zog ein Bach dahin, so still wie ein freundlicher Weiher und so klar wie Silber oder ein Kristall. ›Da‹, sagte ich, ›trink dich satt, es ist ganz klares Quellwasser!‹ Er stand auf, suchte eine etwas flachere Uferstelle, ließ sich auf seine Knie nieder und beugte sich gierig vor, um zu trinken. Doch kaum hatte er mit gespitzten Lippen den Wasserspiegel berührt, als die Wunde an seinem Hals breit und tief aufbrach, der Schwamm ins Wasser fiel und einige Tropfen Blut herausquollen. Und sein entseelter Leib wäre fast in den Bach gestürzt, wenn ich ihn nicht rasch an einem Fuß festgehalten und mit aller Kraft auf das höher gelegene Ufer gezogen hätte, wo ich, soweit es die Zeit erlaubte, meinen armen Reisegefährten beweinte und in der Nähe des Flusses für immer und ewig im Sand begrub.

Ich selbst flüchtete so schnell und so voller Angst, als hätte ich ein Menschenleben auf dem Gewissen, durch abgelegene und unwegsame Einöden, um Haus und Heimat im Stich zu lassen und freiwillig in die Verbannung zu gehen; und seitdem wohne ich in Ätolien, wo ich mich inzwischen wieder verheiratet habe.«

Soweit Aristomenes. Doch sein Gefährte, der schon von Anfang an in seinem unbelehrbaren Unglauben von der ganzen Geschichte nichts wissen wollte, meinte: »Nichts alberner als dieser Unsinn, nichts törichter als dieses Geflunker!« Und indem er sich zu mir umdrehte, sagte er: »Du bist doch nach Auftreten und Aussehen ein gebildeter Mann, glaubst du an solchen Unsinn?«

»Ich halte tatsächlich nichts für unmöglich«, entgegnete ich, »sondern glaube, daß die Menschen erleben, was das Schicksal mit ihnen vorhat: denn mir und dir und allen Sterblichen begegnet so viel Wunderbares und fast Unmögliches, daß es keiner glauben würde, wenn man es irgendeinem Banausen erzählte. Deshalb schenke ich ihm durchaus Glauben und bin ihm sogar dankbar dafür, daß er uns durch seine spannende Geschichte eine Ablenkung verschafft hat. Ich habe gar nicht gemerkt, wie lang und beschwerlich der Aufstieg war, der jetzt glücklich überstanden ist. Auch mein Renner dort freut sich, wie mir scheint, daß ich, ohne ihm zur Last gefallen zu sein, vor dem Stadttor stehe, indem ich nicht auf seinem Rücken, sondern sozusagen auf meinen Ohren geritten bin.«

Hier war mit unserem Gespräch auch unser gemeinsamer Weg zu Ende. Meine beiden Begleiter bogen links ab in Richtung eines nahen Dorfes. Ich betrat das erste beste Gasthaus, das ich entdeckte, und fragte die Alte, die es bewirtschaftete: »Ist das hier die Stadt Hypata?« Sie nickte.

»Kennst du einen gewissen Milo, der zu den angeseheneren Bürgern zählt?« Sie grinste und meinte: »Milo ist bestimmt der oberste, denn er wohnt dort oben außerhalb der Mauer und vor der Stadt.« – »Scherz beiseite«, erwiderte ich, »bestes Mütterchen, bitte sag mir, was für ein Mann das ist und in welchem Haus er wohnt!« – »Siehst du die Fenster dort drüben«, entgegnete sie, »die stadtauswärts blicken, und auf der anderen Seite die Tür auf die Nachbargasse? Dort wohnt Milo, der viel Geld hat, ein steinreicher Mann, doch so unglaublich habgierig und geizig, daß er für Wucherzinsen und nur gegen Gold und Silber als Pfand Geld ausleiht und sich trotzdem mit seiner Frau als Leidensgefährtin in sein kümmerliches Häuschen einschließt und aufpaßt, daß ihm sein Geld nicht verrostet. Er hält sich nur eine einzige Magd und läuft wie ein Bettler herum.« Da mußte ich lachen und dachte mir: Da hat ja mein Demeas gut und weise für mich gesorgt, wenn er mich auf meiner Reise einem Mann empfohlen hat, bei dem mich weder Räucherqualm noch Küchendampf behelligen werden.

Und dann ritt ich bis vor das Haus, wo ich lange an die fest verschlossene Tür klopfte. Endlich erschien ein junges Ding: »Wer klopft denn da so laut? Was für ein Pfand hat du zu bieten? Oder solltest du vielleicht nicht wissen, daß nur Gold und Silber angenommen werden?« – »Sei etwas netter«, erwiderte ich, »und erzähle mir lieber, ob dein Herr zu Hause ist!« – »Ja«, sagte sie, »aber was willst du?« – »Ich bringe ihm einen Brief von Demeas aus Korinth.« – »Warte hier, bis ich dich angemeldet habe.« Und damit verschwand sie und riegelte ihre Tür wieder hinter sich zu. Kurz darauf kehrte sie zurück und ließ mich eintreten: »Der Herr läßt bitten!«

Ich trat ein und fand ihn auf einem sehr bescheidenen Bett ruhend und eben im Begriff zu speisen. Seine Frau saß am Fußende. Indem er auf den leeren Tisch wies, meinte er: »Herzlich willkommen!« – »Ich danke«, sagte ich und überreichte ihm den Brief des Demeas. Er überflog ihn und sagte: »Ich freue mich, daß mir mein teurer Demeas einen so werten Gast empfohlen hat«, und gleichzeitig schickte er seine Frau hinaus und forderte mich auf, mich auf ihrem Platz niederzulassen; da ich jedoch anstandshalber stehen blieb, zog er mich an meinem Gewand zu sich nieder und sagte: »Nimm ruhig Platz!« Und dann: »Aus Angst vor Einbrechern wagen wir nicht, uns Sitzgelegenheiten und eine ordentliche Einrichtung anzuschaffen.« Ich setzte mich. Indessen fuhr er fort: »Schon aus deinem ganzen Auftreten und aus deiner fast mädchenhaften Scheu ersehe ich, daß du aus gutem Hause kommst. Und mein teurer Demeas bestätigt es mir auch in seinem Brief. Ich bitte dich, mit unserem bescheidenen Dach vorliebzunehmen. Das Zimmer nebenan – dort drüben – steht dir zur Verfügung. Fühle dich bei uns wie zu Hause. So wie es unserem Haus zur Ehre gereicht, daß du bei uns wohnst, wird es auch dich ehren, wenn du mit einem schlichten Heim vorliebnimmst und an Bescheidenheit dem Namensvetter deines Vaters Theseus nicht nachstehst, der es für keine Schande erachtete, sich mit der kargen Gastfreundschaft der alten Hekale zu begnügen.« Dann rief er die Magd: »Photis, schaff das Gepäck unseres Gastes in das Zimmer dort und hole aus der Vorratskammer Salböl und Frottiertücher und was sonst noch gebraucht wird, und führe unseren Gast ins Bad; er hat eine anstrengende und weite Reise hinter sich und ist müde.«

Als ich das hörte, erinnerte ich mich an Milos sparsames Wesen und suchte mich um so mehr seiner Gunst zu versichern, indem ich sagte: »Bitte keine Umstände, ich führe auf meinen Reisen alles Nötige bei mir. Und nach dem Bad kann ich mich leicht erkundigen. Doch wenn ich eine große Bitte äußern darf: für mein Pferd, das mich so brav getragen hat, ersuche ich dich, Photis, Heu und Gerste zu kaufen; hier ist Geld.«

Nachdem das erledigt war und meine Sachen auf meinem Zimmer waren, machte ich mich auf den Weg ins Bad; da ich mir aber auch noch etwas zum Essen besorgen wollte, ging ich über den Markt, wo ich leckere Fische entdeckte und nach dem Preis fragte; man verlangte hundert Nummen, doch als mir das viel zu teuer war, bekam ich sie schließlich für zwanzig Denare. Als ich schon wieder fort war, lief mir auf einmal mein alter Schulfreund Pythias aus Athen in Attika über den Weg, der mich – nach so langer Zeit – sofort erkannte, auf mich zustürzte, mich umarmte und freundschaftlich küßte: »Mein lieber Lucius«, rief er, »wie lange ist es her, daß wir uns nicht gesehen haben! Ja, weiß Gott, seit wir von unserem Lehrer Clytius fort sind. Doch was machst denn du hier?« – »Morgen will ich dir alles erzählen!« sagte ich. »Aber was ist denn das? Ich gratuliere: Büttel und Knüttel und in Uniform!« – »Ich habe die Marktaufsicht«, machte er sich wichtig, »und bin bei der Polizei; wenn du etwas kaufen willst, will ich dir gerne behilflich sein.« Ich dankte ihm, da ich ja schon meinen Fisch eingekauft und für mein Essen reichlich vorgesorgt hatte. Aber wie Pythias meinen Korb sah, schüttelte er ihn, um die Fische besser zu sehen: »Und was hast du für den Kram da bezahlt?« – »Mit Müh und Not«, sagte ich, »konnte ich sie dem Fischer für zwanzig Denare abschwätzen.«

Als er das hörte, ergriff er meine Hand und zog mich wieder auf den Markt zurück: »Und von wem hast du das Zeug gekauft?« Ich zeigte ihm den Alten, der an der Ecke saß. Sofort fuhr er in seinem Amtseifer mit lautem Geschrei auf ihn los: »So weit sind wir also, daß man weder auf Freunde noch Fremde Rücksicht nimmt und für so kümmerliche Fische solche Wucherpreise fordert; in der reichsten Stadt von ganz Thessalien meint man, mitten in der Wildnis oder Wüste zu sein, so teuer ist das bißchen Esserei! Aber nicht umsonst! Ich werde dir zeigen, wie man euch das Handwerk legt, solange ich etwas zu sagen habe!« Und damit schüttete er den Inhalt des Korbes auf die Straße und befahl seinen Schergen, die Fische zu zertreten und restlos zu zertrampeln. Mit der Strenge seines Exempels zufrieden, wandte sich Pythias wieder zu mir und entließ mich mit den Worten: »Es soll mir genügen, mein lieber Lucius, daß sich der Alte in Grund und Boden schämt!«

Bestürzt und sprachlos über den Vorfall begab ich mich

ins Bad, nachdem mich die forsche Maßnahme meines pfiffigen Schulfreunds um Geld und Abendessen gebracht hatte; nach dem Bad kehrte ich in das Haus des Milo zurück und begab mich auf mein Zimmer.

Und siehe da, es erschien die Magd Photis und meldete: »Der Herr läßt zum Essen bitten!« Aber ich, ein erfahrener Kenner Milos und seiner sparsamen Natur, entschuldigte mich höflich, da ich von der langen Reise viel eher müde denn hungrig sei. Auf diesen Bescheid hin erschien er in eigener Person, legte mir seine Hand auf die Schulter und bemühte sich, mich freundlich zum Mitkommen zu bewegen. Da ich noch immer zögerte und mich genierte, erklärte er kategorisch: »Ich gebe nicht eher nach, als bis du mitgehst!« und bekräftigte seine Worte noch obendrein durch einen Fluch; so mußte ich mich wohl oder übel fügen. Er führte mich zu seinem bekannten Kümmersofa und fragte mich, kaum daß ich mich gesetzt hatte: »Wie geht es meinem teuren Demeas? Was macht seine Frau? Was machen seine Kinder? Was macht das ganze Haus?« Ich berichtete alles. Dann erkundigte er sich mit aller Ausführlichkeit nach dem Grund meiner Reise. Als ich ihm alles brav auseinandergesetzt hatte, fragte er mich weiter nach meiner Heimatstadt, den Honoratioren und schließlich auch noch nach dem Statthalter, bis er merkte, daß ich nach den Anstrengungen einer solchen Reise und durch die ewige Fragerei dran war, mitten im Satz einzuschlafen, und am Rande der Erschöpfung nur noch zusammenhangloses Zeug redete; nun ließ er mich endlich schlafen gehen. So entkam ich dem alten Geizkragen, seinem Geschwätz und seiner Hungermahlzeit, zum Umfallen müde und mit leerem Magen, abgespeist mit Worten, und gab mich, in mein Zimmer zurückgekehrt, der ersehnten Ruhe hin.

ZWEITES BUCH

Sobald die aufgehende Sonne die Nacht verscheucht und den Tag erneut hatte, fuhr ich aus Schlaf und Bett zugleich empor, ängstlich und allzu begierig, Seltsames und Wunderbares zu erleben; der Gedanke, mich mitten in Thessalien zu befinden – nach der allgemeinen Überzeugung das Wunderland und der Hort von Zauberkunst und Magie –, und die Erzählung meines braven Reisegefährten Aristomenes, zu der diese Stadt, wie sie da lag, den Anlaß gegeben hatte, beflügelten meine schon ohnehin sehr lebhafte Phantasie, so daß ich allen Einzelheiten meine volle Aufmerksamkeit schenkte.

Es gab nichts in der Stadt, das ich wirklich für das hielt, als was ich es sah, sondern in allem und jedem meinte ich, Verwandlung und Zauberspuk zu erkennen, so daß mir die Steine, an die ich stieß, versteinerte, die Vögel, die ich hörte, eben erst befiederte, die Bäume in den Gärten belaubte und die Brunnen zu Wasser zerflossene Menschen schienen, und es hätte mich nicht gewundert, die Statuen und Büsten wandeln zu sehen, die Wände reden, die Rinder und das Vieh weissagen zu hören und wenn auf einmal vom Himmel herab und mitten aus der Sonnenscheibe ein Orakel ergangen wäre.

In so schwärmerischer Begeisterung oder vielmehr so närrisch vor Unruhe und Neugier, lief ich unermüdlich durch die Stadt, ohne einen Anhaltspunkt oder auch nur eine Spur von alledem zu entdecken, was ich mir einbildete. Als ich wie ein Strolch durch die Straßen schlendernd von Tür zu Tür ging, stand ich plötzlich wieder auf dem Marktplatz, wo eine Dame, von zahlreicher Dienerschaft umgeben, ihre Besorgungen machte; ich holte sie mit raschen Schritten bald ein; Gold an Schmuck und Kleidung, eingeflochten und eingewebt, ließ die vornehme Frau erkennen; an ihrer Seite hielt sich ein schon sehr bejahrter Greis, der, sobald er mich erblickte, ausrief: »Das ist doch Lucius!« Er fiel mir um den Hals und flüsterte der Dame etwas Unverständliches ins

Ohr. »Willst du nicht deine Tante begrüßen?« wandte er sich dann wieder mir zu. »Ich fürchte«, erwiderte ich, »daß ich die Dame gar nicht kenne«, und blieb stehen, indem ich errötend die Augen niederschlug. Sie sah mich an und sagte: »Das ist ganz die Bescheidenheit seiner teuren Mutter Salvia. Aber auch ihre ganze Erscheinung, wie sie leibt und lebt: groß, schlank und zurückhaltend im Auftreten, ihr Erröten, ihr schlichtes blondes Haar, ihre blauen Augen, voller Leben und Feuer, der stolze Blick eines Adlers, ihr blühendes Gesicht und ihr federnder und doch keineswegs gezierter Gang!«

Dann fügte sie hinzu: »Mit diesen meinen Händen habe ich dich, lieber Lucius, aufgezogen, weißt du das? Ich bin nicht nur mit deiner Mutter verwandt, sondern auch mit ihr aufgewachsen. Wir stammen beide aus der Familie des Plutarch, wir wurden zusammen von der gleichen Amme gesäugt und waren wie Schwestern, sozusagen ein Herz und eine Seele. Nur unser Stand ist verschieden, denn deine Mutter hat einen hohen Beamten und ich habe einen Bürger geheiratet. Ich heißte Byrrhena, und du wirst dich vielleicht noch an diesen Namen erinnern, den du oft in deinem Haus gehört hast. So bist du mir als Gast um so willkommener, oder vielmehr, du bist bei mir so gut wie zu Hause.«

Ich entgegnete ihr, nachdem sich meine Verlegenheit während ihrer Rede wieder verloren hatte: »Ich darf, liebe Tante, meinen Gastgeber Milo nicht kränken. Was aber unter Wahrung der Umgangsformen möglich ist, werde ich gerne im Auge behalten. Wann ich in Zukunft auch immer hierherkommen werde, will ich selbstverständlich gerne bei dir wohnen.«

Unter diesen und ähnlichen Gesprächen gelangten wir nach einigen wenigen Schritten zum Haus der Byrrhena.

In einer sehr schönen Halle stand hier in jeder der vier Ecken eine Säule mit einer Darstellung der Siegesgöttin, die mit ausgebreiteten Schwingen und mit taufrischen Sohlen den schwanken Grund einer rollenden Kugel kaum berührte, so daß sie nicht darauf zu verweilen, sondern zu fliegen schien. Mitten im Saal prangte eine Diana aus parischem Marmor, ein Meisterwerk; mit wehendem Gewand rasch dahineilend fiel sie den Eintretenden durch ihre erhabene, überirdische Majestät sogleich ins Auge. Hunde umsprangen auf allen Seiten die Göttin, natürlich gleichfalls aus Stein; sie blickten drohend um sich, die Ohren aufgestellt, die Nasen witternd in der Luft und mit wütend gefletschten Zähnen; und hätte man ein Bellen gehört, so hätte man es ohne Zweifel aus ihren marmornen Rachen zu vernehmen gemeint; und für Könnerschaft und Geschick jenes ausgezeichneten Meisters sprach ganz besonders, daß die im Sprung aufgerichteten Hunde, Brust und Vorderläufe erhoben, nur auf den Hinterfüßen standen. Im Rücken der Göttin stieg eine felsige Grotte empor mit Moos, Kraut, Laubwerk und Zweigen, hier von Weinranken und dort von blühendem Gebüsch bedeckt, alles aus Stein und bis ins Innerste schimmernd vom Glanz des Marmors. Um den Eingang der Grotte zogen sich Ranken mit Äpfeln und Trauben, meisterlich gearbeitet, so daß Kunst und Natur kaum noch zu unterscheiden waren. Hätte der mostreiche Herbst sie mit den Farben der Reife überhaucht, hätte man lüstern die Hände ausgestreckt, um sie zu pflücken. Und bückte man sich als Beschauer über die Quelle, die zu Füßen der Göttin entsprang, so meinte man, es ermangele den Früchten neben jenen anderen natürlichen Merkmalen auch nicht der lebendigen Bewegung. Verborgen unter dem steinernen Laub entdeckte man Aktäon, der mit neugierigem Blick die Bewegungen der Göttin verfolgte, sich schon in einen Hirsch verwandelnd und halb schon ein Tier und lauernd, daß die marmorne Diana im Quell bade.

Während ich diese Kunstwerke immer wieder aufs neue bewunderte und mich an ihnen nicht satt sehen konnte, sagte Byrrhena: »Betrachte alles, was du hier siehst, als dein eigen!« Und mit diesen Worten hieß sie die anderen hinausgehen, um uns für ein Gespräch unter vier Augen allein zu lassen. Als sie fort waren, sagte sie: »Hier bei dieser Göttin, mein teurer Lucius, ich mache mir Sorgen um dich und bange um dein zukünftiges Geschick, als wärest du mein eigener Sohn! Hüte dich, hüte dich gründlich vor Pamphile, der Frau deines Gastgebers Milo, und vor ihren bösen Künsten und schändlichen Verlockungen! Sie gilt als eine Hexe, eine Meisterin in allen Zauberkünsten, die Steinchen, Kräuter und anderes unscheinbares Zeug nur anzuhauchen braucht, um das Licht des ganzen Sternenhimmels in die Tiefen des Tartarus und in das Ur-Chaos zu versenken. Sobald sie einen jungen Kerl sieht, der ihr gefällt, hängt sie auf der Stelle mit Augen und Sinnen an ihm. Sie schmeichelt ihm, schleicht sich in sein Herz und fesselt ihn mit unzerreißbaren Liebesbanden. Bleibt ihre Mühe vergeblich oder wird sie ihrer Leidenschaft überdrüssig, so verwandelt sie ihn in einen Stein, ein Tier oder was ihr sonst einfällt; wie manchen hat sie sogar ganz aus dem Weg geräumt! Deshalb mache ich mir Sorgen und bitte dich, dir dies zur Warnung gesagt sein zu lassen. Denn in ihrer ewigen Besessenheit ist deine Jugend und dein angenehmes Äußere ganz und gar ihr Fall!«

Also Byrrhena in ihrer aufrichtigen Besorgnis.

Ich aber, ohnehin schon neugierig, brauchte nur das immer verlockende Wort »Magie« zu hören, und alle Warnungen vor Pamphile waren vergessen; ich wollte im Gegenteil um jeden Preis eine Lehre und am liebsten Hals über Kopf in den Abgrund springen. Rasch machte ich mich in meinem Taumel von ihrer Hand los, als wäre sie eine Kette, sagte schnell Lebewohl und eilte wahnbesessen zurück in Milos Haus. Und während ich rannte wie von Sinnen, sagte ich zu mir selbst: »Es geht los, Lucius, gib acht und nimm dich zusammen! Das ist die ersehnte Gelegenheit; nun kannst du deinen Durst nach Wundern löschen. Nur keine kindische Angst! Geh der Sache energisch zu Leibe, aber laß dich nicht auf ein Verhältnis mit deiner Gastgeberin ein und respektiere das Ehebett des braven Milo! Doch auf Photis kannst du einen Angriff wagen. Das Mädchen sieht adrett aus, sie hat ein munteres Wesen und ist raffiniert genug. Als du gestern abend schlafen gingst, kam sie nett und zutraulich in dein Zimmer und brachte dich zu Bett; sie war so zärtlich, als sie dich zudeckte und dir den Gutenachtkuß gab, und es war ihr anzusehen, wie ungern sie wieder fortging; sie blieb immer wieder stehen, um sich umzusehen. Also Glück und Segen, wie sich's auch fügt: Photis ist einen Versuch wert!«

Unter solchen Selbstgesprächen meinem eigenen Antrag sozusagen selber zustimmend, kam ich wieder bis vor Milos Tür, traf jedoch weder Milo noch seine Frau im Hause an, sondern nur meine nette Photis. Sie bereitete für ihre Herrschaft eine Art Hackbraten zu, jedenfalls ein äußerst wohlschmeckendes Gericht, dessen lieblicher Duft mir schon von weitem in die Nase stieg. Sie trug ein flottes Leinenkleid und war knapp unterm Busen mit einem hellroten Band gegürtet. Mit niedlichen Händen schwang sie ihren Kochtopf, und wenn sie ihn mit raschen Bewegungen schüttelte, gerieten ihre zarten Glieder in sanfte Wallung, und mit wiegenden Hüften wogte ihre ganze geschmeidige Gestalt angenehm hin und her. Bei diesem Anblick blieb ich wie erstarrt stehen und staunte, und jeder schlummernde Sinn begehrte auf. Endlich aber rief ich: »Wie schön und wie reizend, allerliebste Photis, du deinen Topf und dein Hinterteil schwingst! Was gibt's denn Gutes? Glücklich und überglücklich, wer da einmal naschen darf!« Aber das auch sonst nicht auf den Mund gefallene schlagfertige Geschöpf wußte herauszugeben: »Weg mit dir, du Tropf, weit weg vom Feuer! Sonst geht es dir schlecht und du brennst lichterloh! Und wenn du in Flammen stehst, wer weiß, ob ich da löschen komme, auch wenn ich süß zu würzen und Topf und Bett angenehm in Schwung zu bringen weiß!«

Lachend sah sie sich zu mir um.

Ich wich jedoch nicht von der Stelle, ehe ich eingehend von oben bis unten alle ihre Reize gemustert hatte. Von den übrigen will ich schweigen, da es mir von jeher darauf ankam, Gesicht und Haar gründlich und unter Leuten zu beschauen, um mich dann zu Hause in der Erinnerung daran zu erfreuen; und für diese Bevorzugung habe ich bestimmte und gute Gründe, da dieser besondere Teil des Leibes uns frei und unverhüllt stets zuerst in die Augen fällt; und was sonst am Körper ein schönes Kleid von bunter Farbe bewirkt, das bewirkt beim Kopf dessen natürlicher Haarschmuck; zieht doch eine Frau, wenn sie ihre Reize und Vorzüge zeigen will, das Kleid aus, entledigt sich aller Hüllen, um sich nackt in ihrer ganzen Schönheit darzubieten, weil sie mehr durch die Rosen ihrer Haut als durch das Gold ihrer Gewänder gefallen will. Doch wollte man – man verzeihe mir, daß ich so etwas überhaupt ausspreche, und niemals möge je eine solche Untat geschehen! – auch die schönste aller Frauen ihres Haarschmuckes berauben und ihrem Gesicht die natürliche Zier nehmen, so würde sie, und käme sie vom Himmel herab, wäre sie dem Meer entstiegen, die Schaumgeborene, wäre sie Venus selber, umgeben vom Reigen der Grazien und begleitet von der Schar der Amoretten, schmückte sie der Liebesgürtel, duftete sie nach Zimt und triefte sie von Balsam: wäre sie kahlköpfig, so würde sie auch ihrem Vulkan nicht mehr gefallen!

Anders ein reizvoll schimmerndes Haar, das hell in der Sonne blitzt oder dessen sanfter Widerschein uns bezaubert, dessen schöner Kontrast Abwechslung bietet und dessen funkelndes Gold zu sanftem Honig dunkelt, über dessen Nachtschwärze ein Glanz liegt wie auf den bläulichen Halsfedern der Täubchen, das mit ein paar Tropfen arabischen Wohlgeruchs gesalbt, von den feinen Zähnen eines knisternden Kamms gestreichelt, das im Nacken aufgebunden den Augen eines Liebenden begegnet, die wie ein Spiegel ein noch schöneres Bild zurückwerfen! Anders ein Haar, dessen Flechtenfülle über den Nacken fließt oder in reichen Wellen den Rücken hinabwogt! So entscheidend ist der Haarschmuck, daß eine Frau, und trüge sie goldene Kleider, schmückten sie Edelsteine und alle erdenklichen Schätze, niemals Gefallen finden könnte, wenn sie ihr Haar vernachlässigte.

Meine Photis aber trug das ihre nicht mühsam getürmt, sondern als natürlichen Schmuck, und erschien um so reizender. Ihre sanft herabfallenden und über den Nacken fließenden Locken, die sich um den Hals verteilten und mit den eingerollten Spitzen den sanft geschwungenen Ausschnitt ihres Kleides nur eben noch berührten, waren oben auf dem Scheitel zum Knoten geschlungen.

Unmöglich war ich der Qual eines so unerträglichen Verlangens länger gewachsen, ich beugte mich über sie und drückte ihr auf die Spitzen ihres Haares einen allersüßesten Kuß. Da bog sie ihren Hals zurück und meinte, mir von der Seite her zuzwinkernd: »He, du fahrender Geselle, du holst dir da eine bittersüße Nascherei. Nimm dich in acht, daß dir vom süßen Honig nicht gallebitter zumute wird!« – »Wenn es weiter nichts ist, mein Schatz«, erwiderte ich, »so bin ich bereit, mich für einen einzigen Kuß von dir der Länge nach auf diesem Feuer schmoren zu lassen!« Und damit umschlang ich sie, so fest ich konnte, und küßte sie gleich noch einmal. Und schon umarmte sie mich in gleichem Verlangen, schon verrieten der Zimthauch ihres geöffneten Mundes und die nektarsüße Begegnung ihrer Zunge ihre leidenschaftlichen Sinne, und ich rief: »Ich sterbe, ich sterbe wirklich, wenn du dich nicht erbarmst!« Da erwiderte sie meine Küsse: »Tröste dich! Dein Wunsch ist mein Wunsch, und unser Freudenfest soll nicht länger aufgeschoben werden; sobald die Fackel angesteckt ist, komme ich in dein Zimmer. Jetzt aber geh und halte dich bereit, ich will die ganze Nacht fest und herzhaft mit dir kämpfen!«

Nach diesen und ähnlichen Neckereien trennten wir uns. Inzwischen war es Mittag geworden, und Byrrhena schickte mir als Aufmerksamkeit einen fetten Schweinebraten, fünf junge Hühner und dazu einen Krug Wein von Alterswert. Ich rief Photis und sagte: »Der Venus Ermunterer und Waffenträger Bacchus ist schon eingetroffen. Den Wein da wollen wir heute austrinken; er soll uns die träge Scham vertreiben und uns mit der feurigen Kraft der Leidenschaft erfüllen. Frisch segelt der Venus Schifflein die ganze Nacht hindurch, wenn die Lampe mit Öl und der Becher mit Wein versorgt sind.«

Den Rest des Tages verbrachte ich im Bad, um dann bei Milo zu essen. Seinem Drängen konnte ich nicht ausweichen und mußte mich an seinen kargen Tisch setzen, die Blicke seiner Frau eingedenk Byrrhenas Warnung tunlichst vermeidend; ich schlug meine Augen schüchtern nieder, als ob sich der Abgrund der Unterwelt vor mir öffnete. Dafür hielt ich mich um so mehr an der uns bedienenden Photis schadlos und labte mich an ihrem Anblick, bis es auf einmal dunkel geworden war und Pamphile mit einem Blick auf die Lampe plötzlich sagte: »Morgen wird es ein großes Gewitter geben!« Als ihr Mann sich erkundigte, woher sie das wisse, erwiderte sie, daß sie das aus der Lampe ersehe, worauf Milo lachend meinte: »Unsere Lampe scheint ja eine große Sibylle zu sein, wenn sie von ihrer Leuchterwarte aus die Vorgänge im Himmel zu überblicken meint und weiß, was die Sonne vorhat!« – »Von solchen Prophezeiungen«, wendete ich ein, »gibt es genügend Beispiele. Kein Wunder, denn ist dies bißchen Feuer auch klein und von Menschenhänden angezündet, so lebt doch in ihm noch die Erinnerung an das große Himmelsfeuer, von dem es abstammt, und es weiß in geheimnisvoller Vorahnung, was von jenem in seinen ätherischen Höhen zu erwarten ist, und kündigt es uns an.

Bei uns in Korinth bringt übrigens jetzt so ein Ausländer, ein Chaldäer, durch seine seltsamen Orakel die ganze Stadt durcheinander und enthüllt den Leuten für Geld die Geheimnisse der Zukunft: welcher Tag für die Hochzeit günstig ist, was die Fundamente der Stadtmauern festigt, was für den Kaufmann zweckmäßig ist, was dem Wanderer Glück bringt und was sich für eine Seereise empfiehlt. Mir selbst sagte er, als ich ihn nach dem Verlauf meiner Reise befragte, daß ich viel Seltsames und Wunderbares erleben würde; ich würde zuvörderst sehr berühmt werden und dann den Stoff für eine lange Geschichte, für eine abenteuerliche Erzählung, für einen ganzen Roman liefern.«

Milo lächelte und fragte: »Wie sieht er denn aus und wie heißt er denn, dein Chaldäer?« – »Er ist groß«, erwiderte ich, »ziemlich dunkel und heißt Diophanes.« – »Kein Zweifel«, meinte er, »das ist der gleiche, der auch hier bei uns den Leuten alles mögliche weissagt und dabei nicht wenig, im

Gegenteil sogar recht viel verdient hat, bis der Arme dann sozusagen recht und schlecht Pech hatte. Als er nämlich eines Tages, von einer großen Anzahl Zuhörer umringt, einigen Leuten die Zukunft prophezeite, trat ein Kaufmann namens Kerdo an ihn heran und fragte nach einem günstigen Reisetag. Als der Mann ihn schon herausgefunden und genannt hatte und das Geld schon bereitlag, die Münzen schon hingelegt, die hundert Denare abgezählt waren, die er als Gegenleistung für seine Prophezeiung bekommen sollte, da näherte sich dem Propheten ein junger Mann aus gutem Haus, zupfte ihn am Mantel und umarmte und küßte ihn, als er sich umdrehte. Und als auch er ihn geküßt und aufgefordert hatte, sich neben ihn zu setzen, begann er, überrascht von seinem unerwarteten Erscheinen und ohne an sein gegenwärtiges Geschäft zu denken: ›Wie lange habe ich auf dich gewartet, wann bist du denn angekommen?‹ Der andere erwiderte: ›Heute abend. Doch erzähle mir, mein Lieber, wie du die Reise zu Wasser und zu Lande überstanden hast, nachdem du die Insel Euböa so plötzlich verlassen hattest.‹

Der gerissene Chaldäer, der noch nicht recht zu sich gekommen war, erzählte nun: ›Keinem meiner Feinde und Neider wünsche ich eine solche schreckliche Reise, eine solche regelrechte Odyssee! Das Schiff, auf dem wir fuhren, verlor in wiederholten Unwettern Ruder und Mast und konnte mit knapper Not am jenseitigen Ufer auf Grund gesetzt werden, wo es versank und wir nach dem Verlust unserer Habe schwimmend gerade noch das nackte Leben zu retten vermochten. Doch was wir dem Mitleid Fremder und der Hilfe von Freunden zu verdanken hatten, das fiel bald darauf Räubern in die Hände; und mein einziger Bruder Arignotus, der sich gegen die freche Gesellschaft zur Wehr setzte, wurde vor diesen meinen Augen erschlagen, der Ärmste!‹

Doch noch während seiner traurigen Erzählung strich der Händler Kerdo die Münzen sachte wieder ein, die dem Propheten zugedacht waren, und verschwand auf Nimmerwiedersehen. Jetzt endlich erwachte Diophanes und merkte, was er für eine Dummheit gemacht hatte und daß er hereingefallen war, zumal er sah, wie die Umstehenden alle in helles Gelächter ausbrachen.

Aber dir, lieber Lucius, wünsche ich natürlich von Herzen, daß dein Chaldäer die Wahrheit gesagt hat, daß du Glück und mit deiner Reise Erfolg hast!«

Während dieser langen und breiten Rederei des Milo seufzte ich im Stillen und konnte es mir kaum verzeihen, daß ich mir diese ungelegenen Geschichten selber zuzuschreiben und dadurch einen guten Teil des Abends und der ersehnten Freuden, die er mir verhieß, verscherzt hatte. Schließlich schluckte ich meine Rücksichtnahme denn doch hinunter und sagte zu Milo: »Überlassen wir den Diophanes seinem Pech, und mag er das Geld, das er den Leuten abgenommen hat, von mir aus wieder an Land und Meer verlieren. Ich bin von den gestrigen Anstrengungen noch redlich müde und möchte mich daher mit deiner gütigen Erlaubnis etwas früher hinlegen!« Mit diesen Worten stand ich auf und ging in mein Zimmer, wo schon recht ansprechende Vorbereitungen für ein Festmahl getroffen waren. Dem Burschen war das Lager in gehöriger Entfernung von der Tür am Boden hergerichtet worden, vermutlich weil wir bei unserem nächtlichen Geflüster keine Lauscher brauchen konnten; indessen stand neben meinem Bett ein reichlich mit Leckereien besetztes Tischchen mit zwei großen Bechern, die schon halb gefüllt waren und nur noch auf das Mischen warteten; daneben stand ein Krug mit abgeschlagenem Hals und großer Öffnung zum handlichen Eingießen – kurz und gut: ausgezeichnete Vorbereitungen für eine Stärkung vor dem Liebeskampf!

Ich hatte mich kaum hingelegt, als auch schon meine Photis, die ihre Herrin zu Bett gebracht hatte, mit Rosen bekränzt und mit einer Rose vor dem schwellenden Busen fröhlich eintrat. Sie gab mir einen leidenschaftlichen Kuß, umwand mich mit Kränzen und bestreute mich mit Blumen, dann nahm sie einen Becher, füllte ihn mit heißem Wasser auf und reichte ihn mir zum Trunk. Doch ehe ich ihn ganz geleert hatte, entzog sie ihn mir zärtlich wieder und schlürfte mit lieblichen Lippen und in kleinen Schlückchen den Rest, indem sie mich dabei nicht aus den Augen ließ.

Ein zweiter und ein dritter Becher gingen so abwechselnd zwischen uns hin und her, bis ich weinselig, da sich der Geist und erst recht auch der Körper mit gleicher Ungeduld darnach sehnten und verlangten und kaum noch beherrschen konnten, ihre Lust zu befriedigen, mein Gewand bis zu den Hüften aufhob und, indem ich ihr meinen leidigen Zustand zeigte, sie anflehte: »Erbarme dich und hilf mir beizeiten! Du siehst, daß ich für den Kampf, den du mir aus heiterem Himmel angekündigt hast, bestens gerüstet bin; als des grimmen Cupido erster Pfeil mir tief in die Brust drang, habe auch ich meinen Bogen energisch gespannt und muß nun befürchten, daß die Sehne springt. Aber wenn du mir noch einen besonderen Gefallen tun willst, so löse dein Haar und erhöhe den Reiz deiner Umarmung durch die wogend herabwallende Lockenflut!«

Sie zögerte nicht, räumte rasch Speisen und Geschirr beiseite und legte alle Kleider ab, und nackt und mit gelöstem Haar zum munteren Spiel bereit, sprach sie als Venus, die aus den Fluten des Meeres taucht, den marmornen Schoß mit rosiger Hand eher beschattend als züchtig bedeckend: »Auf zum Kampf! und tapfer gekämpft! Ich werde dir nicht weichen und nicht den Rücken kehren; ziele auf mich, wenn du ein Mann bist, greife tapfer an, stoß zu und töte mit Todesverachtung! Hier gilt kein Pardon!« Mit diesen Worten kam sie zu mir ins Bett und ließ sich auf mir nieder, um durch die schaukelnden, gaukelnden Bewegungen ihres ranken Leibes mein Verlangen im scherzenden Spiel zu stillen, bis wir mit matten Sinnen und schlaffen Gliedern beide zugleich in gegenseitiger Umarmung hinsinkend unsere Seelen aushauchten.

Unter solchen und ähnlichen Kämpfen durchwachten wir die Nacht, bis der Morgen dämmerte, während der Becher unsere ermatteten Glieder immer wieder stärkte, die Begierden aufs neue entflammte und die Wonne erneuerte. Und so wie diese verbrachten wir noch manche weitere Nacht.

Eines Tages bat mich Byrrhena sehr herzlich, an einem kleinen Abendessen bei ihr teilzunehmen, und als ich mich beharrlich zu entschuldigen suchte, ließ sie meine Ausflüchte nicht gelten. Ich mußte mich also an meine Photis wenden und mich ihrer Entscheidung wie einem Wink des Himmels unterwerfen. Zwar sah sie es ungern, daß ich mich auch nur um eine Fingerbreite von ihr entfernte, doch war sie so gnädig, mich für kurze Zeit vom Liebesdienst zu beurlauben. »Höre, nimm dich in acht und komm nicht so spät vom Essen zurück!« sagte sie. »Ein wilder Haufen junger Kerle aus guter Familie macht die Gegend unsicher; immer wieder werden mitten auf der Straße Leute erschlagen. Die Polizei des Statthalters ist einfach nicht in der Lage, mit dem Unwesen aufzuräumen. Schon dein Auftreten und deine Erscheinung kann dich in Gefahr bringen, und mit Fremden macht man erst recht keine Umstände!« – »Mach dir keine Sorgen, liebe Photis«, erwiderte ich, »denn ganz abgesehen davon, daß ich mein eigenes Vergnügen einer Gesellschaft bei fremden Leuten vorziehe, will ich so schnell wie möglich wieder dasein, damit du keine Angst hast. Und ich will auch nicht allein gehen. Ich will mein braves Schwert mitnehmen, um es im Notfall zur Verfügung zu haben.« So vorbereitet begab ich mich zum Essen.

Ich fand einen großen Kreis von Gästen und, wie das bei einer Dame von Stand nicht anders zu erwarten war, die ganze bessere Gesellschaft versammelt. Prunkvolle Tische schimmernd von Zitrus und Elfenbein, Speisesofas mit goldenen Decken geschmückt und große Pokale von unterschiedlicher Form, aber von gleichem Wert. Hier kunstvoll geschliffenes Glas, dort makelloses Kristall, helles Silber und funkelndes Gold, wunderbar verarbeiteter Bernstein und Steinpokale und was es sonst noch alles gibt. Eine Reihe stattlich gekleideter Diener reichten immer wieder die vollen Schüsseln herum, und lockige Burschen in schönen Gewändern kredenzten aus Edelstein gearbeitete Becher mit altem Wein.

Man brachte Licht, und das Gespräch wurde lebhafter, das

Gelächter nahm überhand, und lose Scherze und Witzreden flogen hin und her.

Da wandte sich Byrrhena an mich: »Wie gefällt es dir hier in unserer Stadt? Soweit mir bekannt ist, stehen wir an Tempeln und Bädern und sonstigen Bauten anderen Städten keineswegs nach, und auch der übrige Aufwand ist beträchtlich. Man genießt durchaus die Freiheit zu leben, wie man will; wer als Geschäftsmann kommt, findet hier das gleiche städtische Treiben wie in Rom, der anspruchslose Gast findet ländliche Beschaulichkeit. Für die ganze Provinz sind wir ein beliebtes Reiseziel.«

»Ich bin durchaus der gleichen Ansicht«, erwiderte ich, »und nirgends in der Welt habe ich mich so frei gefühlt wie hier. Leider ist mir die Atmosphäre in den düsteren Winkeln und das ganze Zauberwesen irgendwie unheimlich. Es heißt, daß selbst die Toten in ihren Gräbern nicht ganz sicher sind, da man aus den Grüften und von den Scheiterhaufen Reste und Gliedmaßen der Leichen stiehlt, um den Lebenden den Garaus zu machen. Alte Hexenweiber sollen oft sogar dem eigentlichen Begräbnis zuvorkommen, wenn irgendwo jemand beerdigt wird!«

»Und was noch schlimmer ist«, fiel jemand ein, »auch die Lebenden sind nicht mehr sicher. Ich kenne einen, der ein Lied davon singen kann und dem man das ganze Gesicht entstellt und verstümmelt hat!«

Die ganze Gesellschaft brach in lautes Lachen aus, und aller Gesichter und Blicke richteten sich auf einen, der abseits in der Ecke lag. Die Aufdringlichkeit war ihm peinlich, und mit ärgerlichem Murren machte er Anstalten, sich zu erheben und zu gehen, doch Byrrhena bat ihn: »Nein doch, lieber Thelyphron, bleibe da und erzähle uns lieber noch einmal deine Geschichte, damit auch mein junger Freund Lucius deinen interessanten und spannenden Bericht hört!« Der andere aber erwiderte: »Du bist und bleibst eine verehrungswürdige und gütige Frau, doch es gibt auch Leute, deren Dreistigkeit einem auf die Nerven gehen kann!« Er war sichtlich böse. Byrrhena aber gab nicht nach und bat und bettelte ihn so lange, bis er sich dazu herbeilassen mußte, ihrem Wunsch zu gehorchen.

So schob er also seine Kissen zusammen, stützte sich auf seinen Ellbogen und streckte, halb sich aufrichtend, die Rechte mit einer Rednergebärde aus, wobei er die beiden untersten Finger einschlug und die anderen mit aufrechtem Daumen vorstreckte; und dann begann Thelyphron zu erzählen:

»Noch als ganz junger Kerl reiste ich einmal von Milet zu den Spielen nach Olympia, und da ich auch andere Orte dieser vielgerühmten Provinz kennenlernen wollte, durchwanderte ich ganz Thessalien, bis mich ein unglücklicher Stern nach Larissa führte. Als mein Reisegeld knapp geworden war, lief ich überall herum, um ein Pflaster für meine Armut aufzutreiben, und entdeckte plötzlich mitten auf dem Markt einen hochgewachsenen Alten. Er stand auf einem Stein und gab mit lauter Stimme bekannt, daß gegen gute Bezahlung eine Leichenwache gesucht werde. Ich fragte einen Passanten: ›Was hat das zu bedeuten? Pflegen hier die Leichen auszureißen?‹ – ›Laß die Scherze!‹ erwiderte der. ›Du bist zu jung und unerfahren und weißt offenbar nicht, daß wir hier mitten in Thessalien sind, wo es alte Hexen gibt, die den Toten das Gesicht abschneiden, um sich Ingredienzien für ihre Zauberkünste zu beschaffen.‹

›Und was hat die Leichenwache zu tun?‹ fragte ich weiter. Er erklärte mir: ›Vor allem mußt du die ganze Nacht wach bleiben, du mußt mit aufmerksamen, offenen Augen ununterbrochen den Toten beobachten, du darfst ihn einfach nicht aus den Augen lassen; du darfst nicht einmal zur Seite blicken; denn diese verfluchten Hexenweiber verwandeln sich in irgendein Tier und schleichen sich so leise herein, daß sie sehr wohl auch die Augen der Sonne und der Gerechtigkeit täuschen würden. Sie verwandeln sich in Vögel oder auch in Hunde oder Mäuse, ja sogar in Fliegen. Sie wissen auch den Wächter durch Zaubersprüche einzuschläfern. Niemand ahnt, welcher Mittel und Wege sich diese dreisten Weiber zu bedienen wissen, um ihrem Gelüst zu frönen!

Trotzdem aber zahlt man für einen so gefährlichen Dienst kaum mehr als vier bis sechs Goldstücke. Ach, was ich fast vergessen hätte: wenn der Wächter den Leichnam am anderen Morgen nicht unversehrt wieder übergeben kann, muß er sich, was abgezwackt und weggeschnappt ist, stückchenweise aus seinem eigenen Gesicht schneiden lassen!‹

Nachdem ich das zur Kenntnis genommen hatte, faßte ich meinen Entschluß, trat zu dem Ausrufer und sagte: ›Schluß mit deinem Geschrei! Ich bin dein Wächter, her mit dem Geld!‹ – ›Tausend Nummen liegen bereit‹, erwiderte er, ›aber höre, junger Mann, paß gut auf und bewache den Toten, den Sohn eines der vornehmsten Bürger der Stadt, vor den grimmigen Vetteln!‹ – ›Rede nicht so viel und so überflüssiges Zeug!‹ tröstete ich ihn, ›ich bin eisern, ich bin keine Schlafmütze und sehe bestimmt nicht schlechter als Lynkeus oder Argus, ich will ganz Auge sein!‹

Ich hatte kaum ausgeredet, als er mich von der Stelle weg vor ein Haus führte, dessen Haupteingang versperrt war; er ließ mich durch die Hintertüre eintreten, geleitete mich in ein kleines dunkles Kämmerchen mit geschlossenen Fensterläden, wies auf eine weinende Dame in Trauerkleidung und sprach: ›Der junge Mann hier hat sich bereit erklärt und versprochen, deinen Mann zu bewachen!‹ Sie strich die gelösten Haare aus dem Gesicht und zeigte ihr auch in der Trauer noch schönes Antlitz: ›Bitte gib acht, daß du deinen Dienst gewissenhaft versiehst.‹ – ›Keine Angst‹, erwiderte ich, ›und halte ein gutes Trinkgeld bereit!‹

Das versprach sie, stand dann auf und führte mich in einen anderen Raum, das Schlafgemach. Dort enthüllte sie vor sieben herbeigerufenen Zeugen eigenhändig den mit prächtigen Tüchern bedeckten Leichnam und wies, nachdem sie ihn einige Zeit beweint und die Anwesenden um ihre Zeugenschaft gebeten hatte, auf jeden Körperteil hin, während einer der Umstehenden das Protokoll führte.

›Die Nase ist ganz‹, sprach sie, ›die Augen sind unbeschädigt, die Ohren einwandfrei, die Lippen unverletzt, und das Kinn ist heil. Die Anwesenden bezeugen den Sachverhalt.‹ Dann wurde das Protokoll unterzeichnet und sie wollte sich zurückziehen.

Ich bat sie aber noch: ›Laß alles, was ich brauche, bereitstellen, Herrin!‹ – ›Und um was handelt es sich?‹ fragte sie. ›Eine möglichst große Lampe‹, sagte ich, ›genügend Öl, das bis morgen früh reicht, warmes Wasser, einen Krug Wein, einen Becher und eine Platte mit ein paar Kostproben aus der Küche.‹ Sie schüttelte den Kopf und erklärte: ›Meinst du Narr, daß du in einem Trauerhaus Festessen und Leckerbissen erwarten kannst, in dem es seit ich weiß nicht wieviel Tagen überhaupt keinen Rauch gegeben hat! Bist du gekommen, um dich satt zu essen? Denke lieber daran, daß hier Trauer und Tränen am Platz sind!‹ Sie drehte sich zu ihrer Magd um und sprach: ›Myrrhina! Bring eine Lampe und Öl, schließe den Wächter in seinem Zimmer ein und dann mach, daß du schnell wieder fortkommst!‹

So blieb ich allein zum Schutz des Leichnams zurück; ich rieb mir die Augen, um sie für die Wache zu stärken, und ermutigte mein Herz durch Gesang; und siehe da, die Dämmerung brach herein, die Nacht rückte näher, die Nacht wurde tiefer, und es wurde noch tiefere Schlafenszeit, und dann war es Mitternacht. Mich schauderte mehr und mehr und am meisten, als plötzlich ein Wiesel hereinschlüpfte, sich mir gegenüber aufrichtete und mich unverwandt anblickte, bis das kleine Tierchen durch seine Dreistigkeit mich völlig ratlos machte. Schließlich rief ich: ›Mach, daß du fortkommst, du unverschämtes Biest, scher dich zu deinesgleichen in den Garten, sonst wird es dir übel ergehen! Fort mit dir!‹ Es machte kehrt und verschwand im Handumdrehen aus dem Zimmer. Es dauerte nicht lange, bis ich in so abgrundtiefen Schlaf versank, daß selbst das Orakel von Delphi kaum hätte sagen können, wer von uns beiden, wie wir dalagen, mehr tot war. So leblos war ich, daß ich selber einen Wächter hätte brauchen können und daß ich so gut wie nicht da war.

Schon schickten die Wächter mit den gezackten Kämmen ihren Ruf durch die Stille der Nacht. Ich erwachte und lief voller Schrecken zu dem Toten, beleuchtete ihn mit der Lampe, zog ihm die Decke vom Gesicht und inspizierte die meiner Obhut anvertrauten Körperteile. Da stürzte auch schon die arme trauernde Witwe mit ihren Zeugen von gestern angstvoll herein, warf sich über den Toten, küßte ihn lange und stürmisch und untersuchte im Lampenschein alle Einzelheiten. Dann drehte sie sich um und rief ihren Hausmeister Philodespotus, den sie anwies, dem gewissenhaften Wächter sofort seinen Lohn auszuzahlen. Er wurde mir an Ort und Stelle übergeben, und sie dankte mir: ›Wir sind dir sehr verpflichtet, junger Mann, und wollen dich in Anerkennung deiner Zuverlässigkeit und Treue weiß Gott zu den Freunden unseres Hauses zählen!‹ Über diese Worte und das unerwartete Trinkgeld war ich außer mir vor Freude und erwiderte, ganz benommen die blinkenden Goldstücke immer wieder in meinen Händen drehend: ›Bitte, Herrin, zähle mich zu deinen Dienern; und wenn ich dir in einer ähnlichen Situation gefällig sein kann, bitte ich, jederzeit über mich zu verfügen!‹

Ich hatte kaum ausgesprochen, als alle Hausgenossen unter Verwünschungen und betretenen Sprüchen über mich herfielen; der eine schlug mir mit den Fäusten ins Gesicht, ein anderer trommelte mit den Ellbogen auf meine Rippen, ein dritter boxte mich in die Hüften; man bearbeitete mich mit Fußtritten, zog mich an den Haaren und zerriß mir die Kleider. Und ganz wie der schöne Adonis oder der Sänger Orpheus zerschunden und zerzaust, jagte man mich aus dem Haus.

Als ich mich in der nächsten Gasse wieder zu erholen trachtete und meine ungeschickten und unpassenden Worte zu spät bedachte, mußte ich mir eingestehen, daß ich von Rechts wegen noch viel mehr Prügel verdient hätte; doch inzwischen war auch schon nach der letzten Beweinung und Klagezeremonie der Tote aus dem Haus herausgetragen worden, und der Leichenzug kam, nach dem Brauch der

Väter und wie es bei den Vornehmen der Stadt Sitte war, feierlich über den Marktplatz daher. Da stellte sich ihm ein schwarzgekleideter Greis, jammernd und weinend sein ehrwürdiges weißes Haar raufend und mit beiden Händen die Bahre fassend, entgegen und rief mit lauter, von Schluchzen behinderter Stimme: ›Bei eurer Ehre beschwöre ich euch, liebe Bürger, steht eurem ermordeten Bruder bei und rächt das ungeheuerliche Verbrechen an dem schamlosen und frechen Weib dort! Sie und kein anderer hat den armen Jüngling, den Sohn meiner Schwester, ihrem Buhlen zuliebe und um ihn zu beerben, durch Gift aus dem Weg geräumt!‹ So wandte sich der Greis flehend an jeden einzelnen. Das Volk tobte und ließ sich von der Wahrscheinlichkeit des Verbrechens überzeugen. Man rief nach dem Scheiterhaufen, man suchte nach Steinen und man hetzte die Jugend auf, das Weib totzuschlagen. Sie aber wies unter heuchlerischen Tränen ein so ungeheuerliches Verbrechen weit von sich und rief Gott und die Welt unter den heiligsten Eiden als Zeugen an.

›Die göttliche Vorsehung soll die Wahrheit offenbaren!‹ schrie der Greis. ›Hier steht Zatchlas, ein großer ägyptischer Prophet, der mir versprochen hat, gegen entsprechende Bezahlung für kurze Zeit den Geist dieses Toten aus der Unterwelt heraufzubeschwören und seinen Körper ins Leben zurückzurufen!‹ Mit diesen Worten stellte er seiner Umgebung einen jungen Mann vor, der leinene Gewänder und an den Füßen Sandalen aus Palmblättern trug und dessen Haupt völlig kahlgeschoren war. Er küßte ihm lange die Hände, umschlang sogar seine Knie und flehte: ›Erbarme dich, Priester, erbarme dich bei des Himmels Gestirnen, bei den Geistern der Unterwelt, bei den Elementen der Natur, beim Schweigen der Nacht und den koptischen Mysterien, bei den Nilschwellen, den Geheimnissen von Memphis und dem Sistrum von Pharos! Vergönne dem Toten einen kurzen Genuß der Sonne und laß die für immer und ewig geschlossenen Augen noch einmal für kurze Zeit das Licht schauen! Wir empören uns nicht wider die Naturgesetze und wollen auch nicht der Erde streitig machen, was ihr gehört: nur um des Trostes der Rache teilhaftig zu werden, bitten wir um eine kurze Spanne Leben.‹ So ließ sich der Prophet herbei, ein bestimmtes Kraut auf den Mund des Toten und ein anderes auf seine Brust zu legen. Dann, gegen Osten gewandt, richtete er ein schweigendes Gebet an die Allmacht der aufgehenden Sonne, indes die feierliche Szene die Anwesenden so beeindruckte, daß sie in tiefer Ergriffenheit dem Wunder entgegenstaunten.

Ich drängte mich unter die Schar der Begleiter und stellte mich unmittelbar hinter der Bahre auf einen Stein, um dem Schaupsiel mit neugierigen Augen zu folgen. Schon hob sich schwellend die Brust, schon schlug der Puls, schon begann der Leib zu atmen. Der Tote richtete sich auf, und der Jüngling sprach: ›Was ruft ihr mich für so kurze Zeit ins Leben zurück! Geleert war der lethäische Becher, und schon schwamm ich auf den Fluten des Styx! Laßt mich zurück und stört meine Ruhe nicht länger!‹ Die Worte des Leichnams waren deutlich zu vernehmen. Aber der Prophet erwiderte voller Erwartung und Erregung: ›Sag den Leuten, auf welche Weise du gestorben bist, und gib das Geheimnis deines Todes preis! Sonst sollst du erfahren, daß ich auch die Furien beschwören und deine erschlafften Glieder zu martern vermag!‹ Da sprach er von seiner Bahre herab tief aufseufzend zu den Umstehenden: ›Böse Künste meiner jungen Gemahlin haben mich umgebracht, und zum Giftbecher verurteilt, mußte ich das noch warme Hochzeitsbett ihrem Buhlen überlassen!‹

Die so vortreffliche Gattin raffte sich zusammen, trat ihrem Mann frech unter die Augen und hieß ihn mit gottloser Dreistigkeit einen Lügner. Das Volk stand unschlüssig; die einen tobten, man solle das Schandweib auf der Stelle lebend mit dem Leichnam ihres Mannes begraben, die anderen meinten, man könne den zweifelhaften Aussagen eines Toten keinen Glauben schenken.

Allein die weitere Rede des jungen Mannes gab den Ausschlag in dieser ratlosen Situation. Wieder seufzte er, noch tiefer, auf und sprach: ›Ich will euch einen klaren Beweis für die lautere Wahrheit geben und euch etwas eröffnen, was nur ich allein wissen kann!‹ Und nun zeigte er mit dem Finger auf mich: ›Während dieser überaus treue Hüter meines Leichnams mich brav bewachte, waren alte Hexenweiber hinter meiner sterblichen Hülle her und verwandelten sich in alle möglichen Gestalten, ohne jedoch seinen gewissenhaften Eifer täuschen zu können; so umgaben sie ihn schließlich mit einem Schlummernebel und, nachdem sie ihn in tiefen Schlaf versenkt hatten, riefen sie mich immer wieder mit meinem Namen, bis meine kalten und erstarrten Glieder und Gebeine, der Magie gehorchend, sich langsam regten. Aber dieser hier, lebendig zwar, doch schlafend wie ein Toter, und der genauso heißt wie ich, war, als er seinen Namen rufen hörte, schon vor mir aufgestanden, ohne sich dessen überhaupt bewußt zu werden, und wie ein entseelter Schatten bis vor die fest verschlossene Tür gegangen, wo sie ihm durch das Schlüsselloch erst die Nase und dann die Ohren abschnitten, so daß er an meiner Stelle die Entstellung über sich ergehen ließ. Um den Betrug komplett zu machen, klebten sie ihm, anstelle der abgeschnittenen Ohren, solche aus Wachs und eine Wachsnase an. Und da steht er nun, der arme Kerl, und der Lohn für seine Wachsamkeit gebührt ihm eigentlich mehr für die Verstümmelung, der er zum Opfer gefallen ist!‹

Kaum hörte ich das, als ich erschrocken mein Gesicht abtastete. Ich greife mit der Hand nach meiner Nase: Sie geht mit. Ich fasse an meine Ohren: Sie fallen ab! Und wie die Umstehenden mit Fingern auf mich zeigen und nach mir schielen, wie man schon anfängt mich auszulachen, renne ich in kaltem Schweiß gebadet davon, um in der Menge unterzutauchen. Und seit dieser Zeit habe ich mich, so lächerlich und entstellt wie ich war, nicht mehr zu Hause sehen lassen; ich habe mir die Haare auf beiden Seiten lang auf die Schultern herabwachsen lassen, um die fehlenden Ohren zu verheimlichen, und dem Übel der verstümmelten Nase konnte ich nur durch ein säuberlich aufgeklebtes Pflaster einigermaßen abhelfen.«

Als Thelyphron mit seiner Geschichte fertig war, fingen die vom Wein berauschten Gäste wieder laut zu lachen an. Und während sie in ein »Prost dem Lachen!« ausbrachen, meinte Byrrhena zu mir: »Morgen ist ein Fest, das seit Jahr und Tag in unserer Stadt feierlich begangen wird; an diesem Tag feiern wir als einzige auf der ganzen Welt den Gott und Herrn der Heiterkeit und Scherze und ehren ihn durch ein fröhlich ausgelassenes Brauchtum. Deine Gegenwart wird uns diesen Tag besonders angenehm machen. Ich würde mich freuen, wenn du dir etwas ganz besonders Lustiges zu Ehren des Gottes einfallen lassen wolltest, damit wir um so mehr zu seiner Verherrlichung beitragen.«

»Gerne«, erwiderte ich, »gerne will ich deiner Anregung folgen. Ich wünschte nur, daß mir ein Scherz einfällt, der einem so großen Gott angemessen ist.«

Dann erinnerte mich mein Diener daran, daß es bereits stockfinstere Nacht sei, und da ich schon weit mehr als betrunken war, stand ich auf, verabschiedete mich rasch von Byrrhena und machte mich mit unsicheren Schritten auf den Heimweg.

Schon an der ersten Straßenecke blies ein plötzlicher Windstoß unser Licht aus, das unser einziger Führer war, und wir konnten uns nur mit Mühe durch die tiefe Finsternis weitertasten, um mit an den Steinen zerschundenen Zehen und todmüde unser Haus zu suchen. Wie wir uns schon Arm in Arm näherten, ha! da werfen sich drei große, kraftstrotzende junge Kerle mit aller Wucht gegen unsere Haustür und lassen sich auch durch unser Auftauchen nicht im geringsten stören, sondern rennen erst recht, einer ruppiger als der andere, dagegen, so daß es uns, und besonders mir, völlig klar war: dies sind Strolche von der allerschlimmsten Sorte! Ich griff sofort nach meinem Schwert, das ich unter meinem Gewand versteckt mitgenommen hatte, und zog es aus den Falten.

Ohne Zögern stürzte ich mich mitten unter die Banditen und stieß es einem nach dem andern, wie er sich mir in den Weg stellte, tief in den Leib, bis sie endlich zerstochen und zerfetzt zu meinen Füßen ihren Geist aufgaben. Nach beendeter Schlacht – Photis war durch den Lärm aufgewacht und hatte die Tür geöffnet – schleppte ich mich keuchend und schweißtriefend ins Haus und fiel erschöpft, als hätte ich nicht drei Räuber, sondern den dreifachen Geryones erschlagen, auf mein Bett und war auch schon eingeschlafen.

DRITTES BUCH

Eben fuhr Aurora, ihren Rosenarm über dem purpurnen Gespann schwingend, den Himmel hinauf, als mich, der sorglosen Ruh entrissen, die Nacht dem Tage wiederschenkte. Heiß überlief es mich bei der Erinnerung an die nächtliche Tat. Mit angezogenen Beinen, die Hände über den Knien gefaltet, kauerte ich auf meinem Bett und weinte bitterlich, denn im Geist sah ich schon Richter und Prozeß, schon das Urteil, schon den Henker vor mir. »Oder wo wäre ein so milder, ein so wohlwollender Richter, der mich, vom dreifachen Mord befleckt und vom Blut so vieler Bürger besudelt, freispricht? Das also ist der Ruhm, den mir der Chaldäer Diophanes auf meiner Reise so beharrlich verhieß!« Dies wiederholte ich mir immer wieder und bejammerte mein Los.

Da hörte ich Klopfen und vielfaches Stimmengewirr vor der Tür.

Es dauerte nicht lange, bis sich der ganze Strom in das Innere des Hauses wälzte, das sich mit Beamten, deren Helfern und zahlreichem bunten Gefolge füllte, und bis mich zwei Amtsdiener im Auftrag des Magistrats an Ort und Stelle festnahmen und fortschleppten, ohne daß ich mich irgend zur Wehr setzte. Als wir in die erste Gasse einbogen, sah ich, daß schon die ganze Stadt auf den Beinen war, um sich unserem Zug in hellen Haufen anzuschließen. Mit gesenktem Kopf vor mich auf den Boden oder vielmehr schon ins Grab blickend, schritt ich trübsinnig dahin, doch als ich einen kleinen Seitenblick wagte, fiel mir etwas ganz Merkwürdiges auf: Im Gewoge der Tausende von Leuten gab es keinen, der nicht am liebsten laut herausgelacht hätte!

Nachdem wir durch alle Gassen gezogen waren, wurde ich wie ein Sühneopfer zur Abwendung drohenden Unheils um den ganzen Marktplatz geführt und dann vor den Richterstuhl gestellt. Schon hatte sich der Magistrat auf der erhöhten Estrade niedergelassen, schon gebot der Stadtherold Stillschweigen, als plötzlich alle einhellig forderten, mit Rücksicht auf die große Anzahl von Zuschauern und die Gefährdung durch das zu dichte Gedränge solle eine so wichtige Verhandlung im Theater stattfinden. Unverzüglich machte man sich auf den Weg und füllte im Handumdrehen die Tribünen. Selbst die Gänge und das Dach waren bis zum Ersticken voll, viele waren die Säulen emporgeklettert, andere hingen an den Statuen, nicht wenige in Fenstern und Nischen waren nur halb zu sehen, aber in seiner Neugier kümmerte sich keiner um die Gefährlichkeit seines Standorts. Die Gerichtsdiener führten mich wie ein Opfertier quer durch das Proszenium und stellten mich mitten auf die Bühne.

Wieder brüllte der Herold, und ein alter Mann stand als Ankläger auf, während zur Bemessung der Redezeit ein siebartig durchlöchertes Gefäß mit Wasser gefüllt wurde, das tropfenweise abfloß, und wandte sich an das Volk:

»Es handelt sich hier nicht um eine Sache von untergeordneter Bedeutung, verehrte Mitbürger, sondern um einen Vorfall, der den Frieden der ganzen Stadt betrifft und bei dem es zweckmäßig sein wird, ein strenges Exempel zu statuieren. Daher ist es um so unerläßlicher, daß ihr euch, jeder einzelne und alle gemeinsam, für die Interessen der Autorität einsetzt, damit der verruchte Mörder mit entsprechender Strenge für seine grausame Untat bestraft wird.

Unterstellt nicht, daß ich aus persönlichen Motiven meinem Haßgefühl freien Lauf lasse! Niemand kann mir in meiner Eigenschaft als Beauftragter für die nächtliche Sicherheit der Stadt hinsichtlich meines Verantwortungsbewußtseins einen Vorwurf machen.

Nun aber möchte ich auf die Sache eingehen und wahrheitsgemäß berichten, was sich in der Nacht ereignet hat. Es dürfte bereits um die dritte Nachtwache gewesen sein, als ich pflichtgemäß meinen Kontrollgang von Tür zu Tür durch das ganze Stadtgebiet machte; da sah ich auf einmal diesen jungen Kerl und Rohling, wie er mit dem blanken Schwert nach alle Seiten zum Mord ausholte, während sich bereits drei Mann als Opfer seiner Raserei zuckenden Leibes in einer großen Blutlache zu seinen Füßen wälzten. Im Bewußtsein seiner abscheulichen Tat suchte der Mörder sein Heil in der Flucht und konnte im Schutz der Dunkelheit in ein Haus entkommen, in dem er sich die Nacht über versteckt hielt. Dank der göttlichen Vorsehung jedoch, die jede Untat an den Schuldigen heimsucht, gelang es mir, den Täter am anderen Morgen, noch ehe er heimlich fliehen konnte, festzunehmen, um ihn hier vor die Schranken des hohen Gerichts führen zu lassen. Der Angeklagte, der nun vor euch steht, ist des mehrfachen Mordes schuldig, der Angeklagte wurde auf frischer Tat ergriffen, der Angeklagte ist ein Fremder. So fällt denn unbeirrbar euren Spruch über einen Ausländer, der eine Tat begangen hat, die ihr bei jedem eurer Mitbürger strenge ahnden würdet!«

Nach dieser grimmigen Rede machte der Ankläger sein Maul wieder zu. Der Herold forderte mich auf, mich zu äußern, falls ich etwas zu erwidern hätte. Aber ich konnte in dieser Situation nur weinen, und wahrhaftig nicht nur über die ungeheuerliche Anklage, sondern vor allem über mein elendes Gewissen. Doch dank einer göttlichen Eingebung raffte ich mich endlich zu einer Antwort auf:

»Ich weiß sehr wohl, was es heißt, wenn ein des Mordes Beschuldigter angesichts der drei aufgebahrten Leichen eurer Mitbürger – und wenn er noch so sehr die Wahrheit spräche und ein freiwilliges Geständnis ablegte – eine so zahlreiche Versammlung von seiner Unschuld überzeugen will. Aber wenn man mir aus Billigkeit für kurze Zeit Gehör schenken mag, so kann ich euch überzeugend erklären, daß ich nicht durch mein eigenes Verschulden meinen Kopf aufs

Spiel gesetzt habe, sondern daß es nur ein unglücklicher Zufall ist, wenn die durchaus gerechte Entrüstung über ein solches Verbrechen einen ohne Grund der Untat Bezichtigten trifft!

Als ich nämlich ziemlich spät von einer Einladung nach Hause ging, etwas angetrunken – denn was mir mit Recht vorgeworfen werden kann, will ich nicht in Abrede stellen –, sah ich vor der Haustür meines Gastgebers – ich wohne bei eurem trefflichen Mitbürger Milo – einige verwegene Gesellen, die sich Zutritt zu verschaffen und die Haustür aus den Angeln zu heben versuchten und nach dem Aufbrechen aller sorglich vorgelegten Riegel schon im Begriff standen, ein Massaker unter den Bewohnern anzustellen. Einer von ihnen, ein handfester Riesenkerl, hetzte die anderen auf: ›Los, Jungens, frisch und mutig voran, wir wollen die Schläfer tapfer überfallen! Nicht gezögert und nicht feige! Mit gezücktem Messer hinein ins Haus zum Mord! Wer schläft, wird erstochen, wer sich zur Wehr setzt, wird niedergemacht! Nur dann kommen wir heil wieder heraus, wenn im Haus keiner heil bleibt!‹

Ich bekenne, verehrte Versammlung – da ich es für die Pflicht eines guten Bürgers hielt und äußerste Angst sowohl um meine Gastgeber wie um mich selbst hatte –, daß ich mit einem kleinen Schwert, das mich wegen derlei Fährlichkeiten begleitet, gegen sie Front gemacht habe, um sie einzuschüchtern und zu verjagen. Aber diese Banditen und Unholde ließen sich nicht in die Flucht schlagen, sondern leisteten, obwohl sie mich bewaffnet sahen, erbitterten Widerstand.

Sie stellten sich zum Kampf. Der Wortführer und Anführer persönlich stürzte sich mit aller Wucht auf mich, erwischte mich auf der Stelle mit beiden Händen beim Haar und suchte mir den Kopf nach hinten zu reißen, um mich mit einem Stein zu zerschmettern. Während er ›Her damit!‹ brüllte, brachte ich ihm mit sicherer Hand einen tödlichen Stich bei und streckte ihn glücklich nieder. Inzwischen hatte sich ein anderer an meinen Beinen festgebissen, dem ich dafür mit einem wohlgezielten Stoß das Schwert durch den Rücken stieß, während der dritte so unvorsichtig war, von selbst mit der Brust in mein Schwert zu rennen.

Nun war die Ruhe wiederhergestellt und sowohl für das Haus meiner Gastgeber als auch für die öffentliche Sicherheit gesorgt, und ich war der Ansicht, nicht nur keine strafbare Handlung begangen, sondern sogar öffentliche Anerkennung verdient zu haben; und dies um so mehr, als ich noch nie im Leben auch nur des mindesten Vergehens bezichtigt werden konnte, sondern in meiner Heimat stets als rechtschaffener Bürger geachtet wurde, der ein reines Gewissen über allen Vorteil stellt. Ich kann auch nicht begreifen, warum ich hier wegen der gerechten Notwehr gegenüber derart rüdem Gesindel angeklagt werde; es kann doch niemand behaupten, daß zwischen uns eine persönliche Feindschaft bestanden habe oder daß mir diese Kerle auch nur bekannt gewesen seien. Soll man mir doch die Beute zeigen, für die ich einleuchtenderweise eine solche Untat hätte begehen können!«

Als ich mit meiner Darstellung zu Ende war, flossen meine Tränen aufs neue, und mit ausgestreckten Händen beschwor ich bald die einen und bald die anderen bei ihrer menschlichen Empfindung und bei ihren Kindern. Und als ich schon die Herzen gerührt und durch meine Tränen das Mitgefühl aller geweckt zu haben meinte, als ich das Auge der Sonne und der Gerechtigkeit als Zeugen anrief, als ich meine Sache der göttlichen Vorsehung anbefahl und dabei meine Blicke hob, da sah ich auf einmal, wie die ganze Versammlung vor Übermut sich kaum noch zu fassen wußte und daß auch mein guter Gastgeber und Vater Milo sich vor Lachen schüttelte. Da schwieg ich und dachte: Freundschaft, Treue! Um meinen Gönner zu retten, werde ich zum Mörder und lasse mich auf Tod und Leben verklagen, er aber verweigert mir nicht nur seinen tröstlichen Beistand, sondern wiehert vor Lachen über mein schmähliches Ende!

Unterdessen rennt jammernd und schreiend ein Weib in schwarzer Kleidung und mit einem Kind an der Brust durch das Theater und hinter ihr drein eine Alte in fürchterlichen Lumpen und gleichfalls heulend, beide Ölzweige schwingend. Sie werfen sich über die Bahre mit den zugedeckten Leichen der Ermordeten und beginnen ein lautes Klagegeheul und kreischen: »Bei euer aller Mitleid, bei allen Menschenrechten, habt Erbarmen mit den schmählich erschlagenen Männern und schenkt uns armen verlassenen Witwen den Trost der Rache! Helft wenigstens diesem schon so früh verwaisten Kind und verhelft durch das Blut dieses Mörders dem Gesetz und der Ordnung wieder zu ihrem Recht!«

Es erhob sich der Älteste des Magistrats und wandte sich an das Volk: »Das Verbrechen, das streng geahndet werden muß, kann auch der Täter nicht leugnen. Aber es muß auch unsere Sorge sein, die Helfershelfer einer solchen Schandtat ausfindig zu machen. Es ist ganz unwahrscheinlich, daß ein einzelner drei so kräftige junge Männer zur Strecke gebracht hat. Um den Tatbestand zu ermitteln, muß daher zur Folterung geschritten werden. Da der Sklave, der ihn begleitet hat, geflohen ist, bleibt uns nur die Möglichkeit, ihn selbst auf der Folter die Helfer bei seiner Untat bekennen zu lassen, damit der Furcht vor derlei Bandenwesen ein für allemal ein Ende gemacht wird.«

Unverzüglich wurden nach griechischem Brauch Feuer und Rad und auch Geißeln aller Art herbeigeschleppt. Meine Verzweiflung wurde immer größer, nein, verdoppelte sich, da ich nicht einmal mehr mit heiler Haut sollte sterben dürfen.

Die Alte, die mit ihrem Geschrei alles durcheinandergebracht hatte, rief: »Hochverehrte Bürger, bevor ihr diesen Räuber und Mörder meiner armen Kinder ans Kreuz schlagt, möchte ich die Leichen der Erschlagenen aufdecken, damit euch der Anblick ihrer Schönheit und Jugend um so mehr das Ungeheuerliche einer solchen Untat vor Augen führt und ihr entsprechende Strenge walten laßt!«

Ihre Worte fanden Beifall, und sogleich forderte mich der Amtsdiener auf, die auf der Bahre liegenden Körper eigenhändig aufzudecken. Ich weigerte mich und sträubte mich geraume Zeit, durch eine solche Provokation der Erbitterung über das Vorgefallene neue Nahrung zu geben, doch auf Befehl des Magistrats gehen die Stadtknechte auf mich los und zerren mir die herabhängende Hand weg und zwingen sie, die Leichen zu enthüllen und das eigene Verderben zu beschleunigen. So erliege ich schließlich der Gewalt, ergreife trotz allem Widerstreben das Tuch und decke die Körper auf: allmächtige Götter, was für ein Anblick! Welch ein Wunder! Welche unerwartete Wendung meines Geschicks! Der ich eben noch in die Hand Proserpinas gegeben war und schon zu des Orkus Gesinde gehörte, stehe dem Wandel völlig fassungslos gegenüber; kaum vermag ich die Wirkung dieses überraschenden Anblicks zu schildern! Die besagten Leichen der ermordeten Jünglinge waren drei – Schläuche! Aufgeblasene Schläuche mit zahlreichen Löchern an jenen Stellen, wo ich meiner Erinnerung nach im Verlauf des Nachtgefechts die Räuber verwundet hatte!

Nun endlich brach die ganze Versammlung in ein befreiendes Gelächter aus, das einige Schlingel bisher nur mühsam verbissen hatten. Die einen kreischten vor Vergnügen, andere mußten sich den Bauch halten vor Schmerzen. In bester Laune ward das Theater geräumt, wobei sich alle nach mir umsahen.

Ich aber stand noch immer mit dem Tuch in der Hand wie versteinert und schreckensstarr auf dem gleichen Fleck, nicht anders als eine der Statuen oder Säulen des Theaters. Erst als mein Gastgeber Milo zu mir trat und mir seine Hand auflegte, kam ich wieder zu mir; und als ich wieder in Tränen ausbrach und erneut zu schluchzen anfing, zog er mich trotz meiner Gegenwehr mit sanfter Gewalt mit sich fort und führte mich durch weniger belebte Seitengassen und auf Umwegen in sein Haus zurück, indem er mich in meinem Kummer und meiner immer noch anhaltenden Erregung durch allerlei Zuspruch tröstete. Doch vermochte er meine Erbitterung über die angetane Schmach, die mich tief in der Seele getroffen hatte, auf keine Weise zu beschwichtigen.

Nach einer Weile kamen die Magistratsbeamten höchstpersönlich im Schmuck ihrer Insignien zu uns ins Haus und setzten sich in Szene, um mich durch ihre Erklärung zu beruhigen: »Wir sind uns deines Standes und deiner Herkunft wohl bewußt, Herr Lucius, da dein so angesehenes Haus in der ganzen Provinz bekannt ist. Und was dich jetzt so erregt, sollte keine Beleidigung sein. Erleichtere also deine Brust von aller derzeitigen Betrübnis und verscheuche den Gram aus deinem Herzen! Es handelte sich um ein Spiel, das wir ganz offiziell alljährlich zu Ehren des Gottes und Herrn der Heiterkeit und der Scherze festlich begehen und das an Einfällen immer neue Blüten treibt. Dieser Gott wird seinen Förderer und Freund überall mit Huld und Liebe begleiten und niemals zulassen, daß du gekränkt wirst, sondern vielmehr deine Stirn stets mit Anmut und Frohsinn schmücken. Die Bürger der Stadt aber haben dir in Anerkennung deiner ihr erwiesenen Gunst eine besondere Auszeichnung zugedacht. Sie haben dich zum Ehrenbürger ernannt und haben beschlossen, dein Bild in Erz aufzustellen.«

Auf diese Eröffnung entgegnete ich: »Der hochansehnlichen und wohllöblichen Bürgerschaft der thessalischen Hauptstadt fühle ich mich für die zugedachte Ehrung zutiefst verpflichtet, doch bitte ich Denkmal und Bildnis Würdigeren und Verdienteren vorzubehalten!«

Und während ich solche Worte der Bescheidenheit äußerte, versuchte ich, verbindlich zu lächeln und ein möglichst heiteres Gesicht zu machen, um die Beamten höflich zu verabschieden.

Und dann war auch schon ein Diener der Byrrhena da und meldete: »Deine Tante läßt dich bitten, entsprechend deiner gestrigen Zusage dich zu einer kleinen Feier in ihrem Hause einzufinden, die in Kürze beginnen soll.«

Voller Schreck und schon bei der bloßen Erwähnung ihres Hauses schaudernd, entgegnete ich: »Gerne würde ich der Einladung meiner mütterlichen Freundin Folge leisten, wenn es mir irgend möglich wäre. Mein Gastgeber Milo jedoch hat mich bereits ersucht und verpflichtet, zu Ehren der mächtigen Gottheit heute mit ihm zu speisen. Er weicht nicht von meiner Seite und läßt mich nicht aus dem Haus. Ich muß den versprochenen Besuch daher leider verschieben.«

Noch während ich redete, legte mir Milo die Hand auf die Schulter, befahl das Badezeug nachzubringen und führte mich ins nächste Bad.

Während ich neben ihm ging, versuchte ich mich so gut als möglich zu verstecken, um den aufdringlichen Blicken und dem Grinsen der uns Begegnenden auszuweichen, zu dem ich Anlaß gegeben hatte. Wie ich gebadet, wie ich mich abgetrocknet habe und wie ich wieder nach Hause gekommen bin, weiß ich vor Scham kaum zu sagen; ich war ganz außer Fassung, da alle mit Blicken, Winken und sogar mit Fingern auf mich wiesen.

Rasch verzehrte ich bei Milo ein kümmerliches Mahl, schützte starke Kopfschmerzen vor, die mir die dauernde Erregung verursacht habe, und zog mich in mein Zimmer zurück, wozu ich leicht die Erlaubnis erhalten konnte. Ich lag auf meinem Bett und ließ mir trübsinnig das Geschehene der Reihe nach durch den Kopf gehen, bis meine Photis ihre Herrin endlich zu Bett gebracht hatte und ganz außer sich zu mir kam: weder mit fröhlichem Gesicht noch mit Scherz und Geplauder, sondern die Stirn in düstere Falten gelegt. Zögernd und stockend begann sie schließlich: »Ich muß bekennen, daß ich an allem, was dir widerfahren ist, schuld bin!« Und mit diesen Worten entnahm sie dem Bausch ihres Gewandes eine Peitsche und reichte sie mir. »Da nimm, ich bitte dich, und bestrafe das treulose Mädchen, räche dich nach Herzenslust! Aber, bitte, glaube nicht, daß ich dir absichtlich diesen Schrecken eingejagt habe! Die Götter mögen mich davor bewahren, daß ich dir willentlich auch nur das geringste Leid zufüge; und wenn dich ein Unglück bedroht, so will ich es auf der Stelle mit meinem eigenen Blut sühnen. Aber was man mir aus ganz anderen Gründen befohlen hatte, ist zu meinem Unglück leider eine Kränkung für dich gewesen.«

Da meldete sich meine alte Neugier, und ich wollte die

heimliche Bewandtnis des Geschehenen wissen: »Eher will ich diese verfluchte und unverschämte Peitsche, mit der ich dich schlagen soll, zerbrechen und zerfetzen, als daß sie deine zarte weiße Haut auch nur berühren dürfte! Aber erzähle mir getreulich, was du getan hast, das so unglücklich zu meinem Nachteil ausgeschlagen ist. Ich schwöre dir bei deinem geliebten Haupt, niemand, und trotz deiner Beteuerung auch du selbst nicht, kann mir einreden, daß du mir absichtlich weh tun wolltest! Und ein zufälliger und noch so unglücklicher Ausgang kann andererseits kein Grund sein, deine gute Absicht in Verdacht zu bringen.« Bei diesen letzten Worten wollte ich die tränenfeucht verschwimmenden Augen meiner Photis, die mich so verlangend aus schon halb geschlossenen Lidern anblickten, mit leidenschaftlichen, dürstenden Küssen schier austrinken.

Nun kehrte ihre Fröhlichkeit zurück, und sie sprach: »Laß mich bitte erst die Türe fest zuschließen, damit mein Bericht nicht leichtfertig unter die Leute kommt und üble Folgen heraufbeschwört!« Damit schob sie den Riegel vor und sicherte ihn mit dem Bolzen, um sich dann wieder zu mir umzudrehen und ihre beiden Arme um meinen Hals zu schlingen. Leise, mit flüsternder Stimme begann sie: »Ich habe ja so unsägliche Angst, das Dunkel dieses Hauses aufzudecken und die heimlichen Zauberkünste meiner Herrin zu verraten. Doch ich will dir Vertrauen schenken und auf dein Verständnis bauen, denn abgesehen von deiner guten Herkunft und von deinen charakterlichen Qualitäten bist du Mitglied mehrerer Kultgemeinschaften und weißt also, was Schweigepflicht ist. Was ich jetzt dem Schrein deines frommen Herzens anvertraue, das halte bitte für immer darin verschlossen und lohne meine vertrauensvolle Offenheit mit absolutem Stillschweigen. Denn nur die Liebe, mit der ich dir verfallen bin, veranlaßt mich, auszusprechen, was nur ich allein auf der ganzen Welt weiß. Du wirst hören, wie es um unser Haus steht, du wirst die Geheimnisse meiner Herrin erfahren, der die Toten gehorchen, der die Gestirne dienen, der die Geister folgen und die Elemente zu Willen sind.

Solcher Künste bedient sie sich vor allem, wenn sie ein Auge auf einen jungen Mann von angenehmem Äußeren geworfen hat, was bei ihr oft der Fall ist.

Auch jetzt ist sie in einen besonders netten jungen Mann aus Böotien bis über die Ohren verliebt und setzt mit brennendem Eifer alle Kniffe ihrer Kunst, alle Hebel sozusagen, in Bewegung. Gestern abend habe ich hier mit diesen meinen Ohren gehört, daß sie sogar Helios selbst mit Wolkendunkel und ewiger Finsternis gedroht hat, weil die Sonne nicht schnell genug untergegangen und der Nacht gewichen war, in der sie ihren Lockzauber ausüben wollte.

Den jungen Mann hat sie gestern auf dem Heimweg vom Bad zufällig in der Barbierstube sitzen sehen; ich bekam den Auftrag, seine im Messergemetzel abgeschnittenen Haare, die am Boden lagen, heimlich zu stehlen. Als ich sie emsig und verstohlen einsammelte, erwischte mich der Meister, und weil wir ohnehin schon in der ganzen Stadt im Geruch übler Künste stehen, fiel er wütend über mich her und brüllte: ›Verschwinde, und willst du Hexe wohl die Haare von dem Jungen dort liegen lassen! Wenn ich dich wieder erwische, lasse ich dich auf der Stelle verhaften!‹ Und diesen Worten ließ er die Tat folgen und griff mir mit der Hand in den Busen, um mir voller Ingrimm die Haare wieder zu entreißen, die ich dort versteckt hatte. Ich war ganz erschrocken, und da ich die Gepflogenheiten meiner Herrin bedachte, die sich über ein derartiges Mißgeschick schrecklich aufzuregen und mich dafür halb totzuschlagen pflegt, wollte ich mich schon auf und davon machen, bin aber dann mit Rücksicht auf dich hier geblieben.

Als ich mit leeren Händen betrübt nach Hause schlich, sah ich, wie jemand Ziegenschläuche schor. Ich stellte fest, daß sie schon gebunden und aufgeblasen fix und fertig dahingen, und nahm einen ganzen Haufen der am Boden liegenden Haare mit, die dem blonden Haar des jungen Böoters sehr ähnlich sahen, und brachte sie meiner Herrin, um ihr den wahren Sachverhalt zu verheimlichen.

Bei einbrechender Nacht, und noch ehe du vom Essen

zurückgekehrt warst, stieg Pamphile schon ganz außer sich auf den Dachboden, der auf der anderen Seite des Hauses dem offenen Durchzug ausgesetzt ist und den Blick nach Osten und auch nach den anderen Himmelsrichtungen gestattet, so daß er sich für ihre Künste besonders gut eignet und von ihr immer wieder heimlich aufgesucht wird. Zunächst versorgte sie ihre Wirkungsstätte mit der üblichen Ausrüstung: Spezereien aller Art, mit unleserlichen Zeichen beschriebene Metalltäfelchen, Wrackstücke von gescheiterten Schiffen und natürlich auch Gliedmaßen von Toten und sogar schon Beerdigten in reichlicher Auswahl; Nasen und Finger, Galgennägel mit dem Fleisch von Gehenkten, Blut von Ermordeten und Schädelteile, den Zähnen wilder Tiere entrissen.

Dann bespricht sie die rauchenden Eingeweide und besprengt sie mit verschiedenem Naß, bald Quellwasser, bald Kuhmilch, bald wildem Honig und bald auch Met. Nun wirft sie die ineinander verschlungenen und verknoteten Haare mit allerlei Essenzen zum Räuchern auf glühende Kohlen. Und vermöge der unwiderstehlichen Macht der magischen Künste und vermöge der geheimen Kraft des Geisterbanns werden die Leiber, deren Haare zischen und qualmen, mit menschlichem Leben erfüllt und fühlen, hören und wandeln und kommen, dem Geruch der verbrannten Abfälle folgend, statt des jungen Böoters Einlaß heischend vor die Haustür: und im gleichen Augenblick kehrst du vom Wein berauscht zurück und bringst, durch das Dunkel der tiefen Nacht getäuscht, mit gezücktem Schwert wie der rasende Ajax, zwar nicht lebende Tiere und ganze Schafherden zerfleischend, nein, viel heldenhafter! drei aufgeblasene Ziegenschläuche kühn ums Leben, so daß ich dich, der du deine Feinde, ohne einen Tropfen Blut zu vergießen, zu Boden gestreckt hast, nun nicht als Meuchelmörder, sondern als Schläuchemörder in meine Arme schließe!«

Da konnte ich der witzigen Photis nur beipflichten und erwiderte, um ihr nichts schuldig zu bleiben: »So kann ich diese erste Bewährungsprobe schon nach dem Vorbild der zwölf Arbeiten des Herkules werten, wenn ich die drei ermordeten Schläuche dem dreilebigen Geryones oder dem dreiköpfigen Zerberus gleichstelle! Aber damit ich dir von Herzen deine ganze Schuld, die mir einen solchen Schrekken eingebracht hat, verzeihen kann, mußt du mir eine ganz große Bitte erfüllen und mich zusehen lassen, wenn deine Herrin ihre Zauberkünste ins Werk setzt, wenn sie die Geister beschwört, wenigstens wenn sie ihre Vorbereitungen trifft. Ich bin ganz versessen darauf, mit eigenen Augen zu sehen, wie gezaubert wird. Allerdings scheint mir, daß auch du in diesen Dingen Erfahrung besitzt und Übung hast! Ich weiß das und spüre es ganz deutlich, denn könntest du mich sonst, nachdem ich bisher mit einer Liebschaft kaum etwas anzufangen wußte, mit deinen leuchtenden Augen, deinen rosigen Wangen, deinem schimmernden Haar, deinen lechzenden Küssen und deinen duftenden Brüsten fesseln wie einen Sklaven, der dir mit Leib und Seele angehört! Ich denke schon gar nicht mehr an Zuhause, noch rüste ich mich zur Heimreise, denn nichts geht mir über eine Nacht bei dir!«

»Ich würde dir so gerne deinen Wunsch erfüllen, Lucius«, erwiderte sie, »aber, ganz abgesehen von ihrem Mißtrauen, sie pflegt dergleichen Dinge in aller Heimlichkeit und ohne Zeugen abzutun. Allein dein Wunsch soll mir mehr gelten als die Gefahr, in die ich mich begebe, und ich will sehen, daß er sich bei günstiger Gelegenheit erfüllen läßt; aber, wie ich dir schon zu Anfang gesagt habe, du mußt über diese Dinge absolutes Stillschweigen bewahren!«

Während dieser Unterhaltung regte das Verlangen wieder Sinne und Glieder auf. Wir zogen uns aus und überließen uns hüllenlos und nackt unserem Taumel zu Ehren der Venus! Als ich schon müde war, erschloß mir Photis aus eigener Freigebigkeit noch eine ganz neue, außergewöhnliche Quelle der Lust, bis sich dann schließlich doch der Schlummer auf unsere übernächtigen Augen senkte und sie bis tief in den nächsten Tag hinein schloß.

Auf diese Weise waren noch einige weitere Nächte der

Wonne vergangen, als Photis eines Tages aufgeregt und ängstlich zu mir kam und mir eröffnete, daß ihre Herrin, da ihre sonstigen Künste bei ihrem Geliebten bisher völlig versagt hätten, sich in der kommenden Nacht in einen befiederten Vogel verwandeln wolle, um zu dem Ersehnten zu fliegen; ich solle mich also heimlich bereit halten, Augenzeuge dieses großen Ereignisses zu sein. Und um die Zeit der ersten Nachtwache führte sie mich lautlos auf den Zehenspitzen hinauf in das Dachgeschoß und ließ mich durch einen Türspalt sehen, was dort geschah: Pamphile hatte bereits alle Kleider abgelegt und schloß eine kleine Truhe auf, der sie verschiedene Büchsen entnahm; deren eine öffnete sie, um die Salbe lange zwischen ihren Handflächen zu reiben und sich dann vom Kopf bis zu den Zehen damit einzureiben, während sie gleichzeitig lange heimliche Zwiesprache mit ihrer Lampe führte und dann ihre Glieder schüttelte und rüttelte. Und während sie sich leise hin und her wiegte, sproßte zarter Flaum, wuchsen ihr starke Federn, krümmte sich die Nase zum Schnabel, bogen sich die Zehennägel zu Krallen: Pamphile war zu einer Eule geworden! Sie krächzte schauerlich und hüpfte am Boden hin und her, um ihre Schwingen zu prüfen; dann erhob sie sich in die Lüfte und verschwand mit breiten Fittichen in der Ferne.

Dank ihren Zauberkünsten hatte sie sich nach Wunsch und Willen verwandelt, ich aber stand da wie verzaubert – ohne Zauberspruch! Ich konnte nicht fassen, was ich eben gesehen hatte, und schien mir nichts weniger zu sein als Lucius! Ich wußte nicht mehr, wie mir geschah, ich war wie vor den Kopf geschlagen, ich kam mir vor wie ein Wahnsinniger, mit offenen Augen wie im Traum. Dann rieb ich mir lange die Lider im Zweifel, ob ich wirklich wach sei. Endlich kam ich wieder zur Besinnung, sah mich um, ergriff Photis' Hand, führte sie an meine Augen und sagte: »Laß mich, solange sich die Gelegenheit bietet, einen ganz besonderen Beweis deiner Zuneigung erbitten und gib mir etwas von der Salbe dort – bei diesen deinen teuren Augen, meine Honigsüße – und verpflichte dir durch diese Gunst, die ich dir niemals vergelten kann, deinen Sklaven für immer und ewig! Mache, daß ich neben dir, meine teure Venus, als beschwingter Cupido stehe!«

»Was du nicht sagst!« entgegnete sie, »du Schlauberger und Schürzenjäger! Ich soll mich ins eigene Fleisch schneiden? Ich kann dich, hilflos wie du bist, kaum vor den thessalischen Hexen schützen; aber bist du in einen Vogel verwandelt, wo sollte ich dich dann wohl suchen, wann würde ich dich dann je wiedersehen?«

»Die Götter mögen mich vor einem solchen Frevel bewahren«, sagte ich, »daß ich, und wäre ich auch ein Adler, der in stolzem Flug den ganzen Himmel offen findet, des hohen Jupiter treuer Bote oder froher Waffenträger, auch nach solcher Schwingenherrlichkeit nicht doch wieder hier in mein Nest zurückkehrte! Ich schwöre dir bei diesen deinen süß verschlungenen Locken, die mein Herz gefesselt haben, daß mir kein anderes Mädchen lieber ist als meine Photis! Und dann fällt mir auch noch ein, daß ich alle Häuser meiden muß, wenn ich dank dieser Salbe ein Vogel geworden bin! Was für ein reizender und stattlicher Liebhaber wäre eine Eule! Aus lauter Angst nagelt man diese Nachtvögel über die Tür, wenn sie sich in ein Haus verirrt haben, so daß sie unter jämmerlichen Qualen für die böse Vorbedeutung büßen, die ihr Unglücksflug dem Haus verkündet! Aber was ich beinahe vergessen hätte: was muß ich sagen oder tun, um meine Federn wieder loszuwerden und wieder Lucius zu werden?«

»Da mache dir keine Sorgen«, erwiderte sie, »denn meine Herrin hat mir ganz genau erklärt, wie man sich wieder in Menschengestalt zurückverwandeln kann. Sie hat das allerdings nicht etwa aus Gefälligkeit getan, sondern damit ich ihr bei ihrer Rückkehr mit dem entsprechenden Zaubermittel zur Verfügung stehe. Schau her, wie wenige und was für läppische Kräuter genügen, um diese Sache in Ordnung zu bringen: etwas Dill und ein paar Lorbeerblätter in Quellwasser zum Baden und zum Trinken.«

Unter wiederholten Beteuerungen, daß dem so sei, schlich

sie voller Aufregung in das Gemach, um eine Büchse aus der Truhe zu holen. Ich ergriff sie, küßte sie und betete, sie möge mir einen guten Flug schenken; dann warf ich alle Kleider ab, entnahm mit zitternden Fingern eine gute Portion Salbe und rieb meinen Körper von oben bis unten damit ein. Dann schwang ich meine Arme auf und nieder, um ein Vogel zu werden – doch kein Flaum, keine Federn wollten sich zeigen, sondern im Gegenteil, meine Haare wurden zu dicken Borsten, und meine zarte Haut ward zum struppigen Fell; an Händen und Füßen wuchsen Finger und Zehen zu Hufen zusammen, und das Ende meines Rückgrats verlängerte sich zu einem langen Schwanz. Ein riesiger Kopf, ein großes Maul, sich blähende Nüstern und hängende Lippen; und nun auch noch behaarte Riesenohren! Der einzige Trost in meiner kläglichen Verwandlung war, daß auch mein Gemächte ins Wachsen kam – wenn ich nur auch meine Photis hätte umarmen können!

Und während ich mich voller Entsetzen besah und gewahr wurde, daß ich nicht als Vogel, sondern als Esel dastand, wollte ich mich bei Photis beschweren, aber mit meinen menschlichen Zügen hatte ich auch meine menschliche Stimme eingebüßt und konnte ihr nur noch mit hängender Unterlippe und sie mit feuchten Augen von der Seite anblickend stumme Vorwürfe machen.

Als sie mich in dieser Verfassung sah, schlug sie entsetzt ihre Hände vor das Gesicht und rief: »Ich Ärmste, ach! Es ist aus mit mir! In der Eile und Aufregung habe ich die Büchsen verwechselt! Aber zum Glück weiß ich, wie man die Verwandlung wieder rückgängig machen kann: es ist ganz einfach. Wenn du Rosen frißt, wirst du wieder aus der Eselshaut steigen und wieder mein Lucius! Ach hätte ich nur heute abend ein paar Kränze für uns zurechtgemacht, damit du nicht so lange warten mußt – nur eine Nacht! Sobald es hell wird, sollst du gleich dein Rettungsmittel bekommen!«

Sie war untröstlich. Ich war ein kompletter Esel und statt des Lucius ein Langohr mit Menschenverstand. Lange und gründlich überlegte ich hin und her, ob ich diese nichtsnutzige und leichtsinnige Person mit Huftritten erschlagen und totbeißen sollte. Doch von dem übereilten Beginnen hielt mich die bessere Einsicht ab, ich dürfte mich nicht durch Photis' Hinrichtung meiner Helferin und Retterin berauben. Ich ließ den Kopf hängen, schüttelte ihn und schluckte meine gegenwärtige Schmach hinunter, fügte mich in das Unvermeidliche und trottete in den Stall, wo ich außer meinem braven Reitpferd auch den Esel meines ach! verflossenen Gastgebers Milo vorfand. Und ich dachte, wenn stumme Tiere ein stilles und natürliches Gefühl für Solidarität haben, dann wird mein Pferd wissen, wer ich bin, und mir aus Anstand und Mitleid Gastfreundschaft, Platz und Bewirtung zuteil werden lassen. Aber o gastlicher Jupiter, o heilige Treue! Dies mein herrliches Roß und der Esel steckten die Köpfe zusammen und waren sich sofort einig zu meinem Verderben; und wie sie mich, um ihr Futter besorgt, ihrer Krippe nahen sehen, legen sie die Ohren zurück und schlagen nach Leibeskräften mit ihren Hufen aus. Sie halten mich in größtmöglicher Entfernung von der Gerste, die ich noch am Abend zuvor mit meinen eigenen Händen dem dankbaren treuen Gaul eingeschüttet hatte. Nach einer derartigen Behandlung zog ich mich in einen stillen Winkel des Stalles zurück.

Ich stellte noch Betrachtungen über die Unverschämtheit meiner Kameraden an und überlegte, auf welche Weise ich mich am nächsten Morgen, wenn ich dank der Rosen wieder Lucius sein würde, an meinem heimtückischen Gaul rächen sollte, als ich plötzlich an dem Mittelpfeiler, der das Gebälk des Stalles trug, eine mit frischen Rosenkränzen geschmückte Nische mit dem Bild der Göttin Epona in halber Höhe erblickte. Kaum hatte ich das Rettungsmittel erkannt, als ich mich auch schon voller Hoffnung darauf stürzte, mich aufrichtete, so hoch ich mit den ausgestreckten Vorderbeinen nur reichen konnte, und mit langem Hals und weit nach vorn gespitzten Lippen versuchte, die Kränze zu ergattern. Aber da sah mich zu meinem Unglück mein Sklave, der seit eh und je mein Pferd versorgt hatte, und stand entrüstet auf:

»Was fällt denn diesem Vieh alles ein! Erst geht's auf das Futter los und nun auch noch auf die Götterbilder! Soll ich denn das Biest krumm und lahm prügeln!« Und als er sich nach einer Waffe umsah, entdeckte er zufällig einen Holzhaufen, aus dem er einen wuchtigen Knüppel, den allergrößten, herausangelte, und drosch so lange auf mich armen Kerl ein, bis plötzlich mit großem Krach und wüstem Gepolter die Türen dröhnten und die Nachbarschaft voller Angst und Schrecken mit lautem Hilfegeschrei davonstob.

Im Nu flog die Haustür auf, ein Haufen Räuber drang ein, umzingelte mit bewaffneter Hand das ganze Gebäude und setzte sich gegen die von da und dort herbeieilenden Helfer zur Wehr. Schwerter und Fackeln erhellten die Nacht, Feuer und Stahl funkelten wie die aufgehende Sonne. Dann gingen sie mit starken Äxten gegen eine mitten im Haus gelegene und durch kräftige Schlösser verrammelte und verriegelte Kammer vor, die Milos Schätze enthielt, und brachen sie auf. Als das geschafft war, schleppten sie die Reichtümer heraus, schnürten eilends Bündel zusammen und verteilten sie unter sich. Doch die Anzahl der Packstücke überstieg die Zahl der Träger. In ihrer Verlegenheit über die Fülle an Kostbarkeiten holten sie uns zwei Esel und mein Pferd aus dem Stall, bepackten uns soweit wie möglich mit den schwersten Stükken und trieben uns, sobald das Haus ausgeräumt war, ihre Knüppel schwingend, davon. Einen ihrer Leute ließen sie als Beobachter zurück, der ihnen über die zu erwartenden Maßnahmen berichten sollte. Uns aber führten sie unter ständigen Schlägen rasch durch unwegsames Gebirge.

Bald war ich von der Last des schweren Zeugs, den immer steileren Bergen und dem endlosen Marsch zu Tode erschöpft. Da kam mir plötzlich allen Ernstes der Gedanke, mich der Gerechtigkeit in die Arme zu werfen und an den heiligen Namen des Kaisers zu appellieren, um mich von aller Not zu befreien. Als wir schon am hellichten Tage gerade durch eine größere Ortschaft zogen, in der Jahrmarkt war, wollte ich mitten im Gewimmel in meiner griechischen Muttersprache den glorreichen Namen des Kaisers anrufen!

Das »ai« kam noch einigermaßen verständlich und laut genug heraus, aber der ganze Titel »Kaiser« wollte mir nicht glücken. Die Räuber ärgerten sich über mein mißtönendes Geschrei und hieben von allen Seiten so auf mein armes Fell ein, daß es nicht einmal mehr zu einem Sieb getaugt hätte. – Endlich aber bescherte mir der gütige Himmel ganz unerwartet mein Rettungsmittel. Denn wie wir an so manchem kleineren oder größeren Gehöft vorbeizogen, sah ich plötzlich einen wohlgepflegten kleinen Garten, in dem außer anderen schönen Blumen und Kräutern auch frischaufgebrochene und vom Morgentau benetzte jungfräuliche Rosen blühten. Voller Begierde und voller Freude über die Hoffnung auf Erlösung schritt ich frisch und munter und mit schon lüstern gespitzten Lippen auf sie zu, als mir Gott sei Dank im letzten Augenblick gerade noch einfiel, daß es mein sicherer Tod wäre, wenn ich jetzt vor den Augen der Räuber die Eselshaut auszöge und als Lucius zum Vorschein käme, da sie mich entweder wegen des Verdachtes auf Zauberei oder auch aus Angst, ich könne sie verraten, auf der Stelle umbringen würden! So verzichtete ich wohl oder übel auf die Rosen, versuchte mich mit meinem Mißgeschick vorerst abzufinden und rupfte mir als regelrechter Esel ein paar – Grashalme!

VIERTES BUCH

Es war schon gegen Mittag, und die Sonne stand heiß am Himmel, als wir in einem Dorf bei alten Leuten einkehrten, die den Räubern bekannt und mit ihnen befreundet waren. Das war auch für einen Esel aus der umständlichen Begrüßung, den ausführlichen Gesprächen und den ausgetauschten Küssen zu erkennen. Sie schenkten ihnen auch allerlei, das sie von meinem Rücken nahmen, und schienen ihnen dabei heimlich zuzuflüstern, daß es sich um gestohlenes Gut handle. Dann befreite man uns von unserer Last und ließ uns auf der nahen Wiese nach Belieben grasen. Ich legte keinen

Wert auf die Futtergemeinschaft, weder mit dem Esel noch mit meinem Pferd, da ich das Grasfressen noch nicht gewohnt war. Doch hinter dem Stall hatte ich einen kleinen Garten entdeckt, und da ich vor Hunger schon am Umfallen war, schlich ich mich mutig hinein und füllte meinen Bauch reichlich mit leider rohem Kohl; dann rief ich alle Götter an und spähte in alle Winkel, ob sich nicht irgendwo in den Nachbargärtchen ein blühender Rosenstock finden lasse. Gerade der Umstand, daß ich allein war, machte mich zuversichtlich, irgendwo abseits vom Wege und hinter Gebüsch versteckt mein Rettungsmittel zu nehmen, um mich ungesehen aus einem geduckten Vierbeiner wieder in einen aufrechten Mann zu verwandeln.

Während ich mich von diesen Gedanken treiben ließ, sah ich etwas weiter entfernt eine schattige Senke mit dichtem Laubwald, mancherlei Kräutern und Grüngewächsen, aus deren Mitte mir rote Rosen entgegenlachten. Schon glaubte ich in meinem keineswegs so eselhaften Herzen, dieser Hain, in dessen schattiger Abgeschiedenheit die königliche Pracht der edlen Blume leuchtete, müsse der Garten der Venus und der Grazien sein. Da rief ich den heiteren, seligen Gott der glücklichen Fügung an und stürmte im Galopp los, daß ich mir wahrhaftig nicht als Esel, sondern als das schnellste aller Rennpferde vorkam. Allein dieser behende und leichtfüßige Versuch konnte mein Mißgeschick nicht überrunden. Als ich schon fast am Ziel war, sah ich nicht zarte und liebliche Rosen, feucht von göttlichem Tau und Nektar, wie sie die gesegneten Ranken beglückter Dornbüsche tragen, und auch nichts von einem Hain, sondern nur ein mit einer dichten Baumreihe bestandenes Flußufer. Die Bäume mit ihrem lorbeerartigen Laub trugen statt duftender Blüten volle blaßrote Kelche, welche der hiesige Volksmund laienhaft als Lorbeerrosen bezeichnet und deren Genuß bei allen Tieren zum Tode führt.

Also vom Schicksal hintergangen, wollte ich schon auf mein Leben verzichten und freiwillig dieses Rosengift einnehmen. Doch als ich mich ihnen zögernd näherte, um sie abzurupfen, kam ein junger Kerl, vermutlich der Gärtner, in dessen Kohl ich so tapfer gehaust hatte; er hatte den Schaden gemerkt und lief mit einem großen Knüppel hinter mir her, erwischte mich und wollte mich wegen des Schadens fast totprügeln, was ihm geglückt wäre, wenn ich mir nicht auf recht originelle Weise zu helfen gewußt hätte. Ich erhob mein Hinterteil und stieß mit meinen Hinterhufen so lange nach ihm, bis er genug hatte und am Boden liegen blieb, während ich mich durch die Flucht auf den nahen Berghang zu retten trachtete. Aber im gleichen Augenblick stürzte ein Weib, seine Frau natürlich, die ihn von der Höhe aus hatte halbtot umsinken sehen, mit Geheul und Geschrei zu ihm hinunter; mit ihrem Gejammer wollte sie offenbar erreichen, daß man mir aus lauter Mitleid auf der Stelle den Garaus machte. Sie scheuchte mit ihrem Gezeter alle Dorfbewohner aus ihren Häusern, die sofort ihre Hunde losließen; diese hetzten der Reihe nach hinter mir her, bis sie sich wütend auf mich stürzten, um mich zu zerreißen. Ich glaubte mich schon dem Tode nahe, als ich so viele und so große Hunde losgelassen und auf mich zukommen sah, wie sie gereicht hätten, um Bären und Löwen zu erlegen, doch in der höchsten Not besann ich mich eines Besseren, gab die Flucht auf, machte kehrt und galoppierte geradewegs zurück in meinen Stall in unserer Herberge. Doch erwischten mich die Bauern und banden mich, nachdem sie ihre Hunde mit Mühe wieder zurückgepfiffen hatten, mit einem extrastarken Riemen an einem Ring fest und hätten mich mit neuen Hieben wahrhaftig erledigt, hätte sich nicht mein durch den schmerzhaften Prügelregen gequälter und mit rohem Gemüse überfüllter Leib Luft gemacht und die einen durch den in einem Strahl ausgestoßenen Mist, der ihnen ins Gesicht schoß, die anderen durch den gräßlichen Gestank, der von meinem zerschundenen Hinterteil ausging, verscheucht.

Etwas später, als die Sonne schon dem Mittag entgegenstieg, beluden uns die Räuber wieder, und mich am schwersten, und führten uns aus dem Stall. Schon hatten wir ein gutes Stück Weges hinter uns, als ich von dem langen

Marsch erschöpft, von der Last des Gepäcks niedergedrückt, von den Stockschlägen mürbe und von den abgelaufenen Hufen schon so lahm war, daß ich zu stolpern anfing; da gelangten wir an ein Bächlein mit sanft sich schlängelndem Wasser, und ich gedachte, mir die gute Gelegenheit zunutze zu machen, in die Knie zu sinken und mich nach vorn fallen zu lassen, fest entschlossen, trotz aller Schläge nicht wieder aufzustehen und weiterzugehen, ja noch lieber unter Prügeln und, wenn es sein sollte, unter Messerstichen zu sterben. Ich war nämlich der Ansicht, einen berechtigten Anspruch auf Entlassung wegen Dienstuntauglichkeit erworben zu haben und daß die Räuber auf jeden Fall, sei es, um einen unnötigen Aufenthalt zu vermeiden, oder sei es, um die Flucht zu beschleunigen, die Last von meinem Rücken auf die beiden anderen Tragtiere verteilen und mich zur Strafe den Wölfen und Geiern zum Raube liegen lassen würden.

Allein diesen meinen schönen Plan vereitelte ein ganz übles Mißgeschick. Denn jener andere Esel erriet meine Gedanken und kam mir zuvor, indem er in erheuchelter Müdigkeit sich mitsamt seinem ganzen Gepäck fallen ließ und, wie tot daliegend, weder durch den Knüppel noch durch den Stachel noch an Schwanz, Ohren und auf allen Seiten aufgehobenen Beinen zum Aufstehen zu bewegen war, bis sie es endlich müde waren, die Hoffnung aufgaben und nach einer kurzen Besprechung sein Gepäck mir und dem Pferd aufluden, um nicht einem schon zum Kadaver, nein, zu Stein gewordenen Esel zuliebe ihre Flucht in Gefahr zu bringen; dann hieben sie ihm mit dem blanken Schwert die Kniekehlen durch, schleppten ihn beiseite und stießen ihn noch lebend kopfüber in die nächste Schlucht. Da bedachte ich das Geschick meines armen Gefährten und beschloß, in Zukunft auf List und Schläue zu verzichten und mich als ein braver Esel meiner Herren zu erweisen.

Ich hatte nämlich auch schon aus ihren Gesprächen entnommen, daß wir bald unser Nachtlager und mit dem Ziel unserer Reise auch das Ende aller Beschwerden erreichen würden, da sich dort ihr Wohnsitz und Quartier befinde. In der Tat gelangten wir nach Überwindung einer kleinen Anhöhe an den Ort unserer Bestimmung, wo alle Sachen abgeladen und ins Innere gebracht wurden und ich, von meiner Last befreit, meiner Erschöpfung, statt durch ein Bad, durch Herumwälzen im Sand abzuhelfen suchte.

Die Umstände und der Zeitpunkt lassen es geraten erscheinen, eine Beschreibung der Örtlichkeiten und der Höhle zu geben, in welcher die Räuber hausten. Damit kann ich sowohl mein erzählerisches Talent unter Beweis stellen als auch andererseits die Voraussetzung für ein Urteil in der Frage liefern, ob ich an Verstand und Empfindung tatsächlich ein Esel war.

Es handelte sich um einen von Laubwald beschatteten, sehr hohen, steilen Berg. An seinen Hängen, die mit zerklüfteten und daher unzugänglichen Felsen umzogen waren, dehnten sich schluchtenreiche, tiefe Täler voller Dorngestrüpp, die nach jeder Richtung einen natürlichen Schutz boten. Ein auf dem Gipfel entspringender Quell stürzte Schaum aufwerfend und in silbernen Wellen in die Tiefe, verteilte sich mehrfach in kleinere Bäche und befeuchtete die erwähnten Talschluchten, um sich wie in einem großen stehenden See oder träge fließenden Strom wieder zu sammeln. Auf dem Grat oberhalb der Höhle stand ein großer Turm. Eine feste Umfriedung, gleich einem Pferch für Schafe, zog sich mit dichtem Flechtwerk wie eine hohe Wand vom Eingang aus nach allen Richtungen, der seinerseits nur aus einem schmalen Pfad bestand. Solches konnte man meiner Ansicht nach mit vollem Recht als ein Räubernest bezeichnen. Sonst gab es nur noch eine kleine, dürftig mit Stroh gedeckte Hütte, in der sich, wie ich später beobachtete, die durch das Los aus der Schar der Räuber jeweils bestimmte Wache aufhielt.

In diese hatten sie sich einer nach dem anderen hineingezwängt, nachdem sie uns mit starken Riemen vor dem Eingang festgebunden hatten, und brüllten ein vom Alter gebeugtes Mütterchen an, dem offenbar das Wohl und die Betreuung all der jungen Männer oblag: »Du alter Kadaver, du

Ausgeburt der Menschheit, du Abscheu des Orkus, willst immer nur faul im Haus hocken und uns zum Narren halten, statt uns nach so großen und gefährlichen Unternehmungen spät genug mit einer Mahlzeit zu erfrischen! Bei Tag und Nacht tust du weiter nichts, als dir deinen dämlichen Bauch habgierig mit Wein zu füllen!«

Zitternd und mit kreischender Stimme erwiderte die erschrockene Alte: »Nicht doch, meine trefflichen und treulichen jungen Herren, es ist alles zur Genüge vorhanden, lekker gekochtes Fleisch, Brot in Hülle und Fülle und Wein; und die Becher sind sauber ausgeschwenkt, und es ist auch schon reichlich eingegossen; und selbstverständlich steht auch genügend warmes Wasser für ein rasches Bad bereit.«

Nach diesem Zwiegespräch zogen sie sich schnell aus, um sich splitternackt durch ein gutes Dampfbad zu erfrischen, sich mit heißem Wasser zu übergießen, mit Öl zu salben und dann an dem mit Speisen reich gedeckten Tisch niederzulassen.

Kaum hatten sie Platz genommen, als noch andere Kerle kamen, weit mehr an Zahl, denen man ihr Räuberhandwerk schon von weitem ansah. Sie brachten goldene und silberne Münzen und Gefäße und mit Goldfäden durchwirkte seidene Gewänder als Beute mit. Nachdem sie sich ebenfalls durch ein Bad erfrischt hatten, nahmen sie neben ihren Gefährten Platz, indessen durch das Los hierzu Bestimmte die Bedienung übernahmen. Nun ging es an ein Fressen und Saufen: Berge von Fleisch, Brot in ganzen Haufen und ein Becher nach dem anderen. Brüllendes Gelächter, grölender Gesang, Albernheiten und Raufen, es ging zu wie beim Mahl der wilden Lapithen und Kentauren.

Dann fing einer von ihnen, der größte Rüpel, an zu prahlen: »Bei uns war etwas los! Wir haben das Haus des Milo in Hypata tapfer erobert. Ganz abgesehen von der reichen Beute, die wir unserem heldenhaften Einsatz verdanken, sind wir auch vollzählig wieder ins Lager zurückgekehrt und haben, wenn man so will, sogar acht Beine mehr mit zurückgebracht. Ihr aber habt euch in den böotischen Städten herumgetrieben, ihr habt euren Führer, ausgerechnet den tapferen Lamachus, im Stich gelassen und seid ziemlich angeschlagen zurückgekehrt, und dabei wäre mir sein Leben viel mehr wert gewesen als all das Zeug da, das ihr angeschleppt bringt. Seine große Tapferkeit war sein Verderben. Er ist als Held gestorben, und sein Andenken wird mit den Namen der großen Könige und Feldherrn gefeiert werden. Doch ihr Allerweltsbanditen drückt euch wie Sklavenseelen ängstlich in den Bädern und den Hinterzimmern von alten Weibern herum und bringt höchstens gestohlenen Trödelkram zusammen!«

Einer der zuletzt Angekommenen entgegnete ihm: »Du bist wahrscheinlich der einzige, der nicht weiß, daß große Häuser am leichtesten zu nehmen sind! Wenn sich auch eine noch so große Zahl von Dienern in dem weitläufigen Gebäude aufhält, so denkt doch jeder vor allem an das eigene Heil und nicht an die Schätze seines Herrn. Aber einfache Leute, die allein leben, verteidigen ihr mehr oder weniger bißchen Geld, das sie schlau versteckt haben, sehr zäh und notfalls auch unter Einsatz ihres Lebens. Die gegebenen Tatsachen sind ein Beweis dafür. Kaum waren wir im siebentorigen Theben angekommen, so suchten wir uns entsprechend den Gepflogenheiten unserer Zunft über die Vermögensverhältnisse zu unterrichten. Schließlich hörten wir auch von einem gewissen Chryseros, einem steinreichen Wechsler, der aus Angst vor Steuern und Abgaben seinen beträchtlichen Besitz mit aller Raffinesse verheimlichte. So wohnte er allein und abseits still und bescheiden in einem kleinen, doch gut gesicherten Häuschen und saß in seinen alten Lumpen auf seinen Goldsäcken. Also beschlossen wir, ihm als erstem einen Besuch abzustatten, da wir die Auseinandersetzung mit einem einzelnen Gegner nicht hoch veranschlagten und ohne große Mühe in den Besitz seiner Schätze zu gelangen hofften.

Unverzüglich standen wir bei einbrechender Nacht vor seiner Tür, die wir weder ausheben noch aufbrechen noch einschlagen zu sollen meinten, damit das krachende Bretterzeug nicht die ganze Nachbarschaft aufschreckte, was uns hätte zu unserem Verderben gereichen können. So versuchte denn lieber unser kreuzbraver Anführer Lamachus im edlen Vertrauen auf seine Heldenkraft vorsichtig mit der Hand durch die breite Schlüsselöffnung zu greifen, um das Schloß herauszureißen. Aber Chryseros, dieser Nichtsnutz von Zweibeiner, war längst wach und hatte gemerkt, was da gespielt wurde; auf leisen Zehen und mäuschenstill schlich er herbei und schlug schnell einen großen Nagel durch die Hand unseres Anführers, um sie fest an die Türfüllung zu heften; dann ließ er ihn tödlich gefesselt an seinem Marterholz zappeln, stieg auf das Dach seiner Hütte und schrie, so laut er konnte, die Nachbarn herbei, nannte jeden einzeln beim Namen, berief sich auf das gemeinsame Interesse und log, sein Haus stünde in Flammen. Voller Schreck über die drohende Gefahr kamen alle ängstlich herbeigerannt, um Hilfe zu leisten.

So befanden wir uns in einer zwiefachen Verlegenheit, da wir entweder selbst gefährdet waren oder aber einen unserer Kameraden im Stich lassen mußten, und entschlossen uns mit seiner Zustimmung nach Lage der Dinge zu einem gewaltsamen Ausweg. Wir schlugen unserem Anführer den Arm in Schulterhöhe durch einen wohlgezielten Hieb mitten durch das Gelenk ab, ließen den Arm hängen, versorgten die Wunde mit möglichst vielen Lappen, damit das Blut nicht unseren Fluchtweg verriete, und nahmen mit dem restlichen Lamachus schleunigst Reißaus! Doch wie uns der Aufruhr des Stadtviertels auf unserem Rückzug immer mehr zusetzte und wir bei der drohenden Gefahr Hals über Kopf fliehen mußten, während der tapfere brave Kerl uns weder so rasch folgen noch ein sicheres Versteck finden konnte, da bettelt, beschwört und befiehlt er uns bei der Rechten des Mars und bei unserem Treueid, einen guten Kameraden von seinen Schmerzen zu befreien und vor der Gefangenschaft zu bewahren. Wozu solle ein rechtschaffener Räuber seine Hand überleben, ohne die es weder Raub noch Mord gebe! Er sei zufrieden, wenn er durch Freundeshand sterben dürfe! Doch da er trotz allen Worten keinen von uns überreden konnte, ihn zu töten, ergriff er mit der ihm verbliebenen Linken sein Schwert, küßte es lange und innig und stieß es sich tief in die Brust. Voller Bewunderung für die mutige Tat unseres heldenhaften Hauptmanns hüllten wir seine sterblichen Überreste sorgsam in ein Leinentuch und versenkten sie in das schützende Meer. So ward ein ganzes Element zum Grab unseres Lamachus. Er war entsprechend der Fülle seiner Verdienste den Heldentod gestorben.

Nun aber zu Alcimus, der für seine noch so geschickten Unternehmungen nicht die Gunst der grimmen Fortuna zu gewinnen wußte. Er brach in die Hütte eines schlafenden Mütterchens ein und stieg in ihr Schlafgemach unter dem Dach; doch statt ihr sofort den Hals zuzudrücken, bis ihr die Luft ausginge, ließ er es sich einfallen, erst ihre paar Habseligkeiten durch das große Fenster zu werfen, natürlich damit wir sie fortschleppen sollten. Nachdem schon fast alles brav ausgeräumt war, wollte er auch die Decken, auf denen die Alte schlief, nicht liegenlassen; er wälzte sie aus ihrem Bett, um ihr das Zeug wegzuziehen, das er uns gleichfalls herunterzuwerfen gedachte; aber die dämliche Alte beschwor ihn auf ihren Knien: ›O mein Sohn, warum schenkst du den traurigen Lumpenkram einer armen alten Frau ihren reichen Nachbarn, deren Hof sich unter diesem Fenster befindet?‹ Das listige Geschwätz täuschte Alcimus, der ihre Worte für bare Münze nahm und nun vermeiden wollte, so wie das schon Hinuntergeworfene jetzt auch noch den Rest statt zu seinen Gefährten auf ein anderes Grundstück zu werfen; er beugte sich daher mit dem halben Leibe zum Fenster hinaus, um die Sache zu untersuchen und sich vor allem auch über die Vermögensverhältnisse im Nachbarhaus ein Bild zu machen. Dabei vergaß er in seinem Eifer alle Vorsicht, und das alte Laster stürzte ihn, da er keinen festen Stand hatte und sich auf seine Beobachtungen konzentrierte, mit einem zwar schwachen, aber plötzlichen und unerwarteten Stoß kopfüber hinab. Er fiel nicht nur sehr tief, sondern schlug ausgerechnet auch noch auf einen großen Eckstein auf, daß ihm die Rippen zerschmettert wurden und das Blut aus Mund und Nase quoll; er konnte uns gerade noch erzählen, was geschehen war, ehe er, ohne sich lange zu quälen, verschied. Wir bestatteten ihn wie Lamachus, dem wir somit einen braven Gefolgsmann gaben.

So hatte uns ein doppelter Verlust getroffen, und wir gaben unsere Pläne in Theben auf, um in das benachbarte Platää hinaufzusteigen. Dort hörten wir viel Gerede über einen gewissen Demochares, der ein Gladiatorenspiel geben wollte. Er war ein Mann von Welt, ein Mann mit viel Geld, ein Mann, der etwas auf sich hält, der öffentliche Lustbarkeiten seiner Vermögenslage entsprechend glänzend auszustatten pflegte. Wer wäre so begabt, so gewandt, daß er die zahlreichen Vorbereitungen in Worten zu schildern vermöchte! Es gab berühmte Gladiatoren, Tierkämpfer von bewährtem Geschick, vogelfreie Verbrecher, die sich in aller Gemütsruhe mästen ließen, um dann von den wilden Tieren gefressen zu werden. Eine wohlgelungene Anlage, turmartige Bretterbauten, ein mit bunten Bildern geschmücktes Schaugerüst für die bevorstehende Tierhatz. Und außerdem wie viele und was für wilde Tiere! In seinem Eifer hatte er diese Särge für die zum Tode Verurteilten von weither kommen lassen. Doch vor allen anderen Vorbereitungen für die prächtige Veranstaltung suchte er mit den Mitteln seines Vermögens eine entsprechende Anzahl großer Bären zu beschaffen. Außer denen, die er selber auf seinen eigenen Jagdzügen fing oder die er für teures Geld gekauft hatte, fütterte und hegte er mit beträchtlichem Aufwand auch solche, die ihm verschiedene seiner Freunde zum Geschenk gemacht und in Pflege gegeben hatten.

Doch all diese so prachtvollen, so großartigen Vorbereitungen für die Volksbelustigung entgingen dennoch nicht dem neidischen Blick der Mißgunst. Die Bären, teils wohl durch die lange Gefangenschaft, teils durch die Sommerhitze und das faule Herumliegen in ihrer Widerstandskraft geschwächt, verendeten in einer plötzlichen Seuche nach und nach fast alle. Auf den Straßen sah man überall die halbtoten Tiere dahinsiechen. Die Ärmeren, die in ihrer Not im Hinblick auf ihren Speisezettel wenig wählerisch waren und sich für ihren hungrigen Bauch auch mit Abfall begnügten, wenn es galt, kostenlos den Hunger zu stillen, machten sich über den allerorten bereitliegenden Festbraten her. Da kamen ich und unser Babulus auf einen großartigen Gedanken. Eines der Tiere, das allergrößte, schleppten wir in unseren Schlupfwinkel, als wollten auch wir uns eine Mahlzeit gönnen, zogen ihm vorsichtig das Fell über die Ohren, wobei wir die Tatzen und vor allem den Kopf bis zum Genick unversehrt ließen, dann schabten wir die Haut sorgfältig aus, streuten feine Asche hinein und hängten sie an der Sonne zum Trocknen auf. Und während die Gluthitze ihrer Strahlen ihr die Feuchtigkeit entzieht, mästen wir uns nach bestem Vermögen an dem dazugehörigen Fleisch und beschließen im Hinblick auf die geplante Unternehmung, daß einer von uns – nicht so sehr der Stärkste, sondern der Mutigste und vor allem ein Freiwilliger – in dieser Haut den Bären spielen und sich in das Haus des Demochares schaffen lassen soll, um uns dann bei günstiger Gelegenheit in stiller Nacht durch die Haustür leichten Zutritt zu verschaffen.

Nicht wenige aus unserer unerschrockenen Schar hatte der großartige Gedanke so begeistert, daß sie die Aufgabe übernehmen wollten. Wir wählten jedoch alle einstimmig den Thrasyleon aus, der sich gern diesem gefährlichen Wagnis zur Verfügung stellte. Mit lachendem Gesicht schlüpfte er in das geschmeidige Fell, das ihm bestens paßte. Dann nähten wir die Ränder sorgfältig zusammen und versteckten die ohnehin kaum sichtbare Naht unter den dichten Zotten. Thrasyleon mußte seinen Kopf in den ausgehöhlten Hals der Bestie stecken, wo wir kleine Öffnungen für die Nase zum Atmen und für die Augen angebracht hatten; dann sperrten wir unseren von oben bis unten zur Bestie gewordenen braven Kameraden in einen billig erstandenen Käfig, in den er rasch und entschlossenen Mutes hineinkroch. Nach diesen Vorbereitungen schritten wir zur Ausführung des zweiten Teils unseres listigen Streiches.

Wir hatten den Namen eines gewissen Nikanor in Erfahrung gebracht, eines Mannes aus vornehmer thrakischer Familie, der mit Demochares eng befreundet war, und verfaßten einen Brief, aus dem hervorgehen sollte, daß dieser gute Freund ihm hiermit seine schönste Jagdtrophäe zur Ausstattung der Spiele stifte. Zu vorgerückter Abendstunde und im Schutz der Dunkelheit brachten wir den Käfig mit Thrasyleon und das gefälschte Schreiben zu Demochares. Dieser staunte über das große Tier, freute sich über das großzügige Geschenk seines Freundes zu so erwünschter Zeit und ließ uns, den Überbringern einer so erfreulichen Gabe, aus seiner Schatulle – er konnte es sich ja leisten – zehn Goldstücke auszahlen.

Da alles Neue die Neugier reizt, stand man bald voller Bewunderung um das Tier herum, doch Thrasyleon war auf seiner Hut und fuhr jeden grimmig an, der ihm zu nahe kam. Indessen pries man einhellig den Demochares glücklich, daß er nach einer so großen Einbuße an Tieren dem neidischen Schicksal durch so guten Zuwachs ein Schnippchen schlagen könne. Dieser befahl denn auch, das Tier rasch und unter allen Vorsichtsmaßregeln auf sein Landgut zu bringen.

Nun war es soweit, daß ich das Wort ergreifen mußte. ›Gnädiger Herr‹, sagte ich, ›unter keinen Umständen sollte das von der Hitze und der weiten Reise überbeanspruchte Tier mit den vielen anderen und, wie ich höre, ohnehin nicht recht gesunden Tieren zusammengebracht werden. Wäre es nicht besser, für einen offnen luftigen Platz hier im Hause und möglichst in Wassernähe zu sorgen, der Kühlung bietet? Es ist ja bekannt, daß diese Tiere in schattigen Wäldern, feuchten Höhlen und in der Nähe von frischen Quellen hausen.‹

Dieser Hinweis beunruhigte Demochares, der sich an die vielen eingegangenen Tiere erinnerte, so daß er gerne zustimmte und uns gestattete, den Käfig nach unserem Gutdünken aufzustellen.

›Natürlich sind wir auch bereit‹, fuhr ich fort, ›hier an Ort und Stelle vor dem Käfig auch über Nacht Wache zu halten, um das von der drückenden Hitze und durch die Strapazen erschöpfte Tier seiner Gewohnheit entsprechend pünktlich zu füttern und mit Wasser zu versorgen.‹

›Was das betrifft, so bedürfen wir eurer Hilfe nicht‹, entgegnete er, ›da fast mein ganzes Gesinde inzwischen gelernt hat, mit Bären umzugehen und sie zu pflegen.‹

So verabschiedeten wir uns denn und gingen fort, doch kaum hatten wir das Stadttor hinter uns, als wir abseits vom Wege an einem einsamen und versteckten Platz ein Grabmal entdeckten. Dort brachen wir die von Moder und Alter schon halb geborstenen Särge mit den zu Staub und Asche zerfallenen Gebeinen auf, um sie zur Aufbewahrung der erhofften Beute vorzubereiten, dann warteten wir entsprechend den Regeln unserer Zunft in der mondlosen Nacht die Zeit ab, da der erste Schlaf die Menschen und ihre Sinne um so wirksamer zur Ruhe bringt und fesselt, um unsere mit Schwertern ausgerüstete Schar genau vor dem Eingang zum Haus des Demochares aufzustellen, gewissermaßen als Garanten des unmittelbar bevorstehenden Überfalls.

Und ganz genauso benutzte auch Thrasyleon seinerseits jene den Räubern günstige Phase der Nacht, um aus seinem Käfig zu kriechen und die in der Nähe schlafenden Wächter bis auf den letzten Mann mit dem Schwert abzutun und schließlich auch noch den Pförtner; er schob den Riegel zurück, machte die Haustüre weit auf und zeigte uns, als wir prompt zur Stelle und gleich darauf auch schon im Haus waren, eine Kammer, in der, wie er am Abend beobachtet hatte, eine Menge Silber aufbewahrt wurde. Wir brachen sie mit vereinten Kräften auf, und ich befahl, jeder solle an Gold und Silber fortschaffen, soviel er tragen könne, die Beute auf dem Friedhof bei den braven Toten verstecken und dann rasch wieder zurückkommen, um noch eine zweite Ladung zu holen. Ich selber wollte zu unser aller Sicherheit hierbleiben und vor der Tür Wache halten, bis sie zurückkämen. Der Anblick des mitten im Haus frei umher laufenden Bären würde genügend abschreckend wirken im Fall, daß jemand vom Gesinde aufwachen sollte. Wer würde nicht sofort fliehen, und wäre er sonst auch noch so kühn und unerschrokken, wenn ihm ein solches Ungetüm von Bestie über den Weg liefe, zumal bei Nacht, wer würde nicht sofort umkehren, seine Kammer verriegeln und sich voller Angst und Herzklopfen einschließen!

Das war ganz vernünftig gedacht, aber trotzdem kam alles ganz anders und entwickelte sich zu einer Katastrophe! Während ich ungeduldig auf die Rückkehr unserer Kameraden wartete, schlich sich einer der Diener, der entweder etwas gehört hatte oder aus einer dunklen Ahnung heraus unruhig geworden war, auf leisen Zehen aus seinem Winkel heraus, und als er die Bestie in allen Räumen frei herumlaufen sah, blieb er ganz still, machte kehrt und erzählte den anderen, was er beobachtet hatte. Im Nu war das ganze Haus voller Leute. Fackeln, Lampen, Kerzen, Talglichter und alle erdenkliche sonstige Beleuchtung erhellten die Finsternis. Und keiner in dem ganzen Haufen war ohne Waffe gekommen, alle waren sie je nachdem mit Knüppeln, Lanzen und blanken Schwertern ausgerüstet und besetzten die verschiedenen Zugänge. Und außerdem hetzten sie die großen zottigen, schlappohrigen Jagdhunde auf das Untier, um es zu überwältigen.

Noch ehe das Getümmel überhand nahm, trat ich den Rückzug an, schlich mich aus dem Haus und versteckte mich hinter der Tür, von wo aus ich sah, wie sich Thrasyleon tapfer gegen die Hunde zur Wehr setzte. Obwohl er sich der Lebensgefahr, in der er schwebte, durchaus bewußt war, blieb er sich und uns, das heißt seiner bewährten Tapferkeit, treu und leistete noch im offenen Rachen des Zerberus erbitterten Widerstand. Er hielt an seiner freiwillig übernommenen Rolle so lange fest, wie noch Leben in ihm war, und schlüpfte, bald fliehend und bald in allen möglichen Stellungen sich mit Ohrfeigen zur Wehr setzend, aus dem Haus. Doch wenn er auch im Freien war, vermochte er sich doch nicht mehr in Sicherheit zu bringen. Hunde aus der Nachbargasse, und das war eine schöne Horde und von entsprechender Bösartigkeit, gesellten sich haufenweise zu den aus dem Haus hervorbrechenden Jagdhunden, um die Verfolgung aufzunehmen. Es war ein jämmerlich trauriges Schauspiel, das sich meinen Augen bot, als unser Thrasyleon von der Meute wütender Hunde eingekreist, belagert und nach und nach zerfetzt und zerfleischt wurde! Schließlich konnte ich es nicht länger mit ansehen und mischte mich unter die in Gruppen herumstehenden Zuschauer und rief – womit ich einzig und allein noch hoffen konnte, meinem braven Kameraden heimlich Hilfe zu bringen – den Rädelsführern der Anhetzer zu: ›Was für ein Jammer, ein so großes und wertvolles Tier von den Hunden einfach zerreißen zu lassen!‹

Aber meine klugen Ermahnungen brachten dem Unglücklichen keinen Nutzen. Ein großer, starker Kerl kam aus dem Haus gelaufen und warf, ohne große Umstände zu machen, dem Bären seine Lanze mitten in die Brust, dann kam ein zweiter, und nun schüttelten die meisten ihre Furcht ab und hieben sogar aus nächster Nähe mit ihren Schwertern um die Wette auf ihn ein. Doch Thrasyleon, das leuchtende Vorbild unserer Gemeinschaft, verriet auch dann, als eher sein der Unsterblichkeit würdiger Atem denn seine Ausdauer erschöpft war, weder durch Geschrei noch auch nur den geringsten Wehlaut den heiligen Eid, sondern ertrug, von Bissen zerfleischt und von den Schwertern zerhackt, sein über ihn hereinbrechendes Ende mit drohendem Brummen und tierischen Lauten und ließ sich als heldenmütiger Dulder den Ruhm nicht nehmen, als er sein Leben den Schicksalsmächten zurückgab. Immerhin hatte er der ganzen Meute einen solchen Schrecken und solche Angst eingejagt, daß bis zum Morgen, ja bis tief in den Tag hinein nicht ein einziger wagte, die regungslos daliegende Bestie auch nur mit der Fingerspitze anzurühren; endlich schlitzte dann ein etwas beherzterer Fleischermeister sachte und vorsichtig den Bauch des Ungeheuers auf, wobei sich der Bär als ein braver Räuber entpuppte. Sie haben wir auch Thrasyleon verloren, sein Ruhm aber wird ihm nie verlorengehen!

Rasch packten wir nun die Sachen zusammen, die uns die treuen Toten bewacht hatten, um die Grenzen Platääs so schnell wie möglich wieder hinter uns zu bringen, wobei wir Betrachtungen darüber anstellten, wie hier in dieser Welt das Mißtrauen herrscht, Treu und Glauben dahin sind und nur noch auf die Toten in ihren Gräbern Verlaß ist.

Müde von der Last, die wir zu schleppen hatten, und von dem anstrengenden Marsch sind wir nun wieder da, um drei Kameraden ärmer, und haben mitgebracht, was ihr an Beute dort liegen seht.«

Nach diesem Bericht wurde zum Gedächtnis der toten Kameraden aus goldenen Bechern ungemischter Wein gespendet, dann sangen sie einige Kampflieder zu Ehren des Mars und ruhten sich eine Weile aus.

Uns aber gab die Alte reichlich und ohne Maß frische Gerste, so daß mein Pferd bei einer solchen Fülle, die es sich allerdings allein einverleibte, auch seinerseits an dem Festschmaus teilzunehmen meinte. Ich aber, der ich niemals rohe, sondern immer nur gestoßene und zu Suppe verkochte Gerste zu essen gewohnt war, hatte inzwischen einen Winkel ausfindig gemacht, wo die Brotreserven der ganzen Gesellschaft aufbewahrt wurden, und setzte mein vor Hunger spinnwebtrockenes Kauwerk ausgiebig in Bewegung. Und dann – mitten in der Nacht – standen die Räuber wieder auf, setzten sich in Marsch und stürmten, unterschiedlich ausgerüstet, mit Schwertern bewaffnet oder als Gespenster verkleidet, rasch davon. Ich ließ mich in meiner fleißigen und tapferen Tätigkeit auch nicht durch meine zunehmende Müdigkeit stören. Und während ich früher als Lucius mit ein oder zwei Scheiben Brot zufrieden vom Tisch aufstand, hatte ich jetzt, meinem abgrundtiefen Bauch frönend, schon bald den dritten Korb voll verdrückt. Ich war noch immer mit Kauen beschäftigt, als mich der helle Tag überraschte.

Da schämte ich mich denn doch in meinem eselhaften Anstandsgefühl und ging fort, höchst ungern zwar, um im nächsten Bach meinen Durst zu löschen.

Bald kehrten auch die Räuber auffallend hastig und aufgeregt wieder zurück, ohne eine Beute oder auch nur den geringsten Fetzen mitzubringen, denn mit all ihren Schwertern, all ihren Armen, mit dem ganzen wilden Getümmel schleppten sie einzig und allein ein Mädchen herbei, edel nach Tracht und Erscheinung und, wie man aus ihrer Kleidung schließen konnte, aus allerbestem Hause, ein Mädchen zum Verlieben – weiß Gott auch für einen Esel! –, das sich vor Gram Haar und Kleider zerriß. Sobald sie in die Höhle gezerrt war, versuchte man sie in ihrem Kummer zu trösten: »Du brauchst dir um Leben und Ehre keine Sorge zu machen, mußt dich aber kurze Zeit gedulden, bis wir unser Lösegeld erhalten, nachdem uns Not und Armut zu diesem Beruf getrieben haben! Deine Eltern werden gewiß, trotz ihrer großen Habgier, von dem Berg ihres Reichtums unverzüglich eine entsprechende Summe als Lösegeld für ihr eigen Fleisch und Blut opfern!«

Dies und ähnliches Geschwätz beschwichtigte den Kummer des Mädchens nicht im geringsten. Keineswegs! Sie hatte ihren Kopf auf die Knie gelegt und weinte ununterbrochen. Dann riefen sie die Alte herbei und trugen ihr auf, sich zu ihr zu setzen und ihr so gut als möglich zuzureden, während sie wieder ihren eigenen Geschäften nachgingen.

Allein kein Zuspruch der Alten vermochte sie vom begonnenen Weinen abzubringen, sie jammerte nur noch mehr, und unablässiges Schluchzen schüttelte ihren Leib, so daß schließlich sogar auch mir die Tränen kamen. »Ich Unglückliche!« rief sie, »so ein herrliches Haus, so viel Gesinde, die treuen Dienerinnen, fern von den guten Eltern, einsam und verlassen unseligen Räubern in die Hände gefallen, eine Magd geworden, in diesen Felsenkerker eingeschlossen wie eine Sklavin und aller Annehmlichkeiten beraubt, in denen ich geboren und aufgewachsen bin! Und nun soll ich in solcher Todesangst und Lebensgefahr, mitten unter bösen Räubern und schrecklichen Mördern, mit dem Weinen aufhören und weiterleben!« So lamentierte sie, bald aber, erschöpft vom Kummer im Herzen, vom Schluchzen im Hals und von der Müdigkeit in ihren Gliedern, wurden ihr die Augen schwer, und sie schloß sie zum Schlummer.

Kaum war sie eingeschlafen, als sie plötzlich wie eine Besessene aus dem Schlaf emporfuhr, um sich noch weit ärger zuzurichten, mit wilden Händen ihre Brust schlug, das liebliche Antlitz zerkratzte und der Alten, die sie so inständig nach der Ursache dieses neu auflebenden Kummers fragte, nur noch heftiger jammernd antwortete: »Ach, mit mir ist es nun ganz aus, alle Hoffnung auf Rettung ist dahin! Mir bleibt nichts weiter übrig, als zum Strick oder zum Dolch zu greifen oder mich in den Abgrund zu stürzen!«

Nun riß der Alten allmählich die Geduld, und sie herrschte sie zornig an, ihr endlich zu sagen, was es denn zum Teufel schon wieder zu heulen gebe und warum sie mitten aus dem Schlaf heraus ein lautes Geschrei erhebe. »Willst du meinen Jungens ihr wohlverdientes Lösegeld nicht gönnen? Wenn das so weitergeht, will ich dafür sorgen, daß du trotz aller Tränen, die auf Räuber keinen großen Eindruck machen, bei lebendigem Leibe verbrannt wirst!«

Nun erschrak das Mädchen so sehr, daß sie die Hände der Alten mit Küssen bedeckte: »Erbarme dich, liebes Mütterchen«, sagte sie, »hab Erbarmen mit meinem schrecklichen Unglück und hilf mir ein wenig! Ich bin sicher, daß du nach den Erfahrungen deines langen Lebens und bei deinen ehrwürdigen grauen Haaren auch Mitleid empfindest. Höre, was für eine Katastrophe über mich hereingebrochen ist!

Ein schöner junger Mann aus bestem Hause, den die ganze Stadt als ihren Sohn betrachtete – und außerdem ist er mein Vetter – nur drei Jahre älter als ich, der von der ersten Kindheit an mit mir im gleichen Haus aufgezogen wurde, ja im gleichen Zimmer und im gleichen Bett mein Gefährte war, der mir ebenso geneigt war wie ich ihm und mir längst zum Ehebunde bestimmt, der durch elterliches Übereinkommen schon als mein zukünftiger Gatte bezeichnet wurde – er brachte zum Hochzeitsfest zusammen mit den eingeladenen Verwandten und Gästen in den Tempeln und an den Altären der Stadt Opfer dar. Das ganze Haus war mit Lorbeer geschmückt, von Fackeln erleuchtet und hallte wider vom

Hochzeitsgesang. Meine unglückliche Mutter hielt mich auf ihrem Schoß, um mir den schönen Brautschmuck anzulegen, gab mir einen süßen Kuß nach dem anderen und nährte schon zärtliche Hoffnung auf künftige Enkel, als plötzlich Räuber das Haus überfallen und eindringen und Waffen klirren wie im Krieg und Schwerter blitzen! Doch es wird weder gemordet noch geraubt, sondern der ganze Haufe stürzt plötzlich in unser Zimmer. Ohne daß einer von unserem Gesinde Widerstand leistet oder auch nur die geringsten Anstalten dazu macht, reißt man mich Ärmste und vor Entsetzen Ohnmächtige aus dem Schoß meiner angsterfüllten Mutter hinweg. Und zerstört und vernichtet ist meine Hochzeit wie die Hochzeit des Attis oder Protesilaos!

Doch jetzt erneuert, ja vergrößert ein schrecklicher Traum mein Unglück. Mir war nämlich, ich würde aus dem Haus, dem Schlafgemach, dem Brautgemach, von meinem Bett gerissen und gewaltsam durch eine unwegsame Einöde geschleppt und riefe den Namen meines unglücklichen Gatten, während er, wie er sich meiner Umarmungen beraubt sieht, noch feucht von Salben und im Schmuck der Hochzeitskränze mir nacheilt, indes ich, von fremden Füßen getragen, vor ihm fliehe. Und wie er über die Entführung seiner schönen Gattin jammert und das Volk um Hilfe bittet, da erbost sich einer der Räuber über die lästige Verfolgung, hebt einen großen Stein auf, der vor seinen Füßen liegt, und trifft meinen armen jungen Gatten zu Tode! Über diesen entsetzlichen Anblick erschrak ich so sehr, daß ich voller Angst aus dem bösen Traum auffuhr!«

Da seufzte die Alte über ihre Tränen und tröstete sie: »Fasse Mut, mein Fräulein, und laß dich nicht durch törichte Traumgespinste schrecken! Denn ganz abgesehen davon, daß alles, was man bei Tag träumt, als trügerisch gilt, trifft auch oft gerade das Gegenteil der nächtlichen Träume ein. Oft bedeuten Weinen, Schläge und sogar Mord einen guten Ausgang, während Lachen, übermäßiger Genuß von Süßigkeiten oder Liebesfreuden oft Kummer, Krankheit, Unglück und sonstiges Unheil verkünden. Doch ich will dich jetzt durch hübsche Fabeln und Geschichten etwas zerstreuen!« Und dann erzählte sie das Märchen von

AMOR UND PSYCHE

Es waren einmal in einer Stadt ein König und eine Königin. Diese hatten drei Töchter von großer Schönheit. Anmut und Reiz der älteren glaubte man mit Menschenmund hinreichend würdigen zu können; die Schönheit der Jüngsten aber war von so besonderer Art, so außerordentlich, daß die menschliche Sprache zu arm ist, sie auch nur annähernd zu preisen, geschweige denn mit Worten zu schildern. So gab es denn viele unter den Bürgern und den zahlreichen Fremden, welche die Kunde von dieser wunderbaren Schönheit neugierig gemacht hatte und scharenweise herbeilockte, die starr vor Staunen die Rechte an den Mund legten – die Spitze des Zeigefingers auf den ausgestreckten Daumen gesenkt – und sie wie die Göttin Venus selber in frommer Anbetung verehrten. Und schon hatte sich in den umliegenden Städten und angrenzenden Ländern das Gerücht verbreitet, die Göttin, welche der blauen Meerestiefe entstiegen sei und die der Tau der schäumenden Wogen ernährt habe, gewähre jetzt die Gnade ihrer göttlichen Erscheinung und wandle mitten unter Menschen; oder auch wohl, es habe von neuem aus einem Keim himmlischer Tropfen diesmal nicht das Meer, sondern die Erde selbst eine zweite Venus von blühender Jugend entstehen lassen.

Ein solcher Glaube wuchs von Tag zu Tag weiter und weiter, und die Kunde flog zu den benachbarten Inseln, über das ganze Festland und in die fernsten Provinzen. Und schon strömten viele der Sterblichen auf weiten Reisen und Fahrten über das hohe Meer herbei, um das gepriesene Wunder ihres Jahrhunderts zu schauen. Niemand mehr besuchte Paphos, niemand Knidos, ja nicht einmal Kythera, um die Göttin Venus zu sehen. Die Opfer werden vernachlässigt, die Tempel verfallen, die Kissen verschleißen, der fromme Dienst gerät in Vergessenheit. Unbekränzt ihre Bildsäulen und die Altäre verwaist, voll kalter Asche. Nur vor dem Mädchen beugt man die Knie, und im Menschenantlitz huldigt man der hehren Himmelsmacht; tritt sie des Morgens aus dem Haus, so dampfen ihr Opfer und festliches Mahl, um durch sie der fernen Liebesgöttin Gunst zu gewinnen; wandelt sie durch die Straßen, so ehrt sie das Volk mit Kränzen und Blumen.

So ohne Maß wurden himmlische Ehren einem sterblichen Mädchen zuteil, daß die wahre Venus in lodernden Zorn geriet und, ihren Unwillen nicht mehr beherrschend, den Kopf schüttelte und in grimmiger Erregung also zu sich sprach:

»Ich, die Mutter der Natur, die Schöpferin der Elemente, des ganzen Weltalls süße Venus! ich soll mit einem sterblichen Mädchen Verehrung und Ansehn teilen, und mein himmlisch reiner Name soll in den Staub der Erde getreten werden! So also ist das! An der in meinem Namen einer Stellvertreterin dargebrachten Huldigung soll ich mir genügen lassen, und ein sterbliches Mädchen soll als mein Ebenbild auf Erden wandeln! So war es umsonst, daß mir jener Hirt, dessen Gerechtigkeit und Redlichkeit der große Jupiter bestätigt hat, den Preis der Schönheit vor Göttinnen von Rang zuerkannt hat! Doch wer sie auch sei, sie soll sich der angemaßten Ehren nicht mehr lange erfreuen. Ich will dafür sorgen, daß sie ihre aufdringliche Schönheit noch verflucht!«

Und sogleich rief sie ihren geflügelten Sohn, jenen Tollkopf, jenen dreisten, der aller Zucht und Ordnung mit seinen schlechten Scherzen nur spottet und mitten in der Nacht, mit Flammen und Pfeilen bewaffnet, sich in fremde Häuser schleicht, alle Ehen stört, ungestraft die größten Schandtaten verübt und jedenfalls ein regelrechter Tunichtgut ist. Steckt er schon von Natur aus voller Übermut, so hetzt sie ihn noch mit Worten auf, führt ihn in jene Stadt und zeigt ihm Psyche – so hieß das Mädchen.

Nun erzählte sie ihm die ganze Geschichte von der Schönheitskonkurrenz, schimpft wie toll und voller Groll:

»Bei den Banden der Mutterliebe bitte ich dich, bei deines Pfeiles süßen Wunden, bei deiner Fackel seliger Glut: räche deine Mutter, räche sie unerbittlich, züchtige diese dreiste Schönheit und tu mir diesen einzigen Gefallen: erfülle dies Mädchen mit der verzehrendsten Liebe zum niedrigsten der Menschen, dem Fortuna Ehre, Gut und Gesundheit geraubt hat, der so armselig ist, daß er auf dem ganzen Erdenrund an Jammer nicht seinesgleichen findet!«

Nach diesen Worten umarmte und küßte sie ihren Sohn voller Leidenschaft, begab sich an das nahe Gestade des brandenden Meeres und schwebte mit rosigen Füßen über dem Schaum der sich kräuselnden Wellen dahin; und siehe, schon ruhte die Tiefe der See mit heiterer Fläche, und kaum daß sie es gewünscht, nein sogleich, als habe sie es längst befohlen, versammeln sich rings um sie die Götter des Meeres: Zur Stelle sind des Nereus Töchter mit Chorgesang, Portunus mit struppigem schilfgrünem Bart, Salacia, den Schoß voller Fische, und, auf einem Delphin reitend, der kleine Palämon; der Tritonen Schar rauscht durch die Flut, und einer bläst lieblich auf tönender Muschel, ein anderer wehrt mit seidenem Schirm den Strahlen der feindlichen Sonne, ein dritter hält der Herrin den Spiegel vor das Angesicht, und wieder andere ziehen schwimmend zu zweit im Joche den Wagen. Dies ist das Gefolge der Venus, die zu Okeanus eilt.

Indessen aber gereichte Psyche samt ihrer ganzen Schönheit die Anmut nicht zum Gewinn. Ein jeder bestaunt sie, ein jeder preist sie, doch keiner, weder König noch Königssohn und keiner aus dem Volk, begehrt sie und wirbt um ihre Hand. Man bewundert ihre göttliche Erscheinung, aber man bewundert sie wie ein Bild aus Meisterhand. Längst schon sind ihre beiden älteren Schwestern, deren mäßige Schönheit die Leute nicht ins Gerede gebracht haben, mit königlichen Freiern verlobt und bald auch glücklich vermählt, Psyche aber verweint allein im Vaterhaus zurückgeblieben ihre einsamen Tage, krank am Leib und wunden Herzens, und verwünscht ihre Schönheit, das Wohlgefallen des ganzen Landes.

So vermutet der arme Vater des unglücklichen Mädchens,

irgendeine zürnende Gottheit verfolge sie mit ihrem Haß; er befragt das uralte Orakel des Gottes von Milet und bittet mit Gebet und Opfer die Macht des Himmels für die verschmähte Tochter um Hochzeit und Gemahl. Und Apollo, obwohl Grieche und Ionier, bescheidet ihn dem Verfasser dieser milesischen Geschichte zuliebe mit einem Spruch in lateinischer Sprache:

›Hoch auf den Gipfel des Berges, König, stelle das Mädchen,
Und als des Todes Braut trage sie festlichen Schmuck!
Nimmer erhoff einen Gatten für sie aus der Sterblichen Stamm, denn
Grausam und frevelnd und kühn wird einst ein Unhold sie frein,
Der sich auf Schwingen ihr naht durch die Lüfte und alles beunruhigt,
Wenn er mit Flamme und Pfeil alle Geschöpfe bezwingt.
Jupiter selbst erzittert vor ihm, die Götter erschrecken,
Vor ihm schaudert der Pfuhl, schaudert die stygische Nacht!‹

Wie traurig und niedergeschlagen kehrte der einst so glückliche König nach solch heiligem Seherwort nach Hause zurück, um seiner Frau den unseligen Schicksalsspruch mitzuteilen. Trauer, Weinen und Wehklagen nehmen tagelang kein Ende! Doch schon naht sich des grausen Spruches Erfüllung. Schon werden die Anstalten zur verhängnisvollen Hochzeit des armen Kindes getroffen, schon schwelen düster die bräutlichen Fackeln unter rußendem Rauch; die hochzeitliche Flöte seufzt lydische Klageweisen, dumpf schallt der sonst so fröhliche Hochzeitsgesang, und mit den Tränen der Verzweiflung netzt die Braut den heiligen Schleier. An dem Mißgeschick des geschlagenen Hauses nimmt die ganze Stadt seufzend Anteil, und des zum Zeichen wird Landestrauer verfügt.

Doch den Befehlen des Himmels muß gehorcht werden, und die arme Psyche hat sich der festgesetzten Buße zu fügen. In tiefster Betrübnis werden die Riten der Todeshochzeit vollzogen, dann geleitet sie die ganze Stadt wie eine lebende Tote hinaus, und Psyche wandelt unter Tränen nicht im Brautzug, sondern wie zum eigenen Begräbnis. Und wie ihre gebrochenen Eltern schmerzverstört zögern, die Schmach und Schande zu vollenden, spricht ihnen die Tochter selber Mut zu:

»Quält euch doch nicht auf eure alten Tage mit ewigem Weinen! Verkürzt doch nicht euer Dasein durch einen Jammer, der vor allem mich trifft! Was helfen die ohnmächtigen Tränen, die euer ehrwürdiges Antlitz entstellen! Was martert ihr eure Augen, daß meine Augen dafür büßen! Was rauft ihr euer graues Haar! Was schlagt ihr die Brust, den ehrwürdigen Busen! Das ist der herrliche Lohn meiner großen Schönheit! Den tödlichen Streich des leidigen Neides, ihr bemerkt ihn zu spät! Als Städte und Völker mir göttliche Ehren erwiesen, als mich alle wie aus einem Mund eine zweite Venus nannten, da hättet ihr klagen, da weinen, da mich betrauern sollen, als wäre ich schon tot. Jetzt ahne ich, der Name Venus war es, der mir zum Verhängnis wurde. Führt mich hin und stellt mich auf jenen Felsen, den das Orakel bestimmt hat! Ich eile der frohen Vermählung entgegen, ich eile, meinen edlen Gatten zu schauen. Was soll ich zögern, was soll ich mich weigern, wenn er die ganze Welt zu bezwingen weiß!«

Nach diesen Worten schwieg sie und schloß sich tapferen Schrittes dem Zug der geleitenden Menge an. Man erreichte den Gipfel des genannten Berges und führte das Mädchen hinauf auf den Felsen und ließ sie allein; bei ihr blieben nur die Hochzeitsfackeln, die vorangeleuchtet hatten und jetzt in Tränen erloschen, als man gesenkten Hauptes den Heimweg antrat. Ihre armen Eltern, von Jammer gebeugt, verschlossen sich in das Innere ihres Hauses, in dessen Dunkel sie sich ewiger Nacht preisgaben.

Psyche aber stand in Angst und Bangen oben auf dem Felsen und weinte. Da nahte sich mit säuselndem Wehen der linde Zephyr und hob sie mit flatterndem Gewand und sich bauschenden Kleidern sacht empor, trug sie mit sanftem Hauch sicher über die ragenden Höhen und bettete sie still in des drunten liegenden Tales blühenden Rasenschoß.

FÜNFTES BUCH

Psyche sank, als sie sich von all ihren Schrecken erholt hatte, im lieblichen Wiesengrund auf ihrem Lager von taufrischem Gras sanft ruhend, in süßen Schlummer. Nach langem, erquickendem Schlaf stand sie heiteren Sinns auf. Sie sah einen Park mit schlanken hohen Bäumen, sie sah eine Quelle mit kristallklarem Wasser. Mitten im Park und nahe der rieselnden Quelle stand ein nicht von Menschenhand, sondern durch göttliche Kunst erbauter Palast. Schon beim Eintritt war es einem klar, daß dies irgendeines Gottes herrliches und liebliches Lustschloß war. Die aus Elfenbein und Zitrusholz getäfelte Decke tragen goldene Säulen, die Wände sind alle mit Darstellungen aus getriebenem Silber geschmückt, Wild und anderes Getier scheint dem Eintretenden wie lebendig entgegenzuspringen. Ein wunderbarer Künstler, ein Halbgott, ein Gott muß es gewesen sein, der das Silber mit einer solchen Kunstfertigkeit zu verarbeiten wußte. Der Fußboden aber besteht aus kostbarem Mosaik, das Szenen ganz verschiedener Art darstellt. Unendlich selig, zwiefach und nochmals selig, wer auf Gold und Edelsteinen wandeln darf! Und erst die anderen Räume des weitläufigen Hauses, welch unschätzbare Schätze: die Wände von oben bis unten aus gediegenem Gold, im eigenen Glanz schimmernd, daß das ganze Innere in Licht gebadet ist, auch wenn keine Sonne scheinen würde; so blitzen die Gemächer, so die Hallen und so auch die Türen! Und selbstverständlich entspricht auch die sonstige Ausstattung der Pracht des Hauses, so daß es wirklich und wahrhaftig für des großen Jupiter Umgang mit den Menschen erbaut scheint, ein Himmelspalast.

Der reizende Ort lud Psyche ein, näherzutreten, und

schon etwas zuversichtlicher schritt sie über die Schwelle, und bald, von Neugier verlockt, besah sie jede der Herrlichkeiten und entdeckte auf der anderen Seite des Hauses die reich ausgestatteten und mit lauter Kostbarkeiten gefüllten Schatzkammern. Nichts gibt es, was es dort nicht gibt! Aber abgesehen von der staunenswerten Fülle solchen Reichtums war es vor allem verwunderlich, daß kein Schloß, kein Riegel und kein Wächter diese Schätze einer ganzen Welt hütete. Als sie die Pracht mit seliger Verwunderung betrachtete, ließ sich eine wesenlose Stimme vernehmen: »Was stehst du staunend vor solchen Schätzen, Herrin? Alles ist dein. Tritt ins Gemach, ruhe dich aus auf dem Bett und nimm nach Belieben ein Bad! Wir, deren Stimme du vernimmst, sind deine Dienerinnen, die dir mit Fleiß aufwarten, und wenn du dich erfrischt hast, wird ein königliches Mahl nicht auf sich warten lassen.«

Psyche empfindet jetzt voller Seligkeit die göttliche Fürsorge, und wie sie die Weisungen der körperlosen Stimmen vernimmt, verscheucht sie erst mit Schlaf und dann mit einem Bad ihre Müdigkeit; und als sie auf einmal eine halbrunde Tafel vor sich sieht, die für sie gedeckt scheint, nimmt sie gerne Platz. Und sogleich stehen nektarsüßer Wein und zahlreiche Gänge auserlesener Gerichte vor ihr, ohne daß ein Diener zu sehen ist, wie vom Winde herbeigeweht. Niemand läßt sich blicken, nur Worte hört sie und hat Stimmen zur Bedienung. Nach dem reichen Mahl hört sie jemanden eintreten und singen und einen anderen die Zither schlagen, alles unsichtbar. Dann dringt Chorgesang an ihr Ohr, ohne daß sie die Sänger zu Gesicht bekommt, aber es ist klar, daß es sich um ein ganzes Ensemble handelt.

Nach all diesen Genüssen begab sich Psyche zur Ruhe, zu der sie der Abend einlud. Als es schon tiefe Nacht war, traf ein leises Geräusch ihr Ohr. In so großer Einsamkeit bangte sie um ihre Unschuld und bebte und schauderte und fürchtete noch mehr als den Tod das Unbekannte. Und dann war er da, ihr unheimlicher Gemahl, und hatte das Brautbett bestiegen und Psyche zu seiner Gattin gemacht und war vor Tagesanbruch schnell wieder verschwunden. Und sogleich ließen sich im Schlafgemach die dienstfertigen Stimmen wieder vernehmen, um die Neuvermählte ob der verlorenen Unschuld zu trösten. So währte dies lange Zeit. Und wie es zu kommen pflegt, sie hatte sich an das Neue gewöhnt und Gefallen daran gefunden, und die Geisterstimmen waren ihr ein Trost in der Einsamkeit.

Unterdessen aber verzehrten sich ihre alten Eltern in Gram und steter Betrübnis, und als die Kunde des Geschehenen sich weiterverbreitete, erfuhren auch ihre älteren Schwestern alles, verließen ihr Heim und kamen voller Bestürzung rasch, eine nach der anderen, herbeigeeilt, um ihre Eltern zu sehen und ihnen Trost zuzusprechen.

In jener Nacht sprach Psyches Gemahl, den sie zwar nicht sehen, wohl aber hören und fühlen durfte, zu ihr: »Süße Psyche, liebe Frau, Unheil und Gefahr drohen dir von der bösen Fortuna, vor der du dich, wie ich meine, besonnen und vorsichtig in acht nehmen solltest! Deine Schwestern glauben, du seiest tot, und suchen nach dir; sie werden bald dort oben auf dem Felsen erscheinen. Wenn du sie klagen hörst, so gib keine Antwort, ja schau nicht einmal hinauf; sonst wirst du mir sehr großen Schmerz, dir aber tödlichen Kummer bereiten!«

Psyche nickte und versprach, nach dem Willen ihres Gemahls zu handeln! Als er jedoch zugleich mit der Nacht entschwunden war, verbrachte die Ärmste den ganzen Tag in Jammer und Tränen und rief immer wieder, nun sei es ganz und gar um sie geschehen, da sie in ihrem paradiesischen Gefängnis mit keiner Menschenseele reden und nicht einmal ihre Schwestern, die um sie trauerten, trösten, geschweige denn sehen dürfe. Und ohne Bad, ohne zu essen und ohne sich zu erfrischen, legte sie sich tränenüberströmt schlafen.

Doch es dauerte nicht lange, bis sich ihr Gemahl, etwas früher als sonst, zu ihr legte und die noch immer Weinende umarmte: »Ist dies dein Versprechen, Psyche? Wie kann ich dir als dein Gatte noch Glauben schenken und vertrauen?

Tag und Nacht und selbst in meinen Armen hörst du nicht auf, dich zu quälen! Mach, was du willst, tu, was dein törichtes Herz dich heißt! Aber du wirst an meine wohlgemeinten Warnungen denken, wenn es zu spät ist und du deine Tat zu spät bereust!«

Da bat sie ihn und drohte, sie werde sonst sterben, und erbettelte von ihrem Gatten das Zugeständnis, daß sie ihre Schwestern sehen, sie trösten und mit ihnen plaudern dürfe. So gab er schließlich den Bitten seiner jungen Frau nach und erlaubte ihr noch darüber hinaus, ihnen Gold und Geschmeide nach Herzenslust zu schenken; immer wieder jedoch ermahnte er sie und warnte sie mehrfach, ja nicht dem bösen Rat ihrer Schwestern zu folgen und nach seinem Aussehen zu fragen, ja nicht durch so frevelhafte Neugier ihr ganzes Glück zu vernichten, da sie ihn dann niemals wieder umarmen dürfe. Sie dankte ihrem Gemahl, und in bester Laune erwiderte sie: »Nein, lieber hundertmal sterben als auf die Seligkeit verzichten, neben dir zu ruhen! Ich liebe dich, und von ganzem Herzen, wer du auch seist; du bist mir so teuer wie das eigene Leben, und kein Amor wäre mir mehr! Aber um eines noch bitte ich dich, befiel deinem Diener Zephyrus, meine Schwestern so hierherzutragen wie mich!« Und dann gab sie ihm verführerische Küsse und drängte sich an ihn und betörte ihn mit der Beteuerung: »Mein Liebster, mein Bester, du bist das Seelenglück deiner Psyche!« Und ihr Gemahl erlag der Macht und Gewalt ihres Liebesgeflüsters wider seinen Willen, versprach ihr, alles zu tun, und schwand, da es schon wieder Tag wurde, aus den Armen seiner Gattin.

Inzwischen aber hatten die Schwestern jenen Felsen und die Stelle erkundet, wo man Psyche verlassen hatte, und eilten herbei, um sich die Augen auszuweinen und ihre Brüste zu schlagen, daß die Felswände von ihrem Jammergeschrei widerhallten. Sie riefen ihre arme Schwester bei ihrem Namen, bis ihr durch Mark und Bein gehendes Gezeter hinunter in das Tal drang und Psyche erschreckt aus dem Haus stürzte und rief: »Was betrübt ihr euch mit Jammern und

Schreien so ohne Ursache! Hier bin ich, um die ihr trauert! Laßt das Wehgeschrei, trocknet die von ewigen Tränen nassen Wangen und umarmt sie, um die ihr weint!«

Dann rief sie den Zephyrus und erinnerte ihn an den Befehl ihres Gatten. Sogleich gehorchte er und trug sie auf sanften Schwingen behutsam herab. Schon liegen sie sich beglückt in den Armen und küssen sich stürmisch, und die eben beschwichtigten Tränen kehren als Freudentränen wieder. »Tretet ein ins Haus«, spricht sie, »kommt in unser Heim und erquickt euer bekümmertes Herz bei eurer Psyche!«

So sprach sie zu ihnen, zeigte ihnen die Herrlichkeit des goldenen Palastes, führte ihren Ohren das große Gesinde dienender Stimmen vor und erfrischte sie mit einem angenehmen Bad und den köstlichen Leckerbissen der geisterhaften Tafel, so daß schon sehr bald in ihren von der Überfülle des geradezu himmlischen Reichtums gesättigten Herzen der Neid aufkeimte. Und schon erkundigte sich die eine mit recht dreister Neugier, wer denn der Herr so himmlischer Güter und wer und von welcher Art ihr Gemahl sei. Doch Psyche bewahrte, eingedenk der Warnung ihres Gatten, das Geheimnis tief in ihrer Brust und log, wie es ihr gerade einfiel, er sei ein schöner Jüngling, dem eben der erste Bartflaum die Wangen beschatte und der sich meist auf der Jagd in Feld und Gebirge befinde; und um sich im weiteren Verlauf des Gesprächs nicht etwa doch noch zu verplaudern und ihr Geheimnis zu verraten, belud sie ihre Schwestern mit Goldschmuck und Edelsteingeschmeide, rief sogleich den Zephyrus wieder herbei und übergab sie ihm, daß er sie heimbringe.

Das geschah unverzüglich, doch schon auf dem Heimweg gab bei den beiden trefflichen Schwestern, die bereits kochten vor galligem Neid, ein gehässiges Wort das andere.

»Da sieht man es wieder«, begann die eine, »wie blind und böse und ungerecht Fortuna waltet! Läßt du dir das gefallen, daß wir als gleicher Eltern Kind so verschieden gestellt sind? Ja, haha! Wir, die älteren, sollen die Dienstboten sein bei hergelaufenen Männern, vertrieben von Haus und Heimat und fern von unseren Eltern wie in der Verbannung, während die jüngste, die ganz überflüssigerweise noch hinterher geboren wurde, solche Schätze besitzen und einen Gott zum Mann haben soll, wo sie nicht einmal ihr Glück zu schätzen weiß! Du hast es doch gesehen, Schwester, was da an herrlichem Geschmeide im Haus herumliegt, was dort an Kleidern glänzt, was dort an Edelsteinen glitzert und auf wieviel Gold man überall mit Füßen tritt! Wenn nun auch noch ihr Mann so schön ist, wie sie behauptet, dann gibt es auf der ganzen Welt keine Frau, die glücklicher ist! Und es könnte sogar sein, daß ihr göttlicher Gemahl, wenn der Umgang seine Zuneigung noch festigt, sie obendrein auch noch zur Göttin macht! Ja, weiß Gott! So hat sie sich aufgespielt und benommen! Sie blickte hochnäsig genug und spielte die Göttliche, das Weibsbild! Stimmen hat sie als Mägde und kommandiert den Wind! Und ich Arme habe einen Mann, der erstens älter ist als mein Vater, zweitens kahler als ein Kürbis – dümmer als ein Schulbub und der das ganze Haus mit Riegeln und Ketten unter Verschluß hält!«

Die andre fiel ihr ins Wort: »Und bin ich besser daran? Mein Mann ist krumm und schief von der Gicht und weit entfernt, daß ich etwas von ihm habe; die ganze Zeit muß ich ihm seine verbogenen steinsteifen Finger reiben, ihm mit alten Lappen stinkende Umschläge machen und mir meine überzarten Hände ruinieren und bin kaum noch seine liebe Gattin, sondern seine preiswerte Krankenschwester. Von mir aus, teure Schwester, magst du dich geduldig oder besser erniedrigt, um es frei herauszusagen, damit abfinden; ich will es jedenfalls nicht ewig mit ansehen, daß ihr ein so unverdientes Glück in den Schoß fällt! Denke daran, wie hochmütig, wie anmaßend sie uns behandelt hat und mit ihrer ewigen eitlen Prahlerei ihre Aufgeblasenheit verriet, wie sie uns von all ihren Reichtümern die paar Kleinigkeiten widerwillig hinwarf, um sich dann unserer lästigen Gegenwart zu entledigen und uns an die Luft setzen, hinausblasen zu lassen! Aber ich müßte kein Weib sein, umfallen will ich, wenn ich sie nicht vom Gipfel ihres Glückes stürze! Und wenn diese Schmach auch dir das Dasein verleidet, wie es nur zu verständlich wäre, wollen wir gründlich zu Rate gehen. Vor allem wollen wir unsere Geschenke weder unseren Eltern noch sonst jemandem zeigen, wir haben im Gegenteil gar keine Ahnung, wie es ihr geht. Es reicht, daß wir selber gesehen haben, was wir lieber nicht gesehen hätten, und es fehlte noch, daß wir bei den Eltern und vor allen Leuten ihr großes Glück ausposaunen! Nur der ist glücklich, von dessen Reichtum alle wissen. Sie soll merken, daß wir ihre älteren Schwestern sind und nicht ihre Mägde! Jetzt wollen wir zu unseren Männern in unser bescheidenes, aber um so ehrlicheres Zuhause zurückkehren, in aller Ruhe gründlich nachdenken und dann mit frischen Kräften wiederkommen, um ihren Hochmut zu demütigen!«

An keinem guten – am bösen Plan fand das böse Paar Gefallen; sie versteckten ihre kostbaren Geschenke, rauften sich das Haar, zerkratzten sich, ganz wie sie es verdienten, das Gesicht und begannen erneut scheinheilige Tränen zu vergießen. So jagten sie auch ihren Eltern, deren kaum vernarbte Wunden sie wieder aufrissen, rasch einen neuen Schrecken ein und eilten dann wütend nach Hause, wo sie einen frevelhaften, nein, einen mörderischen Anschlag gegen ihre harmlose Schwester ausbrüteten.

Unterdessen ermahnte der unbekannte Gemahl seine Psyche in den nächtlichen Gesprächen erneut: »Siehst du nicht die große Gefahr? Fortuna droht dir aus der Ferne, aber wenn du dich nicht vorsiehst, wird sie sich zum Nahkampf stellen. Die perfiden Hyänen versuchen alles, um dir eine tückische Falle zu stellen, und ihr Ziel ist es, dich zu bereden, mein Gesicht anzusehen, das du, wie ich dir schon oft gesagt habe, nie wieder sehen wirst, wenn du es einmal gesehen hast! Wenn also diese bösen Hexen kommen, die sich mit Gemeinheit gewappnet haben – und sie werden kommen, ich weiß es –, dann laß dich am besten überhaupt nicht in ein Gespräch ein, und wenn du das bei deiner Arglosigkeit und Zärtlichkeit nicht übers Herz bringen kannst, so stehe ihnen auf keinen Fall Rede und Antwort, wenn sie das Gespräch auf deinen Gatten bringen! Wir haben übrigens auch ein Kind zu erwarten, das du in deinem jungen Schoß trägst; wenn du das Geheimnis schweigend wahrst, wird es ein Gott sein, wenn du es preisgibst, ein Sterblicher!«

Wie freute sich Psyche über diese Nachricht, wie entzückte sie der kleine himmlische Tröster, wie jubelte sie über das künftige Liebespfand, wie stolz war sie, bald Mutter zu heißen! Bange zählte sie die verstreichenden Tage und die vergehenden Monate, und da sie mit einer solchen Bürde noch nicht vertraut war, war es ihr wie ein Wunder, daß aus so kleinem Anfang ihr Leib zu solcher Fülle gedieh.

Aber schon kamen die grimmen Unholdinnen und grausen Furien wieder angereist und nahten sich, schlangengiftschnaubend, in ruchloser Eile! Da nutzte der Gatte die flüchtigen Besuche bei seiner Psyche und mahnte noch einmal: »Gekommen ist der Tag der Entscheidung! Gierig nach Blut hat die Weiberbrut die Waffen ergriffen, die Zelte verlassen, zum Angriff geblasen, die Schlacht schon begonnen! Schon zielen deine ruchlosen Schwestern mit gezücktem Dolch nach deiner Brust! Ach, was für ein Unglück bricht über uns herein, holde Psyche! Hab Erbarmen mit dir und mit mir, bewahre treu das Haus, deinen Gatten und dich selbst und dein Kind vor dem drohenden Fall und Untergang! Die Verbrecherinnen, die du bei so mörderischem Haß und dem Verrat aller Blutsbande nicht mehr Schwestern nennen darfst, sieh sie nicht an und höre sie nicht, und sollten sie auch süß wie die Sirenen vom Berge herab dein Grablied durch die Felsen erschallen lassen!«

Unter Weinen und Schluchzen erwiderte ihm Psyche stockend: »Schon längst hast du, wie ich glaube, genügend Beweise für meine Verläßlichkeit und Verschwiegenheit, trotzdem aber soll sich auch diesmal mein standhafter Sinn bewähren. Laß ruhig unseren Zephyrus wieder seine Pflicht tun und vergönne mir anstelle deines heilig-versagten Anblicks das Wiedersehn mit meinen Schwestern! Bei deiner balsamischen Lockenpracht, bei deinen zarten, weichen

Wangen, die den meinen gleichen, bei dem unbegreiflichen Feuer, das deine Brust durchglüht, und bei unserem Kind, in dem ich dereinst dein Antlitz zu schauen hoffe: Laß dich durch mein zages Flehen und die demütigen Bitten erweichen, schenke mir die Freude der geschwisterlichen Umarmung und gönne dem Herzen deiner nur dir allein geweihten und ergebenen Psyche dieses Labsal! Ich frage auch fürder nicht nach deinem Gesicht und ich beklage mich auch fürder nicht über die nächtliche Finsternis: Halten dich meine Arme umschlungen, bist du meine Sonne!« Diese Worte und ihre zärtlichen Umarmungen betörten den Gatten, der mit seinen Locken ihre Tränen trocknete, ihr alles versprach und dann rasch wieder vor dem Licht des anbrechenden Tages floh.

Das zu bösem Tun verschworene Schwesternpaar eilte, ohne den Eltern auch nur einen Besuch abzustatten, geradewegs von den Schiffen auf den bekannten Felsen und sprang, ohne den Wind abzuwarten, mit tollkühner Dreistigkeit in die Tiefe. Zephyrus jedoch gedachte der königlichen Weisung und fing sie, ungern genug, im Schoß seiner wehenden Lüfte auf und setzte sie wieder zu Boden. Sie dringen, ohne zu säumen, mit entschlossenen Schritten ins Haus ein und schließen, geschwisterliche Liebe heuchelnd und unter gleisnerischer Miene ihren Trug verbergend, ihr Opfer in die Arme und schmeicheln: »Psyche, du bist ja gar nicht mehr unsre Kleine wie früher und jetzt selbst bald Mutter! Wie werden wir uns alle freuen über das Glück, das du uns bescherst! Was für ein Jubel für die ganze Verwandtschaft! Wie selig sind wir, daß wir ein solches Goldkind hüten dürfen! Wenn es so schön wird wie seine Eltern, was ja ganz selbstverständlich ist, dann wird es geradezu ein Cupido sein!«

So heuchelten sie Anteilnahme und schmeichelten sich immer mehr in das Herz ihrer Schwester. Diese ließ Sessel bringen, damit sie sich von den Anstrengungen der Reise ausruhten, ordnete ein heißes Bad an und bewirtete sie dann in dem herrlichen Speisesaal aufs Beste mit jenen wunderbaren himmlischen Speisen und Leckereien. Sie befiehlt, daß

Zither gespielt wird: man hört Zitherspiel; sie wünscht, Flötenmusik zu hören: man hört Flötenmusik; sie wünscht Chorgesang: es wird im Chor gesungen. Die schönsten Klänge umschmeichelten das Herz der Zuhörer, ohne daß jemand zu sehen war.

Doch der bösen Weiber ruchlosen Sinn vermochten die lieblichen Weisen nicht zu rühren; sie trachten im Gegenteil darnach, das Gespräch auf die tückische Fußangel zu lenken, und erkundigen sich heuchlerisch nach ihrem Gemahl, wie er aussehe, woher er sei und was er treibe.

In ihrer großen Einfalt hatte sie ihre frühere Auskunft vergessen und erzählte, indem sie ein neues Märchen auftischte, ihr Mann sei ein reicher Kaufmann aus der Nachbarprovinz, er stehe in den mittleren Jahren und sei bereits leicht ergraut. Doch hielt sie sich bei diesem Thema keinen Moment auf, sondern belud sie wieder mit reichen Geschenken und empfahl sie ihrem luftigen Gefährt.

Als sie der sanfte Hauch des Zephyrus wieder hinaufgetragen hatte und sie nach Hause eilten, gab ein Wort das andere: »Was soll man zu der unglaublichen Verlogenheit dieser dummen Person sagen, Schwester? Erst ein Jüngling, der sich gerade einen ersten Flaumbart zulegt, jetzt steht er in mittleren Jahren mit grauem Schimmer auf den Haaren. Was es alles gibt: in so kurzer Zeit wird er zu einem alten Mann! Es ist nichts weiter, liebe Schwester, als daß uns das unverschämte Frauenzimmer entweder ins Gesicht lügt oder ihren Mann überhaupt nicht gesehen hat. Doch wie dem auch sei, diese Schätze müssen schnellstens beiseite gebracht werden! Wenn sie das Angesicht ihres Mannes nicht kennt, ist sie tatsächlich mit einem Gott verheiratet und trägt einen Gott im Schoß. Aber wenn sie Mutter eines Götterkindes heißt – unvorstellbar –, nehme ich sofort einen Strick und hänge mich auf! Jetzt wollen wir schnell unsere Eltern besuchen und uns Mittel und Wege ausdenken, wie wir dieser Sache beikommen!«

So in Hitze gebracht, begrüßten sie mürrisch die Eltern und stürmten dann nach einer unruhigen schlaflosen Nacht am frühen Morgen auf den Felsen zurück, um sich wie gewohnt vom Wind rasch hinabtragen zu lassen und unter gewaltsam aus den Lidern gepreßten Tränen die junge Frau tückisch in Versuchung zu bringen: »Glücklich und zufrieden sitzt du da und hast keine Ahnung, was für ein Unglück über dich hereinbricht; aber wir, denen dein Glück eine Herzensangelegenheit ist, ängstigen uns über dein Geschick zu Tode! Wir haben gehört und dürfen es dir, da wir Schmerz und Kummer mit dir teilen, nicht verhehlen, daß, sich schlängelnd und ringelnd, ein furchtbarer Drache mit giftgeschwollenem Hals und gähnendem Rachen heimlich zur Nacht an deiner Seite ruht! Denke an das pythische Orakel, daß du einem grausamen Ungeheuer zur Hochzeit bestimmt bist, wie es laut verkündet hat. Und viele Bauern, Jäger und Nachbarn haben ihn gesehen, wie er abends vom Fraße kam und in der Furt des nahen Flusses schwamm.

Und alle sind davon überzeugt, daß er dich nicht lange mit so guten Speisen füttern wird, sondern daß er nur wartet, bis du dein Kind ausgetragen hast, um dich dann mitsamt dem Kleinen als Zugabe zu verschlingen. Aber es liegt bei dir, ob du deinen Schwestern, die um dein teures Leben besorgt sind, beipflichten und, dem Tod entronnen, bei uns in Frieden leben oder dich im Bauch des gräßlichen Untiers begraben lassen willst. Wenn du an den Geisterstimmen dieser Einöde oder an den ekelhaften Gefahren dieser heimlichen Lust und den Umarmungen eines giftigen Drachen Gefallen finden kannst, so haben wir jedenfalls als zärtliche Schwestern das Unsrige getan!«

Einfältigen und zärtlichen Gemüts, erschauerte Psyche, das arme Mädchen, vor so entsetzlichen Worten. Ganz außer Fassung, vergaß sie wahrhaftig restlos alle die Ermahnungen ihres Gatten und ihre eigenen Versprechen und stürzte sich kopfüber in ihr Unglück; bleich und zitternd stammelte sie mit erstickter Stimme und flüsterte:

»Liebste Schwestern, ihr habt, wie das selbstverständlich ist, treu eure Pflicht und Schuldigkeit getan, und auch die andern, die euch alles erzählt haben, scheinen mir nicht gelogen zu haben. Ich habe meinen Mann tatsächlich noch nie gesehen und weiß auch nicht, wer er ist, nur seine Stimme höre ich nachts und bin einem Mann ausgeliefert, den ich nicht kenne und der das Licht scheut; und wenn ihr so fest überzeugt seid, daß er ein Ungeheuer ist, werdet ihr wohl recht haben. Er hat mich ganz ausdrücklich gewarnt, ihn anzusehen, und droht, daß es ein großes Unglück geben wird, wenn ich so neugierig auf sein Gesicht bin. Wenn ihr nun eurer Schwester in der Gefahr beistehen wollt, so helft mir jetzt! Es könnte sonst zu spät sein, und eure ganze Sorge wäre umsonst gewesen!«

Nun waren die Tore geöffnet, und die ruchlosen Weiber sahen das Herz ihrer Schwester wehrlos vor sich; sie stürmten aus dem Hinterhalt und stürzten sich mit tückisch gezückten Schwertern auf die verängstigten Sinne des arglosen Kindes.

»Wir sind Geschwister«, meinte die eine, »und wo es dein Wohl gilt, soll uns keine Gefahr schrecken; so wollen wir dir den Weg zeigen, über den wir lange, sehr lange nachgedacht haben und der einzig und allein zu deiner Rettung führt. Verstecke ein scharfes Messer, das du zur Sicherheit noch einmal an der Handfläche nachgeschliffen hast, neben deinem Lager an der Stelle, wo du zu liegen pflegst, und stelle eine kleine mit Öl wohl versehene Lampe, die genügend Licht gibt, heimlich unter einem Topf bereit, aber paß auf, daß du dir von all diesen Vorbereitungen nichts anmerken läßt; und hat er sich dann schwerfällig hereingewälzt, sein gewohntes Lager bestiegen und sich ausgestreckt und liegt er dann vom Schlaf bezwungen im ersten tiefen Schlummer, so stehe leise auf, hole vorsichtig auf nackten Sohlen und auf den Zehenspitzen schleichend die Lampe aus ihrem Versteck und nutze das hilfreiche Licht zur raschen Tat; mit gefaßtem Mut und mit der Rechten weit ausholend, triff mit des Messers doppelter Schneide kühn den Hals des giftigen Ungeheuers und trenne mit einem Schnitt den Kopf vom Rumpf! An unsrer Hilfe soll es dir nicht fehlen; sobald du dir durch seinen Tod die Freiheit verschafft hast, werden wir voller

Ungeduld aus unserem Versteck im Handumdrehen zur Stelle sein, um rasch das Zeug da mit dir wegzuschaffen und dich mit einem Mann deiner Wahl und als Mensch mit einem Menschen zu verheiraten!«

Diese schürenden Worte entflammten das Herz der Schwester erst recht, die sie schleunigst allein ließen, da ihnen das nahende Unheil nicht geheuer war; sie ließen sich von den gewohnten Schwingen des Windes auf den Felsen tragen, um dann in eiliger Flucht rasch ihre Schiffe zu besteigen und davonzusegeln.

Psyche, allein geblieben, war nicht allein; die Furien hetzten sie! Der Schmerz in ihrer Brust wogte wie das Meer, und trotz all ihren Vorsätzen, trotz ihrer Entschlossenheit wußte sie nicht, wie sie zu Werke gehen sollte, und in ihrer Unruhe und Unschlüssigkeit ward sie zum Opfer ihrer widerstreitenden Empfindungen: Ungeduld und Angst, Mut und Furcht, Mißtrauen und Zorn, und, was das Schlimmste ist, dieselbe Person haßt sie als Ungeheuer und liebt sie als ihren Mann. Als jedoch nach dem Abend die Nacht heraufzog, legte sie in überstürzender Hast das Werkzeug für die ruchlose Freveltat bereit.

Und dann war es finster, und ihr Gatte war da, und nach liebenden Umarmungen war er in tiefen Schlaf gesunken.

Auf einmal wuchsen der sonst so zarten und zagen Psyche vom bösen Verhängnis Kräfte zu, und sie holte die Lampe und ergriff das Messer, und ihre Entschlossenheit ließ sie ihr Geschlecht vergessen.

Doch wie die hochgehaltene Lampe das Geheimnis ihres Lagers erhellte, sah sie das zahmste und süßeste von allen Ungeheuern unter dem Getier, ihn selbst, Cupido, den schönen Gott, so schön gelagert, bei dessen Anblick auch das Licht der Lampe vor Entzücken heller strahlte und das Messer sich ob seiner frevlen Schneide entsetzte. Psyche aber sank, von dem Anblick verwirrt und ihrer Sinne nicht mehr mächtig, totenblaß, hilflos und zitternd auf die Knie und suchte den Stahl zu bergen – in der eigenen Brust! Und wäre nicht der Stahl aus Abscheu vor einer solchen Untat ihren verwegenen Händen entglitten und zu Boden gefallen, es wäre um sie geschehen gewesen. Und wie sie in ihrer Ohnmacht und Hilflosigkeit immer wieder auf das schöne, das göttliche Antlitz sah, kam sie wieder zur Besinnung. Sie sah des herrlichen Hauptes liebliches, ambrosiaduftendes Haar, das sich über den schneeigen Nacken und die purpurnen Wangen hinabringelte, ein reizendes Lockengewirr, ein Teil vorn, der andere hinten herabfallend, vor dessen blitzendem Glanz der Lampe Licht nur ein Flackern war. An den Schultern des geflügelten Gottes schimmerten in weißem Schmelz die tauigen Schwingen, deren Flaum, wenngleich die Flügel auch ruhten, lind und leise säuselnd und sich kräuselnd spielte und bebte. Einen so reinen, so schönen Leib geboren zu haben, brauchte Venus sich wahrlich nicht zu schämen.

Vor dem Bett lagen Bogen und Köcher und die Pfeile, des großen Gottes beseligende Waffen.

Psyche konnte in ihrem unersättlichen Verlangen und in ihrer großen Neugier das Werkzeug ihres Gatten gar nicht genug bewundern und betasten und sich daran satt sehen und zog schließlich einen Pfeil aus dem Köcher und stach sich, als sie mit der immer noch zitternden Hand seine Spitze prüfen wollte, bei einer zu hastigen Bewegung in den Daumen, so daß ein paar Tropfen ihres rosigen Blutes über ihre Haut rannen. So geschah es, daß Psyche sich ahnungslos in den Liebesgott verliebte. Mehr und mehr entbrannte sie in Leidenschaft zum Gott der Leidenschaft, beugte sich in brennendem Verlangen über ihn und bedeckte ihn mit innigen, minnigen Küssen und bangte nur um seinen tiefen Schlaf. Aber wie sie in trunkenem Entzücken sich selber vergaß, fiel von der tückischen oder vielleicht auch nur neidischen oder gar eifersüchtigen Lampe, die diesen Leib selber berühren, küssen wollte, ein Tropfen heißen Öls aus der hellen Flamme auf die rechte Schulter des Gottes.

O du dreiste, du unverschämte Lampe, den Gott des Feuers versengst du, du schändliche Liebesdienerin, die irgendein Verliebter ja nur erfunden hat, um auch in der Nacht die Freuden der Liebe genießen zu können und zu verlängern!

Vor Schmerz sprang der Gott auf, und als er sein Vertrauen getäuscht und verraten sah, entflog er schweigend den Küssen und Armen seiner trostlosen Gattin.

Psyche aber hatte des Entschwebenden rechten Fuß mit beiden Händen umklammert, um ihn als jammervolles Anhängsel auf seinem Flug durch die Wolkenregionen zu begleiten und ihm nachzufolgen, sank jedoch bald ermattet zu Boden.

Ihr göttlicher Liebhaber ließ die auf der Erde Liegende nicht im Stich, sondern schwang sich in den Wipfel einer nahen Zypresse und sprach zutiefst erschüttert: »Du arme Psyche, ich habe dem Befehl meiner Mutter Venus, dich der Sinnengier eines Flegels preiszugeben und ihm in Schande zu verbinden, nicht gehorcht, sondern bin selber als Liebender zu dir geflogen. Ich war leichtsinnig, ich weiß, und der große Schütze hat sich mit seinem eigenen Pfeil verwundet und dich zu seiner Gemahlin gemacht, auf daß du mich jetzt für ein Ungeheuer hältst und mir mit dem Messer den Kopf abschneiden willst, der diese dich liebenden Augen trägt! Davor hättest du dich hüten sollen, wie ich meinte und immer wieder meinte, davor habe ich dich in aller Güte gewarnt. Deine trefflichen Ratgeberinnen sollen mir für die schlimmen Einflüsterungen alsbald büßen, dich aber bestrafe ich durch meine Flucht!« Und nach diesen letzten Worten trugen ihn seine Flügel in die Lüfte empor.

Psyche lag am Boden und blickte unter bittersten Klagen dem Flug ihres Gatten nach, solange sie ihn noch sehen konnte. Als ihn aber seine Fittiche in unermeßliche Fernen emporgetragen hatten, stürzte sie sich kopfüber in den nahen Strom. Aber der gutmütige Flußgott trug sie, um sich selber besorgt, und natürlich zu Ehren des Gottes, der auch die Gewässer in Glut zu bringen pflegt, auf sanften Wirbeln zu einer blühenden Wiese am Ufer.

Dort saß gerade Pan, der Gott der Fluren, auf der Böschung und hielt die Bergnymphe Echo im Arm, die er lehrte, allerlei Weisen nachzusingen. Am Ufer hüpften die Ziegen lustig hin und her und rupften das saftige Ufergras. Der bocksfüßige Gott, der von ihrem Unglück gehört hatte, rief die traurige und erschöpfte Psyche freundlich zu sich und tröstete sie mit beruhigenden Worten:

»Du reizendes Kind, ich bin zwar nur ein Bauer und Hirt, aber als alter Mann reich an Erfahrung. Wenn ich aus deinen zögernden, unsicheren Schritten, deiner unnatürlichen Blässe und deinem beständigen Seufzen, nein, schon aus deinen traurigen Augen den Schluß ziehe – was man klüglich als weissagen bezeichnet –, so leidest du an Liebeskummer! Also höre auf mich und versuche nicht wieder ins Wasser zu springen oder sonstwie deinem Leben ein gewaltsames Ende zu bereiten! Hör auf zu klagen, sei nicht traurig und bete zu Cupido, dem mächtigsten der Götter, der ein zärtlicher und verwöhnter Bursche ist und dessen Gunst du dir erbitten und erschmeicheln mußt!«

So sprach der Hirtengott, vor dessen Huld und Erhabenheit sich Psyche, ohne ein Wort zu erwidern, nur ehrfürchtig verneigte, ehe sie weiterging. Als sie ein gutes Stück Weg mühsam hinter sich gebracht hatte, gelangte sie gegen Abend müde und wer weiß auf welchen Umwegen in die Stadt, wo der Mann einer ihrer Schwestern König war. Als Psyche dies erfuhr, ließ sie sich sogleich zu ihrer Schwester führen. Kaum hatten sie sich begrüßt und umarmt, als sie auf die Frage nach dem Grund ihres Besuches erwiderte:

»Du erinnerst dich noch an euren Rat, als ihr mir zugeredet hattet, das Ungeheuer, das als mein Gatte neben mir ruhte, mit dem doppelt scharfen Messer zu töten, ehe es mich armes Geschöpf gierig verschlingen könne. Aber sobald ich, wie es beschlossen war, im Lampenlicht sein Gesicht anschaute, da sah ich ein geradezu göttliches Wunder, der Venus Sohn, Cupido selber, in holdem Schlummer liegend. Doch wie ich bei seinem Anblick vor übergroßer Wonne erschauerte und vor Verlangen bebte, da wollte es der böse Zufall, daß aus der Lampe ein Tropfen heißen Öles auf seine Schulter fiel. Der plötzliche Schmerz ließ ihn aus dem Schlaf auffahren, und als er mich mit Messer und Licht ausgerüstet vor sich stehen sah, rief er: ›Hebe dich hinweg von meinem Lager, Verbrecherin, und sieh zu, wo du bleibst; ich will mich mit deiner Schwester – und dabei nannte er deinen Namen – förmlich und Rechtens vermählen!‹ Und auf der Stelle gebot er dem Zephyrus, mich aus seinem Palast von dannen zu blasen.«

Psyche hatte noch nicht ausgeredet, da stürzte ihre Schwester von wilder Begierde, Neid und Eifersucht getrieben hinweg, speiste ihren Mann mit der Lüge ab, sie habe gehört, ihre Eltern seien plötzlich gestorben, bestieg, ohne zu säumen, das Schiff und eilte auf jenen Felsen; und ohne auf den ganz anderen Wind zu achten, rief sie in wahnsinniger Verblendung: »Nimm mich hin, Cupido, hier kommt deine rechtmäßige Gattin! Und du, Zephyrus, trag deine Herrin hinab!« und stürzte sich in die Tiefe. Doch selbst im Tode erreichte sie ihr Ziel nicht. Denn die Zacken des Felsens zerschmetterten und zerrissen ihre Glieder, und wie sie es verdiente, ward ihr zerfetzter Leib zum willkommenen Raub der Vögel und der wilden Tiere, als sie den Tod fand.

Und auch die zweite Strafe ließ nicht auf sich warten. Denn auf ihrer Irrfahrt gelangte Psyche wieder in eine andere Stadt, in der, so wie die erste, nun ihre zweite Schwester wohnte. Auch diese ließ sich von der geschwisterlichen List täuschen und fand, als sie ebenfalls eine verruchte Hochzeit halten wollte und auf jenen Felsen eilte, auf ähnliche Weise den Tod.

Während Psyche auf der Suche nach Cupido durch die Lande irrte, lag dieser ausgerechnet im Gemach seiner Mutter und seufzte über die schmerzende Wunde, die er der Lampe verdankte.

Die schneeweiße Möwe aber, die mit ihren Schwingen über den Meeren schwebt, tauchte eilig hinab in des Ozeans tiefen Schoß. Dort trat sie vor die gerade im Bade schwimmende Venus und meldete ihr, daß ihr Sohn an einer schmerzhaften Brandwunde darniederliege, und es sei zweifelhaft, ob er überhaupt wieder genese. Im übrigen käme sie mit ihrer ganzen Familie bei den Menschen in böses Gerede und in Verruf, weil ihr Sohn verliebt auf den Bergen herumbummle und sie selber sich im Ozean den Freuden des Badens hingebe, so daß Wonne, Grazie und Anmut entschwunden seien und Sittenlosigkeit, Wildheit und Roheit herrschten: es gebe keinen Ehebund, keine Freundschaft und keine Mutterliebe mehr, sondern nur noch ein schamloses Miteinander und Durcheinander, unschön und abstoßend.

So gackerte der vorlaute und klatschsüchtige Vogel der Venus die Ohren voll und zerriß sich den Schnabel über den Ruf ihres Sohnes.

Venus aber rief voller Zorn: »Was, der junge Kerl hat eine Freundin? Sofort sagst du mir, du brave Dienerin, wie sie heißt, die den Jungen, harmlos und halbwüchsig wie er ist, verführt hat! Ist es eine der Nymphen oder der Horen, eine aus dem Chor der Musen oder gar eine aus meinem Grazienvolk?«

Und der schwatzhafte Vogel fuhr fort: »Ich weiß es nicht, Herrin; aber ich glaube, er ist zum Sterben verliebt in ein Mädchen, das, wenn ich mich recht erinnere, Psyche heißt!«

»Psyche und er!« fuhr Venus wütend auf, »die Nebenbuhlerin meiner Schönheit und meines Namens! Wenn er sie liebt, so hat mich das Bürschlein wohl gar noch für eine Kupplerin gehalten, nachdem ich ihn auf dieses Mädchen aufmerksam gemacht habe!«

Also schalt sie und tauchte schleunigst aus dem Meer auf, eilte unverzüglich in ihr goldenes Gemach und lamentierte, als sie ihren Sohn tatsächlich krank sah, schon von der Türe aus, so laut es ging: »Eine schöne Geschichte und ganz deiner Herkunft und deiner Erziehung würdig! Erst trittst du deiner Mutter, nein, deiner Gebieterin Befehle mit Füßen und strafst meine Feindin nicht mit einem Strolch, und dann schließt du freches und unreifes Früchtchen sie sogar selber noch in deine Arme und gedenkst, meine Feindin wohl auch noch zu meiner Schwiegertochter zu machen! Aber da hast du dich getäuscht, du Schlingel, du Mädchenverführer, du Lümmel, wenn du glaubst, daß du als einziger Sohn dir alles erlauben kannst, weil ich zu alt bin! Paß auf, du wirst einen

Bruder bekommen, der weit mehr taugt als du, nein, damit du dich noch mehr schämst, ich will eines von meinen Dienstbotenkindern adoptieren und ihm deine Flügel, Fakkel, Bogen und Pfeile geben und alles, was ich habe und was du wahrlich nicht zu diesem Zweck von mir bekommen hast, dein Vater hat ja ohnehin nichts zu deiner Ausrüstung beigesteuert!

Aber du hast schon von Anfang an nichts getaugt, hast freche Pfoten und überhaupt keinen Respekt vor Erwachsenen; zielst mit deinem Bogen sogar auf deine Mutter, jawohl, auf mich, du Muttermörder, und stellst mich täglich bloß und hast mich schon ein paarmal getroffen, mich, eine arme alleinstehende Frau, die du noch auslachst; geschweige denn, daß du dich vor deinem Stiefvater fürchtest, dem großen und tapferen Soldaten! Klar! Du wartest ihm sogar noch mit Dirnen auf und bringst mich zur Verzweiflung! Aber jetzt will ich dafür sorgen, daß dich dein Spiel gereut, und deine Hochzeit will ich dir pfeffern und salzen! Du hast mich zum Gespött gemacht: Was soll ich tun? An wen soll ich mich wenden? Wie erwische ich diesen Ränkeschmied? Soll ich ausgerechnet meine Feindin Nüchternheit um Hilfe bitten, die ich gerade wegen der Streiche dieses Kerls so oft vor den Kopf gestoßen habe? Mir ist es zuwider, mit der häßlichen und ordinären Person zu feilschen. Andererseits, Rache ist süß, ganz gleich, woher sie kommt! Sie und keine andere muß mir helfen, den Taugenichts zu bändigen, ihm den Köcher abzunehmen, die Pfeile unschädlich zu machen, den Boden zu entwinden, die Fackel auszulöschen und ihn selbst am eigenen Leib energisch in die Kur zu nehmen. Nur so wird der Schimpf gesühnt, wenn ihm die Locken, in die ich so oft mit meinen eigenen Händen Goldglanz flocht, geschoren werden und die Flügel, die ich so oft auf meinem Schoß mit Nektar betaut habe, gestutzt sind!«

So sprach sie und stürzte hinaus, gereizt und giftig, wie das bei einer Venus eben zu sein pflegt. Da begegneten ihr Ceres und Juno, und wie sie ihr wütendes Gesicht sahen, erkundigten sie sich nach dem Grund der Zornesfalten, die so wenig zum Reiz ihrer schimmernden Augen passen wollten. »Ihr kommt mir in meiner Erbitterung eben recht«, erwiderte sie, »um meinem Willen Geltung zu verschaffen! Helft mir nach besten Kräften, die Ausreißerin und Herumtreiberin Psyche zu suchen! Ihr werdet ja inzwischen schon von dem Skandal in meiner Familie und von dem unbeschreiblichen Streich meines Sohnes gehört haben.«

Die Göttinnen wußten natürlich ganz genau Bescheid und versuchten Venus in ihrer Raserei und ihrem Zorn zu beschwichtigen: »Was hat denn dein Sohn so Schlimmes angestellt, Teuerste, daß du ihm seinen Spaß so eigensinnig mißgönnst und auch noch seine Geliebte verderben willst? Was ist denn schon dabei, wenn er ein nettes Mädchen anlächelt? Hast du vergessen, daß er ein Mann ist, daß er erwachsen ist, oder weißt du nicht, wie alt er ist? Meinst du, er sei noch ein Kind, weil er so jung aussieht? Willst du als Mutter und Frau von Verstand neugierig hinter ihm herspionieren, seine Neigungen kritisieren, seine Liebschaften verbieten und deine eigenen Künste, deine eigenen Freuden bei dem hübschen Kerl tadeln? Wer von den Göttern und wer von den Menschen wird es sich gefallen lassen, daß du die Saat der Leidenschaften über die Welt ausstreust, wenn du in deinem eigenen Hause die Liebe lieblos unter Aufsicht stellst, so strenge Maßstäbe anlegst und deinen Ermunterungen zum Mädchenfang das Wasser abgräbst?«

So nahmen sie freundlich und liebevoll Partei für Cupido, da sie sich auch in seiner Abwesenheit vor seinen Pfeilen fürchteten. Venus aber war empört, daß man die ihr widerfahrene Kränkung ins Lächerliche zog, ließ sie stehen und wandte sich rasch in entgegengesetzter Richtung dem Meer zu.

SECHSTES BUCH

Unterdessen irrte Psyche ruhelosen Herzens bei Tag und Nacht auf der Suche nach ihrem Gemahl umher, und da sie den Erzürnten nicht durch ihre fraulichen Liebkosungen besänftigen durfte, suchte sie um so mehr durch demütige Gebete seine Verzeihung zu gewinnen. Und als sie auf einem hohen Berg einen Tempel stehen sah, sprach sie: »Wer weiß, vielleicht wohnt mein Gebieter dort?« Und sogleich lenkte sie ihre raschen Schritte dorthin, die, so ermüdet sie von den unablässigen Anstrengungen auch war, neue Hoffnung und Sehnsucht beschwingten. Und als sie den Abhang tapfer erklommen hatte, trat sie zum Altar. Da sah sie Weizenähren am Boden liegen und zu Kränzen gewunden, und auch Gerstenähren sah sie; Sicheln und alle erdenklichen Erntegeräte lagen achtlos herum, wie sie die Erntearbeiter in der Mittagshitze hinzuwerfen pflegen. Da machte sich Psyche sogleich an die Arbeit und brachte Ordnung in den Wirrwarr, weil sie meinte, keines Gottes Heiligtum und Dienst vernachlässigen zu dürfen, sondern ihrer aller wohlwollendes Mitleid erbitten zu müssen.

Wie sie so eifrig und besorgt bei der Arbeit war, kam die segenspendende Ceres und rief schon von weitem: »Ist es denn möglich, die arme Psyche? Auf der ganzen Erde sucht Venus rasenden Sinnes nach dir, um dich schrecklich zu bestrafen, und betreibt mit all ihrer göttlichen Macht das Werk ihrer Rache. Du aber kümmerst dich um meine Geräte und denkst an sonst was, nur nicht an deine Rettung!«

Da warf sich Psyche vor ihren Füßen nieder und netzte die Spuren der Göttin mit ihren Tränen, ließ ihr Haar im Staub schleifen und flehte inbrünstig um Gnade: »Hier bei dieser fruchtspendenden Rechten beschwöre ich dich, bei den fröhlichen Erntebräuchen, bei den verschwiegenen Geheimnissen deiner Speicher, bei deinem drachenbespannten Wagen, bei den fruchtbaren Fluren Siziliens; bei dem jäh entführenden Wagen und bei der zäh haltenden Erde, bei Proserpinas Niederfahrt zur Vermählung im lichtlosen Dunkel und bei der Tochter Auffahrt zur lichtvollen Rückkehr und bei allem, was des attischen Eleusis Heiligtum mit Schweigen deckt: hilf der armen Seele der armen Psyche, die hier im Staube vor dir liegt! Erlaube mir, mich hier unter diesem Ährenhaufen nur wenige Tage zu verstecken, bis sich der großen Göttin rasender Zorn etwas gelegt hat oder bis wenigstens meine von der langen Qual erschöpften Kräfte durch ein wenig Ruhe wieder gestärkt sind!«

Ceres erwiderte: »Deine tränenreichen Bitten rühren mich wohl, und ich möchte dir helfen, aber ich kann das einer Verwandten, mit der ich seit langem freundschaftlich verbunden bin und die ja sonst eine gute Frau ist, nicht antun. Verlaß also jetzt mein Haus und sei froh, daß ich dich nicht dabehalte und einsperre!«

So wider ihre Hoffnung abgewiesen, machte sich Psyche doppelt traurig erneut auf den Weg; da sah sie tief unten im Tal inmitten eines schattigen Hains ein kunstreich erbautes Heiligtum; und da sie kein noch so ungewisses Mittel zu ihrer Rettung unversucht lassen, sondern jeden Gott um Hilfe bitten wollte, näherte sie sich der heiligen Pforte. Sie sah kostbare Geschenke und Gewänder an den Zweigen der Bäume und an den Türpfosten hängen, deren goldgestickte Inschriften den Namen der Göttin und den Anlaß der Stiftung verkündeten. Da sank sie auf die Knie, trocknete die Tränen, umschlang mit beiden Händen den noch lauen Altar und betete also:

»Des großen Jupiter Schwester und Gemahl, magst du zu Samos in deinem alten Heiligtum weilen, das allein deine Geburt, deine Kindheit und dein Wachstum geschaut zu haben sich rühmen darf, oder im stolzen Karthago, das dich als Jungfrau im Löwengespann zum Himmel hinanfahren läßt, magst du auf hohem Thron sitzen oder an des Inachus Ufern, die dich als Gemahlin des Donnerers und Götterkönigin preisen, der Argiver weitberühmte Städte schützen, du Hehre, die der ganze Osten als Herrin der Ehe und der ganze Westen als Geburtshelferin preist: Retterin Juno, erbarme dich meiner in höchster Not und befreie die von so großer Drangsal ermüdete Seele von ihrer Angst vor der drohenden Gefahr! Pflegst du doch, wie ich weiß, schwangeren Frauen in ihrer Not beizustehen!«

Nach diesem Gebet erschien ihr Juno in der ganzen göttlichen Pracht ihrer Majestät und sprach: »Wie gerne würde ich dir Gewährung nicken! Doch Venus ist meine Schwiegertochter, die ich stets wie die eigene Tochter geliebt habe, und dir entgegenzukommen verbietet somit die Rücksichtnahme. Und dann bindet mich auch das Gesetz, das flüchtige Sklaven gegen den Willen ihrer Herren aufzunehmen verbietet!«

Erschrocken, daß auch dieser Versuch Schiffbruch erlitt, und ganz außerstande, ihren geflügelten Gatten wiederzufinden, gab Psyche alle Hoffnung auf und sprach zu sich selber: »Was für eine Hilfe sollte ich in meinem Kummer noch suchen oder finden, da mir ja trotz allem guten Willen selbst diese Göttinnen keinen Schutz gewähren können! Wohin könnte ich meinen schon in der Schlinge gefangenen Fuß noch setzen, unter welchem Dach, in welchem Schlupfwinkel soll ich mich bergen, um den unentrinnbaren Blicken der großen Venus zu entgehen? Fasse Mut, verzichte tapfer auf eitle Hoffnungen und stelle dich freiwillig deiner Herrin, deren Grimm du, spät genug, nur durch freiwillige Unterwerfung zu mildern vermagst! Und wer weiß, ob du nicht den so lange Gesuchten dort im Hause seiner Mutter wiederfindest?« So war sie entschlossen, sich trotz aller Gefahren zu demütigen und sogar ihrem sicheren Verderben entgegenzugehen, und überlegte, mit welchen Worten sie ihre Bitte um Verzeihung beginnen sollte.

Venus jedoch war es müde geworden, mit irdischen Mitteln ihre Nachforschungen zu betreiben, und begab sich in den Himmel. Sie ließ ihren goldenen Wagen schirren, eine besonders kunstreiche und fein ziselierte Arbeit und ein Hochzeitsgeschenk des Vulkan, dessen künstlerischer Wert um so größer war, je mehr die gestaltenden Werkzeuge ihre Spuren gerade in der Exkavierung der Goldplatten erkennen ließen. Von den zahlreichen Tauben, die um das Gemach ihrer Herrin nisteten, eilten trippelnden Schrittes vier weiße herbei und ließen sich, die schillernden Hälse drehend, in das juwelenbesetzte Joch spannen und flogen, nachdem ihre Herrin eingestiegen war, fröhlich empor. Dem Wagen der Göttin folgten mit munterem Gezwitscher lärmende Sperlinge und was es sonst noch an singenden Vögeln gibt, die ihre süßen Weisen lieblich erklingen ließen, um die Ankunft der Göttin zu verkünden. Die Wolken wichen zurück, und der Himmel öffnete sich seiner Tochter, der Äther droben empfing frohlockend die Göttin; der großen Venus singendes Gefolge hat weder die Begegnung mit Adlern noch mit räuberischen Falken zu fürchten.

Sogleich lenkte sie zu Jupiters Königsburg und forderte mit stolzem Sinn des redegewandten Merkur dringende Dienste. Mit schwärzlicher Braue nickte ihr Jupiter Gewährung. Frohlockend fuhr Venus, von Merkur begleitet, vom Himmel hernieder und erklärte ihm aufgeregt: »Lieber Bruder aus Arkadien, du weißt ja, daß deiner Schwester Venus ohne die Hilfe ihres Merkur noch nie etwas geglückt ist, und dir ist ja sicher auch bekannt, wie lange ich schon nach meiner Magd suche, deren Versteck ich nicht ausfindig machen kann. Es bleibt also nichts weiter übrig, als daß du als Herold für ihre Entdeckung eine Belohnung ausrufst. Führe daher meinen Auftrag rasch aus und veröffentliche die Kennzeichen, die ihre Identifizierung gestatten, damit sich niemand, der ihr wider Fug und Recht Unterschlupf gewährt haben sollte, auf seine Unkenntnis berufen und herausreden kann!« Und mit diesen Worten übergab sie ihm ein Schriftstück, das Psyches Namen und weitere Einzelheiten enthielt. Nachdem das erledigt war, kehrte sie rasch nach Hause zurück.

Merkur säumte nicht, ihr zu willfahren. Zu allen Völkern weit und breit eilend, gab er auftragsgemäß als Herold bekannt: »Wer auf der Flucht ergreifen oder das Versteck angeben kann einer flüchtigen Königstochter und Magd der Venus namens Psyche, der soll sich hinter den Murtischen

Säulen beim Ausrufer Merkur melden, um als Belohnung für die Anzeige sieben süße Küsse und als Sonderprämie einen Zungenkuß von Venus persönlich in Empfang zu nehmen!«

Die Bekanntmachung des Merkur ließ alle Sterblichen aufhorchen, die sich einen solchen Preis verdienen wollten. Und dieser Umstand bestärkte Psyche erst recht, allem Zaudern ein Ende zu machen.

Als sie schon vor der Türe der Gebieterin stand, begegnete ihr eine aus dem Gefolge der Venus mit Namen Vertraulichkeit, die gleich, so laut sie konnte, zu schreien anfing: »Endlich, du liederliche Magd, fängst du an zu begreifen, daß du eine Herrin hast! Oder willst du bei deiner sattsam bekannten Dreistigkeit noch behaupten, du hättest keine Ahnung, was für Scherereien uns die Suche nach dir verursacht hat? Recht so, daß du ausgerechnet mir in die Hände gelaufen und in den Klauen des Orkus gelandet bist; und auf der Stelle sollst du mir für deine Unverschämtheit büßen!«

Frech fuhr sie ihr mit der Hand in die Haare und zerrte sie fort, ohne daß jene auch nur den geringsten Widerstand leistete.

Als Venus sie hereingeführt und sich gegenübergestellt sah, erhob sie ein breites Gelächter, wie das rasender Zorn zu tun pflegt, schüttelte das Haupt und rieb sich das rechte Ohr: »Läßt du dich endlich herab, deiner Schwiegermutter einen Besuch abzustatten? Oder bist du gekommen, um deinen Gatten zu sehen, dem deine Wunde zu schaffen macht? Keine Angst: ich will dich empfangen, wie es eine brave Schwiegertochter verdient!« Dann: »Wo sind Sorge und Trauer, meine Mägde?« Sie ließ sie holen und übergab ihnen Psyche zur Folterung. Diese wußten, was sie ihrer Herrschaft schuldig waren, geißelten die Ärmste, quälten sie auf alle erdenkliche Art und führten sie dann wieder vor ihre Herrin.

Da fing Venus wieder zu lachen an: »Sieh an, wie sie aus ihrer Schwangerschaft Vorteil zu schlagen und wie sie Mitleid zu wecken sucht, indem sie mich zur strahlenden Großmutter eines prächtigen Sprößlings machen will! Welch ein Glück, daß ich in der Blüte meiner Jahre Großmutter heißen und der Sohn einer niedrigen Magd sich Enkel der Venus nennen darf! Doch was rede ich so dumm und albern von einem Sohn; eine nicht standesgemäße Ehe, irgendwo auf dem Land ohne Zeugen und ohne Zustimmung des Vaters geschlossen, ist nicht rechtskräftig; so wird höchstens ein Bankert geboren, wenn ich es überhaupt so weit kommen lassen sollte!«

Nach dieser Erklärung stürzte sie sich auf Psyche, riß ihr das Kleid vom Leibe, zerrte sie am Haar und schlug auf sie ein, so fest sie konnte. Dann ließ sie Weizen, Gerste, Hirse, Mohn, Erbsen, Linsen und Bohnen bringen und alles auf einen Haufen schütten und sprach: »Eine so häßliche Magd wie du kann sich ihre Liebhaber nur durch Dienstbeflissenheit verdienen. Ich will deine Brauchbarkeit auf die Probe stellen. Da, sortiere sorgfältig die durcheinandergeschütteten Samenkörner und liefere mir die Arbeit noch heute abend ab!«

Sie wies auf den großen Haufen Körner und begab sich dann zu einem Hochzeitsessen. Psyche aber, sprachlos und starr vor Entsetzen über die ungeheuerliche Zumutung, rührte keinen Finger angesichts des unentwirrbaren großen Durcheinanders. Da erbarmte sich eine kleine Feldameise, eine mit derartigen Geschäften vertraute fleißige Arbeiterin, der Braut des großen Gottes, verwünschte die böse Schwiegermutter und versammelte eifrig hin und her rennend das ganze Heer der Ameisen der Umgebung: »Habt Mitleid, ihr eifrigen Kinder der allgebärenden Erde, habt Mitleid und kommt Amors Gattin, dem reizenden Mädchen, in ihrer Not hurtig zu Hilfe!« Da stürzten, Woge auf Woge, die Heerscharen des sechsfüßigen Volkes herbei, sortierten fleißig den ganzen Haufen Korn für Korn nach eines jeglichen Art, und schon waren sie wieder verschwunden.

Mit einbrechender Nacht kehrte Venus, vom Weine trunken und von Salben triefend, vom Hochzeitsmahl zurück, den ganzen Leib mit schimmernden Rosen umkränzt, und als sie sah, daß die ganze Arbeit so voller Sorgfalt getan war, rief sie: »Das ist nicht dein Werk, nichtsnutzige Magd, nicht deiner Hände Werk, sondern dessen, dem du zu deinem, nein, auch zu seinem eigenen Unglück gefallen hast!« Sie warf ihr ein Stück hartes Brot hin und begab sich zur Ruhe.

Indessen saß Cupido ganz allein in einem Sondergemach im Innersten des Hauses hinter Schloß und Riegel, damit er einerseits nicht durch übermütige Streiche seine Wunde verschlimmere und andererseits auch nicht mit seiner Geliebten zusammenkomme. Also getrennt und unter einem Dache geschieden, verbrachten die Liebenden eine böse Nacht, die kaum enden wollte.

Als aber Aurora eben heraufzog, rief Venus nach Psyche und sprach zu ihr: »Siehst du den Hain dort längs der Ufer des wallenden Stromes, dessen Gesträuch am Rande sich in dem nahen Wasser spiegelt? Dort grasen Schafe mit golden schimmerndem Vlies auf unbewachter Weide. Dorther hole mir schnell eine Flocke der kostbaren Wolle; kümmere dich, wie du sie bekommst!«

Psyche machte sich willig auf den Weg, doch nicht um den Befehl auszuführen, sondern um durch einen Sprung vom Uferfelsen endlich von ihren Leiden erlöst zu werden. Doch vom Fluß her mahnte der Spender lieblicher Weisen, das grüne Schilf, vom göttlichen Odem linder Lüfte sanft bewegt, mit prophetischem Säuseln: »Psyche, du von so viel Drangsal Bekümmerte, entweihe nicht meine heiligen Wasser durch deinen elenden Tod, aber hüte dich auch, dich zu dieser Stunde den grimmigen Schafen zu nahen, die in der prallen Sonne, von Tollwut befallen, mit spitzem Horn, harter Stirn und oft auch giftigen Bissen die Sterblichen anfallen. Warte, bis zu Mittag der Gluthauch der Sonne sich erschöpft und die Tiere in der lieblichen Kühle des Flusses sich zur Ruhe begeben, dann kannst du dich unter jener hohen Platane, die mit mir aus dem gleichen Fluß trinkt, heimlich verstecken. Sobald sich der Grimm der Schafe beruhigt hat, durchstöbere das Laub des benachbarten Hains und sammle die allenthalben an den schwankenden Zweigen hängenden goldenen Flocken ein!«

So wies das ehrliche und mitleidige Schilf der bekümmerten Psyche den Weg zur Rettung. Diese aber hatte aufmerksam seinen Worten gelauscht und sollte es nicht bereuen, als sie seinem Rat folgte und, alle Vorschriften beachtend, mit leichter Mühe ihren Schoß mit der funkelnden Beute des Goldflausches füllte, den sie Venus brachte.

Doch auch die glückliche Ausführung der zweiten und so gefährlichen Arbeit brachte ihr nicht das Lob der Herrin ein, die vielmehr mit finster zusammengezogenen Brauen höhnisch lächelte: »Auch bei dieser Arbeit entgeht mir nicht, welcher Galan dir diesen Dienst geleistet hat. Jetzt will ich deine Unerschrockenheit und besondere Klugheit gründlich auf die Probe stellen. Siehst du den hohen Gipfel über jener steil abstürzenden Felswand, wo ein finsterer Quell mit dunklen Wogen sich in die Tiefe ergießt, um in der Talmulde eingeschlossen den stygischen Pfuhl zu bewässern und des Kokytos brausende Fluten zu speisen? Dort schöpfe mir oben aus der Quelle selbst das eisige Naß in diesen Krug und bringe ihn schleunigst her!« Mit diesen Worten übergab sie ihr unter noch schlimmeren Drohungen ein kristallenes Gefäß.

Psyche aber eilte raschen Schrittes auf den Berg, um dort ihrem elenden Dasein ein Ende zu bereiten. Sobald sie das an den Gipfel angrenzende Gebiet erreicht hatte, erkannte sie die tödliche Schwierigkeit der ungeheuren Aufgabe. Eine ragende Felswand von riesigem Ausmaß, deren mit Geröll bedeckte unersteigliche Flanken keinerlei Halt boten, spie mitten aus dem steinernen Schlund schaurige Fluten, die aus der gähnenden Öffnung der senkrechten Wand hervorbrechend jäh in die Tiefe stürzten und in einer engen Schlucht verschwanden, um sich unsichtbar in ein benachbartes Tal zu ergießen. Zur Rechen und Linken zischten aus den Felsenhöhlen, die langen Hälse reckend, grimmige Drachen, deren immerwache Augen sich niemals schlossen und ewig funkelnd umherlauerten. Und auch die Wasser hatten Stimmen und setzten sich zur Wehr: »Hinweg! Was willst du? Sieh dich vor!« und »Was treibst du? Nimm dich in acht!« und »Fliehe!« und »Du bist verloren!« brüllten sie immerfort. Angesichts dieser unüberwindlichen Schwierigkeiten wurde Psyche selbst zu Stein, und bei leiblicher Gegenwart war ihr Bewußtsein fern; die unlösbare Schwierigkeit der Aufgabe erdrückte sie schier, wobei ihr auch noch der letzte Trost entzogen war: die Tränen.

Doch den ernsten Blicken der gütigen Vorsehung blieb die Drangsal der unschuldigen Seele nicht verborgen. Des hohen Jupiter königlicher Vogel, der reißende Adler, war plötzlich mit weit ausgebreiteten Schwingen über ihr und brachte eingedenk der früheren Gefälligkeiten, als er unter Cupidos Schutz für Jupiter den phrygischen Mundschenk emporgetragen hatte, noch rechtzeitig Hilfe, indem er zu Ehren des Gottes dessen verzweifelter Gattin Beistand leistete, aus den Wolkenregionen herniederflog und zu Häupten des Mädchens schwebend rief: »Du unerfahrene Närrin, hoffst du von der hochheiligen und nicht minder schaurigen Quelle auch nur einen Tropfen zu berühren, geschweige denn zu schöpfen? Hast du nicht gehört, daß auch den Göttern und Jupiter selbst die Wasser des Styx ein Grauen sind und daß der Schwur, den ihr Menschen bei der Götter Herrlichkeit leistet, von diesen bei der Herrlichkeit des Styx geleistet wird? Gib mir deinen Krug!« Und rasch ergriff er ihn, enteilte mit breiten Flügelschlägen, steuerte zwischen den grimmigen Zähnen und dem dreigespitzten Züngeln der Drachen dahin und fing das Wasser auf, das sich sträubte und ihn warnte, er möge sich hüten; er aber wußte sich den Zugang zu verschaffen, indem er rief, daß er es für Venus hole, die ihm solches aufgetragen habe.

Voller Freude nahm Psyche den gefüllten Krug in Empfang und brachte ihn rasch zu Venus.

Doch auch diesmal vermochte sie nicht die zürnende Göttin für sich einzunehmen. Diese sprach mit noch größeres und böseres Unheil verkündendem Lächeln: »Du scheinst mir ja eine ganz große und allmächtige Zauberin zu sein, da du solche Aufträge so gewissenhaft zu erledigen weißt! Aber du wirst mir, mein Püppchen, noch einen weiteren Dienst leisten müssen. Nimm diese Büchse«, und sie gab sie ihr,

»und mache dich schnell auf in die Unterwelt und begib dich in des Orkus finsteres Haus! Dort reiche Proserpina die Büchse und richte ihr aus: ›Venus bittet dich, ihr ein wenig von deiner Schönheit zu schicken, so viel, daß es wenigstens für einen Tag ausreicht. Was sie selber besaß, hat sie bei der Pflege ihres kranken Sohnes verbraucht und vertan.‹ Komme aber gleich zurück, denn ich muß mich damit noch schminken, bevor ich im Olymp ins Göttertheater gehe!«

Nun erst merkte Psyche vollends, daß es mit ihr aus sei, und erkannte klar, da nun die Hülle gefallen, daß sie in das sichere Verderben getrieben werde. Oder etwa nicht? Wurde sie doch gezwungen, auf ihren eigenen Füßen in den Tartarus und zu den Schatten hinabzusteigen. Und sie zögerte nicht, ging zu einem hohen Turm, um sich in die Tiefe zu stürzen; sie meinte nämlich, auf diese Weise am schnellsten und am besten in die Unterwelt zu gelangen.

Doch da find der Turm auf einmal an zu sprechen und rief: »Warum willst du armes Kind dich in die Tiefe stürzen? Warum willst du bei dieser deiner letzten Aufgabe und Prüfung so unbedacht verzagen? Denn hat sich die Seele erst einmal vom Leib getrennt, so wirst du zwar tatsächlich hinab in den tiefsten Tartarus fahren, aber es wird auch niemals wieder eine Rückkehr geben. Höre, was ich dir sage:

Nicht weit von hier liegt Lakedämon, die berühmte griechische Stadt. Begib dich in das ihr benachbarte einsam gelegene und unwegsame Tainaros! Dort atmet Dis die Luft der Oberwelt, und durch das gähnende Tor weist sich dir ein schmaler Pfad hinab; hast du die Schwelle überschritten und dich ihm anvertraut, so führt er dich geradewegs hinab zum Palast des Orkus. Doch du darfst nicht mit leeren Händen durch die Finsternis ziehen, sondern mußt in jeder Hand einen Honigkuchen und im Mund zwei Münzen tragen. Und wenn du schon ein Stück des Totenwegs hinter dir hast, wirst du einem lahmen, mit Holz bepackten Esel und einem hinkenden Eseltreiber begegnen, der dich bitten wird, ihm einige der herabgefallenen Knüppel aufzuheben; du darfst aber keine Antwort geben, sondern geh schweigend deines

Weges. Und bald darauf wirst du zum Totenfluß gelangen, dessen Ferge Charon gegen ein Entgelt auf seinem Binsenkahn die Ankommenden ans jenseitige Ufer übersetzt. – Denn auch unter den Toten herrscht die Habsucht, und weder Charon noch sein Vater Dis, der mächtige Gebieter, tun irgend etwas umsonst, und auch der Arme muß für das Wegegeld sorgen, wenn er stirbt; und wenn keine Münze zur Hand ist, kann er seinen Geist nicht aushauchen. – Gib dem schmutzigen Alten eine von deinen Münzen als Fährlohn, doch laß ihn sie dir mit eigener Hand aus deinem Munde nehmen. Dann aber, auf der Fahrt über die träge Flut, wird ein toter Greis, der auf dem Wasser dahintreibt, seine welken Hände nach dir ausstrecken und dich bitten, ihm in das Boot zu helfen, aber du darfst dich seiner nicht erbarmen!

Bist du am anderen Ufer angelangt und ein Stück weitergegangen, so werden alte Weiber, die ein Tuch weben, dich bitten, ihnen ein wenig behilflich zu sein; doch auch dies darfst du nicht tun. All das und noch vieles andere sind Versuchungen, die Venus schickt, damit du einen der Honigkuchen fallen läßt. Achte jedoch den Verlust der wertlosen Kuchen nicht für gering; wenn du auch nur einen verlierst, wirst du das Licht des Tages nie wieder schauen. Denn auf der Schwelle vor der lichtlosen Halle Proserpinas liegt, die düstere Burg des Dis hütend, ein riesiger Hund mit drei grimmigen Häuptern, ungeheuer und fürchterlich, dessen donnerndes Geheul selbst die Toten in Schrecken versetzt, denen er jedoch als eitles Schreckgespenst nichts anhaben kann. Wirf ihm einen Kuchen in das Maul, dann wirst du leicht an ihm vorbei und vor Proserpina gelangen. Sie wird dich freundlich und gütig empfangen und dir einen bequemen Sitz und einen reichen Imbiß anbieten. Du aber setze dich auf den Boden und bitte um Schwarzbrot zum Essen! Dann melde, was dich hergeführt hat, und wenn du das Gewünschte in Empfang genommen hast, mach dich auf den Rückweg, besänftige den wütenden Hund mit dem zweiten Kuchen, gib dem habgierigen Fährmann die Münze, die du noch übrig hast, und kehre am anderen Ufer auf demselben Weg, den du gekommen bist, in das Licht des himmlischen Sternenreigens zurück! Doch vor allem warne ich dich, je die Dose in deiner Hand zu öffnen und hineinzuschauen, um den verborgenen Schatz göttlicher Schönheit allzu neugierig zu untersuchen.«

So erwies sich der Turm als ein weitblickender Wahrsager. Unverzüglich begab sich Psyche nach Tainaros, nahm vorschriftsgemäß Honigkuchen und Münzen mit und eilte den Pfad zur Unterwelt hinab. Schweigend ging sie an dem lahmen Eseltreiber vorbei, gab dem Fergen den Sold, achtete nicht auf das Flehen des im Wasser treibenden Greises, überhörte auch die listigen Bitten der Weberinnen, beruhigte den rasenden Höllenhund mit dem Kuchen und betrat Proserpinas Halle. Sie lehnte dankend den bequemen Sitz und das köstliche Mahl ab und ließ sich bescheiden zu ihren Füßen nieder, gab sich mit Hausbrot zufrieden und richtete die Botschaft der Venus aus. Sogleich erhielt sie die geheimnisvoll gefüllte Büchse, stopfte mit dem zweiten Kuchen den heulenden Rachen des Höllenhunds, gab dem Fährmann die ihr noch verbliebene Münze und kehrte erleichtert aus der Unterwelt zurück. Sie erreichte und begrüßte das helle Tageslicht, aber ach, trotz ihres eiligen Bestrebens, sich ihrer Aufgabe zu entledigen, von leichtsinniger Neugier getrieben sprach sie also zu sich selber: »Bin ich denn nicht eine Närrin, daß ich hier die göttliche Schönheit trage, ohne nur ein wenig davon zu naschen, um meinem schönen Liebhaber zu gefallen!« Und zugleich öffnete sie die Büchse.

Allein es war gar nichts zu sehen, auch keine Schönheit, nur ein tiefer, wahrhaft stygischer Schlaf befand sich darin, der, kaum daß der Deckel entfernt war, sie sogleich überfiel und sich wie eine dichte Schlummerwolke um all ihre Glieder ergoß, so daß sie hilflos vor seiner Gewalt an Ort und Stelle mitten auf dem Weg hinsank. Regungslos lag sie da, nicht anders als eine Tote.

Cupido aber, dessen Wunde vernarbt war und der sich wieder erholt hatte, konnte es ohne Psyche nicht mehr aushalten und schwang sich oben durch das Fenster des Zimmers, in dem er gefangen gehalten wurde, flog mit seinen gut ausgeruhten und neu gestärkten Schwingen rasch zu seiner Psyche, streifte sorgsam den Schlaf von ihr ab und barg ihn wieder in der Büchse, in die er gehörte, weckte Psyche mit einem kleinen Stich seines Pfeiles auf und sagte: »Siehst du, beinahe wäre dir Ärmsten deine Neugier zum Verhängnis geworden! Jetzt aber führe rasch den Auftrag meiner Mutter zu Ende und laß mich für alles andere sorgen!« Nach diesen Worten schwang sich ihr leichter Geliebter empor, während Psyche Proserpinas Gabe rasch zu Venus brachte.

Cupido aber, von übergroßer Liebe verzehrt und mit bekümmertem Gesicht, kam aus Angst, seine Mutter könne ihn doch noch zur Tante Nüchternheit schicken, wieder auf seine alten Sprünge und schwang sich mit raschen Flügelschlägen hinauf zum Himmelsgipfel, um vor dem großen Jupiter zu knien und ihm sein Anliegen vorzutragen. Jupiter kniff ihn in seine zarte Wange, zog ihn an sich, küßte ihn auf den Mund und sprach: »Du hast mir zwar, mein Sohn, niemals den schuldigen Respekt bezeigt, sondern meine Brust, in der die Naturgesetze und der Lauf der Gestirne geregelt werden, dir immer wieder zum Ziel deiner Pfeile auserkoren und sie in irdische Leidenschaft verstrickt; du hast sie gegen alle Gesetze, einschließlich des julischen, mit schändlichen Abenteuern gegen die Anstandsregeln verstoßen lassen und meinen Namen und meinen Ruf in Gefahr gebracht, indem du dabei meine hehre Majestät sich schimpflich in Schlangen, Feuer, wilde Tiere, Vögel und Vieh verwandeln ließest, doch will ich trotzdem eingedenk meiner Milde und als dein väterlicher Freund die Angelegenheit in Ordnung bringen; nur vor deinen Rivalen mußt du dich selbst in acht nehmen! Und du mußt mir als Gegenleistung für den momentanen Gunstbeweis das hübscheste Mädchen, so eines auf Erden zu finden ist, zur Verfügung stellen!«

Nach diesen Worten befahl er dem Merkur, sogleich eine Götterversammlung einzuberufen und bekanntzugeben, daß jedes Fernbleiben eines Himmlischen mit einer Buße von zehntausend Nummen geahndet werde. Da fürchteten sie sich, und rasch füllte sich der himmlische Saal; auf hohem Sitze thronend, ließ sich der erhabene Jupiter also vernehmen:

»In den Almanach der Musen eingetragene Götter, daß ich diesen jungen Mann hier mit eigenen Händen großgezogen habe, ist euch allen zweifellos bekannt. Den losen Streichen seiner Jugendjahre meine ich gewisse Zügel anlegen zu müssen. Ich habe es endgültig satt, daß er mit seinen Liebschaften und allen möglichen Verführungskünsten tagtäglich neuen Gesprächsstoff liefert. Die Sache soll ein für allemal ein Ende haben, und es ist Zeit, daß seinem jugendlichen Übermut die Fesseln der Ehe angelegt werden. Er ist einem Mädchen begegnet und hat es verführt! Er soll sie haben und behalten und mag sich in Psyches Armen immer seiner Liebe freuen!« Und sich Venus zuwendend fuhr er fort: »Du aber, meine Tochter, sollst nicht traurig sein und brauchst dir um deinen Rang und die Ehre deiner Familie wegen der Verbindung mit einer Sterblichen keine Sorgen zu machen. Ich will eine dem bürgerlichen Recht entsprechende gesetzliche Ehe stiften, kein illegitimes Verhältnis.« Und sogleich befahl er Merkur, Psyche zu holen und in den Himmel zu führen. Er reichte ihr einen Becher mit Ambrosia und sprach: »Trinke, Psyche, und sei unsterblich! Und niemals soll sich Cupido von dir scheiden, sondern eure Ehe soll ewig sein.«

Unverzüglich ward ein prächtiges Hochzeitsmahl gehalten. Auf dem Ehrenplatz lagerte sich der Bräutigam, der Psyche auf seinem Schoß hielt. So auch lagen neben Jupiter seine Juno und dann der Reihe nach alle anderen Götter. Dann schenkte dem Jupiter jener Hirtenjunge, sein Mundschenk, und den übrigen Bacchus den Nektar ein – das ist der Wein der Götter –, und Vulkan kochte das Essen. Die Horen schmückten alles mit Rosen und bunten Blumen, die Grazien sprengten Balsam, und die Musen ließen Lieder erklingen. Apollo sang zur Leier, und Venus tanzte bezaubernd im Takt der anmutigen Weisen; dabei wurde die Aufführung so eingerichtet, daß die Musen im Chor sangen, ein

Satyr auf der Flöte blies und ein Panbürschlein auf seiner Schalmei spielte.

Also ward Psyche dem Cupido feierlich angetraut. Und als die Zeit der Niederkunft herangereift war, ward ihnen eine Tochter geboren, die wir »Wonne« nennen.

Das also war das Märchen, das die verrückte, trunksüchtige Alte ihrer Gefangenen erzählte. Ich stand ganz in der Nähe und habe es wahrlich nicht wenig bedauert, daß ich keine Schreibtafel und keinen Griffel hatte, um eine so schöne Geschichte aufzuschreiben.

Und nun kamen auch die Räuber nach ich weiß nicht was für einem harten Kampf schwer bepackt wieder zurück; einige der Verwegensten machten gleich wieder kehrt, während die Verwundeten zu Hause blieben und ihre Wunden pflegten, um ihrerseits weiter Beute herbeizuschaffen, die sie, wie es hieß, in einer Höhle versteckt hatten. Sie schlangen rasch ein paar Bissen hinunter, und dann prügelten sie mich und das Pferd mit Knüppeln hinaus auf den Weg, um das Zeug zu holen; als wir von den vielen steilen und gewundenen Saumpfaden schon ganz erschöpft waren, führten sie uns gegen Abend zu einer Höhle und von dort aus schwer beladen gleich wieder zurück, ohne uns auch nur einen Augenblick Rast zu gönnen, bis sie mich in der Hast unter der dauernden Prügelei und der Antreiberei über einen mitten auf dem Weg liegenden Stein zum Stolpern brachten. Ein ganzer Hagel von Schlägen prasselte auf mich nieder und brachte mich mit verstauchter rechter Hinterhand und schmerzendem linken Huf mühsam wieder auf die Beine.

Einer von ihnen meinte: »Wie lange wollen wir eigentlich diesen klapprigen Esel, der jetzt auch noch lahmt, für nichts und wieder nichts füttern?« Und ein anderer: »Außerdem ist er auf dem falschen Fuß in unser Haus gekommen! Seitdem ist nichts mehr gut gegangen, und wir haben dafür um so mehr an Wunden und Verlusten gerade bei den Besten!« Und noch einer: »Wenn er auch noch so störrisch ist, das Zeug trägt er heim, dann will ich die Geier mit ihm füttern und ihn an Ort und Stelle in den Abgrund stürzen!«

Während diese Gemütsmenschen sich noch darüber stritten, wie sie mich abtun sollten, waren wir auch schon zu Hause angekommen. Vor lauter Schreck waren meinen Hufen Flügel gewachsen. Sie räumten schnell alles beiseite, was wir geschleppt hatten, und machten sich, ohne sich um unser Wohl und Wehe oder auch um meinen Tod zu kümmern, zusammen mit den zurückgebliebenen Verwundeten wieder auf den Weg, um den Rest selber zu tragen, weil sie angeblich unsere Langweiligkeit satt hatten.

Die Todesdrohung war mir wie ein Stachel ins Herz gefahren. Ich dachte: »Was stehst du noch herum, Lucius, auf was wartest du noch? Dir droht ein Tod schlimmster Sorte, den die Räuber besprochen und beschlossen haben. Dazu bedarf es keines großen Aufwands. Dort drüben siehst du ganz in der Nähe Felswände und spitze Zacken, die dich aufspießen und in Stücke schneiden, bevor du unten ankommst. Deine treffliche Zauberei hat dir zwar das Aussehen und die Mühsal eines Esels, aber nicht auch dessen dikkes Fell eingebracht, sondern ein zartes empfindliches Esels-Häutchen! Warum raffst du dich nicht endlich auf und sorgst für deine Rettung, solange es noch Zeit ist? Während die Räuber fort sind, bietet sich dir die beste Gelegenheit zur Flucht, oder fürchtest du dich etwa vor der Wachsamkeit der halbtoten Alten, die du mit einem einzigen Tritt, und mag dein Huf noch so lahm sein, erledigen kannst! – Aber wohin soll die Flucht gehen, und wer wird mir Unterschlupf gewähren? Doch das ist eine alberne und geradezu eselhafte Überlegung; welcher Reisende wird nicht gern ein Reittier mitnehmen?«

Und mit einem munteren Ruck war der Riemen, mit dem man mich angebunden hatte, losgerissen, und ich stand im Begriff, mich auf allen vieren rasch aus dem Staube zu machen. Doch den Falkenaugen der gerissenen Alten konnte ich nicht entgehen. Als sie sah, daß ich frei war, packte sie den Riemen mit einer Entschlossenheit, die ihr Alter und Geschlecht keineswegs erwarten ließen, und versuchte mich wegzuziehen und heimzuholen. Ich aber ließ mich, eingedenk des verhängnisvollen Vorsatzes der Räuber, durch kein Mitleid rühren und stieß mit meinen Hinterhufen nach ihr und warf sie der Länge nach auf die Erde. Wohl lag sie am Boden, hielt jedoch zäh den Riemen fest, so daß ich sie im Lauf ein Stück mitschleifte. Und schon begann sie mit lautem Geschrei und Gekreisch nach Hilfe und Verstärkung zu rufen. Aber ihr Jammern war vergeblich und eitler Lärm, denn es gab niemanden, der ihr hätte Beistand leisten können, außer dem gefangenen Mädchen, das auf das Geschrei hin auch sofort herausgelaufen kam und ein weiß Gott seltsames Schauspiel zu sehen bekam: ein altes Weib als Dirke nicht am Stier, sondern an einem Esel hängend! Und sofort ermannte sie sich und wagte eine regelrechte Heldentat! Sie entwindet den Riemen den Händen der Alten, beschwichtigt durch sanfte Koseworte mein Ungestüm, steigt rasch auf und treibt mich dann wieder zu eiliger Gangart an.

So schlug ich denn im Bestreben, selber zu fliehen wie auch das Mädchen zu befreien, und ebenso auf Anraten der Schläge, die mich recht fleißig erinnerten, rasch wie ein edles Roß mit munteren Hufen den Boden und versuchte dabei, dem Mädchen zärtliche Wörtlein zuzuwiehern. Und unter dem Vorwand, mir den Rücken zu jucken, wandte ich bisweilen auch den Hals zurück und küßte die zierlichen Füße des Kindes. Tief aufseufzend sprach sie mit kummervollem Aufblick zum Himmel: »Ihr Götter, helft mir in dieser höchsten Not, und du, allzu harte Fortuna, laß ab, mich noch länger zu quälen! Laß es meiner unaussprechlichen Leiden jetzt genug sein! Du aber, mein Befreier und Erretter, wenn du mich heil nach Hause bringst und meinen Eltern und meinem schönen Bräutigam wiedergibst, wie will ich es dir danken, wie will ich dich ehren, wie will ich dich füttern! Zuerst will ich deine Mähne schön kämmen und mit meinem Mädchenschmuck zieren, dann will ich dir das Stirnhaar kräuseln und schön scheiteln, deinen ungewaschenen, verschmutzten und struppigen Schwanz will ich auf Hochglanz bringen, und du sollst, über und über mit goldenen Schilden geschmückt, strahlen wie ein Stern am Himmel und im Jubel der fröhlichen Volksmenge einziehen im Triumph; ich will dich als meinen Retter täglich mit Nüssen und Leckerbissen verwöhnen, die ich dir in meiner Seidenschürze selber bringe.

Doch bei all den leckeren Speisen, bei guter Ruhe und allen Annehmlichkeiten des täglichen Lebens soll es dir auch nicht an Ruhm und Ehre fehlen! Ich will die Erinnerung an dies mein Erlebnis und die göttliche Vorsehung durch ein dauerndes Zeugnis wachhalten und einem Gemälde, das meine jetzige Flucht darstellt, im Atrium meines Hauses einen Ehrenplatz einräumen. Man soll sie im Bild sehen und in Erzählungen davon hören, und in den Werken der Dichter soll man sie verewigt finden, die Geschichte ›Wie die edle Jungfrau auf einem Esel reitend aus der Gefangenschaft floh‹. Du sollst in die Bücher eingehen und als Wunder berühmt werden, und um des Beispiels willen, das du gegeben hast, wird man jetzt auch glauben, daß Phrixus auf einem Widder geschwommen, daß Arion auf einem Delphin geritten und daß Europa auf einem Stier über das Meer gekommen sei. Wenn es wahr ist, daß Jupiter wie ein Stier gebrüllt hat, dann ist es auch nicht ausgeschlossen, daß in meinem Esel ein Mensch oder gar ein Gott steckt!«

Indessen das Mädchen sich derlei Gedanken hingab und abwechselnd betete und seufzte, gelangten wir an einen Dreiweg, wo sie meinen Zügel ergriff und mich gewaltsam nach rechts zu lenken trachtete, offensichtlich weil das der Weg war, der zu ihrem Elternhaus führte. Ich wußte aber, daß die Räuber diese Richtung eingeschlagen hatten, um den Rest ihrer Beute zu holen, und widersetzte mich daher mit aller Entschiedenheit, indem ich ihr in meinem Innern stumme Vorwürfe machte: »Was tust du da, unseliges Kind? Was soll das? Warum rennst du in den Tod? Was willst du meinen Füßen antun? Du wirst nicht nur dich, sondern auch mich ins Verderben stürzen!« Während wir so jeder in eine andere Richtung strebten und uns bei unserer Meinungsverschiedenheit über den Boden unter unseren Füßen, oder besser über die Wegrichtung, nicht einig werden konnten, überraschten uns die Räuber auf frischer Tat, die mit ihrem Raub zurückkehrten und uns im hellen Mondschein schon von weitem erkannten und johlend begrüßten.

Einer aus dem Haufen brüllte: »Wohin des Wegs in so eiligem Schritt zur nächtlichen Stunde? Fürchtet ihr euch denn gar nicht vor Geistern und Gespenstern, wenn es so finster und unheimlich ist? Will das gute Kind seinen Eltern schnell einen kleinen Besuch abstatten? Wir wollen dir die Einsamkeit vertreiben und dir einen noch kürzeren Weg nach Hause zeigen!«

Den Worten ließ er die Tat folgen, packte den Zügel, drehte mich um und sparte natürlich auch nicht mit den gewohnten Knüppelhieben. Wie ich nun höchst ungern in mein sicheres Verderben zurück mußte, fielen mir die Schmerzen an meinem Huf wieder ein, und ich begann mit nickendem Kopf zu hinken. Aber er, der mich zurückgerissen hatte, meinte: »Ach, sieh einer an, du hinkst und humpelst wieder, deine morschen Stelzen da können ausreißen, laufen können sie nicht! Und eben noch bist du dahingeflogen wie Pegasus mit seinen Flügeln!«

Während der liebevolle Geselle, den Knüppel schwingend, noch seine Witze machte, waren wir schon wieder vor der äußeren Umzäunung ihres Lagers angekommen. Siehe, da hing am Ast einer hohen Zypresse, den Hals in der Schlinge, unsere Alte. Sie rissen sie herunter und warfen sie mitsamt ihrem Strick in den Abgrund. Dann legten sie das Mädchen sogleich in Fesseln und stürzten sich wie die Wilden auf das Essen, das die unselige Alte in ihrer noch über den Tod hinausgehenden Fürsorge für sie zubereitet hatte.

Und während die gierigen Vielfraße alles hinunterwürgten, fingen sie an, unsere Bestrafung und ihre Rache zu erörtern. Und wie immer in einem so wüsten Haufen, hatte jeder eine andere Meinung; der erste schlug vor, das Mädchen bei lebendigem Leib zu rösten, der zweite empfahl, sie den wilden Tieren vorzuwerfen, der dritte wollte, daß man sie ans Kreuz schlüge, und ein vierter wollte sie zu Tode foltern; in einem Punkt jedoch waren sie sich alle einige: Sie hatte den Tod verdient!

Nachdem sich das Durcheinander etwas beruhigt hatte, machte ihnen einer ganz gelassen klar: »Es entspricht weder den Grundsätzen unserer Gemeinschaft noch dem Anstandsgefühl der einzelnen, auch widerstrebt es mir bei meiner Besonnenheit, wenn ich damit einverstanden sein wollte, daß ihr weit über Maß und Grenzen des Geschehens hinaus eurer Wut freien Lauf laßt und nach wilden Tieren, Kreuz, Feuer, Folterwerkzeugen, jedenfalls so oder so nach kurzem Prozeß und schnellem Tod brüllt! Laßt euch raten und schenkt dem Mädchen das Leben, aber wie sie es verdient! Und erinnert euch daran, was ihr schon früher über den Esel da beschlossen habt, der vom ersten Tag an ein Faulpelz und ein ausgemachter Vielfraß war und jetzt obendrein auch noch scheinheilig den Gebrechlichen mimt, während er bei der Flucht des Mädchens den Freund und Helfer gespielt hat. Wir sollten daher beschließen, ihn morgen zu schlachten und auszunehmen, um das Mädchen, das ihm lieber war als wir, nackt in ihn einzunähen, so daß nur ihr Gesicht herausschaut und der übrige Leib in der Tierhaut steckt; dann wollen wir diesen gefüllten und ausgestopften Esel auf irgendeinem hohen Felsen aufstellen und ihn von den Strahlen der glühenden Sonne braten lassen!

Auf diese Weise wird beiden das Schicksal zuteil, das ihr ihnen mit Recht zugedacht habt, dem Esel der schon längst verdiente Tod und ihr die Bisse der wilden Tiere, während die Würmer sie langsam auffressen, dann auch die Glut des Feuers, wenn die Sonne dem Bauch einheizt, und die Qualen am Kreuz, wenn Wölfe und Geier ihr die Eingeweide aus dem Leibe reißen. Aber vergeßt auch nicht, was sie noch zusätzlich erdulden muß: Sie steckt lebendigen Leibes in einem Tierkadaver, in der prallen Sonnenhitze atmet sie den scheußlichen Gestank und siecht hungernd langsam und elend dahin, ohne die Hände frei zu haben, um sich selbst den Tod geben zu können!«

Sein Vorschlag wurde allseits ohne Abstimmung mit größtem Beifall aufgenommen. Als ich ihn vernommen hatte – meine Ohren waren ja groß genug –, was blieb mir anderes übrig, als über meine Leiche von morgen zu weinen!

SIEBENTES BUCH

Sobald nach dem Schwinden der Finsternis der helle Tag anbrach und der glänzende Sonnenwagen alles erleuchtete, traf noch einer aus der Schar der Räuber ein, wie aus der Art der gegenseitigen Begrüßung zu schließen war. Er ließ sich vor dem Eingang der Höhle nieder, und sobald er etwas zu Atem gekommen war, erstattete er der Bande seinen Bericht:

»Was das Haus des Milo in Hypata betrifft, das wir vor einiger Zeit ausgeräumt haben, so dürfen wir ganz ruhig und unbesorgt sein. Nachdem ihr mit vereinten Kräften alles fortgeschafft und euch in unser Lager zurückgezogen hattet, mischte ich mich unter die Leute, stellte mich teilnahmsvoll und entrüstet und beobachtete die Maßnahmen, die zur Aufklärung der Angelegenheit ergriffen wurden, und ob und inwieweit man beabsichtigte, nach den Räubern zu fahnden, um euch auftragsgemäß entsprechende Nachricht zu geben. Nicht etwa kraft unbestimmter Vermutungen, sondern aufgrund einer nach allgemeiner Überzeugung weitgehenden Wahrscheinlichkeit wurde ein gewisser Lucius als mutmaßlicher Urheber des Anschlags vor Gericht gefordert, der sich, den braven Mann spielend, mit einem fingierten Empfehlungsschreiben bei Milo eingeschlichen hatte und dementsprechend als Gast in die Hausgemeinschaft aufgenommen und zu den engsten Freunden gezählt wurde; er wohnte dort eine ganze Reihe von Tagen, während der er, nachdem er sich durch erheuchelte Liebe in das Herz der Magd des Milo geschlichen, die Türschlösser emsig untersucht und natürlich vor allem die Räume, in denen das ganze Vermögen aufbewahrt zu werden pflegte, sorgfältig ausgekundschaftet hatte.

Und es war auch kein geringer Hinweis auf seine Täterschaft, daß er in der gleichen Nacht und zum Zeitpunkt der Tat geflüchtet war und seitdem verschwunden blieb. Auch habe ihm ein Mittel zur Flucht zur Verfügung gestanden, um seine Verfolger zu täuschen und sich schneller abzusetzen; er habe nämlich seinen Schimmel als Tragtier für später mitgebracht. Doch seinen Sklaven habe man noch im Hause verhaftet und auf behördliche Veranlassung ins Gefängnis gebracht, damit er als Zeuge über die verbrecherischen Pläne seines Herrn aussage, und er sei am anderen Tag mehrfach gefoltert und fast bis zum letzten Atemzug gemartert worden, habe aber nicht das Geringste gestanden. Dennoch habe man Leute in großer Zahl in die Heimat jenes Lucius geschickt, um ihn ausfindig zu machen und der Bestrafung für sein Verbrechen zuzuführen!«

Bei seiner Erzählung drängte sich mir der Vergleich zwischen meinem früheren Los, jenem glücklichen Lucius, und der gegenwärtigen Misere und dem unseligen Esel auf, und ich seufzte tief. Ich mußte daran denken, daß die ehrwürdigen Weisen der Vergangenheit mit gutem Grund sich Fortuna blind und mit verbundenen Augen vorgestellt und geschildert haben, da sie ihre Schätze immer den Bösen und Unwürdigen schenke und niemals einen der Sterblichen mit Bedacht auswähle; im Gegenteil, sie weilt am liebsten bei jenen, denen sie weit aus dem Wege gehen würde, wenn sie sehend wäre; und was das Schlimmste von allem ist: sie waltet über unserem Ruf so wunderlich wie widersinnig, indem der Schurke als braver Mann gerühmt wird, während der Unschuldige als ausgemachter Bösewicht gilt.

Ich, der ich durch ihren grausamsten Schlag zu einem Vieh wurde, und zwar zu einem Vierbeiner gemeinster Art, und dessen Mißgeschick auch dem Böswilligsten gerechterweise als bedauernswert und beklagenswert erscheinen müßte – ich wurde obendrein auch noch der Beraubung meines teuren Gastgebers beschuldigt! Ein derartiges Verbrechen sollte man nicht nur als Raub, sondern richtiger als Mord bezeichnen! Dabei war es mir nicht einmal vergönnt, mich zu verteidigen oder auch nur mit einem einzigen Wort zu der Anklage Stellung zu nehmen. Schließlich wollte ich zumindest nicht den Eindruck erwecken, als ob ich infolge meines schlechten Gewissens zu der ungeheuerlichen Beschuldigung schwiege, und trachtete mich im Drang der Ungeduld zur Wehr zu setzen und zu rufen: »Ich bin unschuldig!« Den Anfang schrie ich einmal und immer wieder aus voller Kehle, aber das Folgende konnte und konnte ich einfach nicht herausbringen, sondern es blieb beim ersten Buchstaben, und ich brüllte nur immer »I-ah! I-ah!«, so sehr ich auch meine Hängelippen ründete. Doch wozu das ganze Gejammer über Fortunas Ungunst, wenn diese sich nicht einmal schämte, mich meinem Diener und Reittier, dem Pferd, zum Schirrgenossen und Schindgenossen zu geben!

Während ich mich von derartigen Gedankengängen treiben ließ, tauchte vor mir jene größere Sorge auf, daß ich nach dem Plan der Räuber als Schlachtopfer für die Jungfrau bestimmt war, und jedesmal, wenn ich meinen Bauch betrachtete, war mir zumute, als ob ich bereits mit der Ärmsten schwanger ginge.

Der Geselle jedoch, der mich soeben in seinem Bericht verleumdet hatte, zog tausend Goldstücke heraus, die in seinem Gewand eingenäht waren, und behauptete, diese verschiedenen Reisenden abgenommen zu haben, um sie dann als braver Kerl der Gemeinschaftskasse zu übereignen, und erkundigte sich schließlich auch noch angelegentlich nach dem Befinden seiner Kameraden. Als er erfuhr, daß einige, und natürlich gerade die Tapfersten, bei ebenso verschiedenen wie unverdrossenen Abenteuern ihr Leben eingebüßt hatten, schlug er vor, die Straßen für einige Zeit in Ruhe zu lassen und von Überfällen aller Art abzusehen, um vorerst lieber energisch Ersatz anzuwerben und durch den Zuwachs an jungen Leuten die Kampfgruppe wieder auf ihre frühere Gefechtsstärke zu bringen. Widerwillige könne man zwangsweise einziehen, Freiwillige durch Prämien gewinnen, und gar nicht wenige würden nur zu gerne auf ihr kümmerliches Sklavendasein verzichten und es vorziehen, sich auf ein freiheitliches Herrenleben umzustellen. Er selbst habe sich bereits an einen Kerl herangemacht, schlank gewachsen, jung an Jahren, groß und kräftig und ein handfester Draufgänger, dem er zugeredet und den er auch dafür gewonnen habe, seine von lauter Nichtstun eingeschlafenen Arme endlich besser zu verwenden, seine vortreffliche Gesundheit beizeiten zu nutzen und seine kräftige Hand nicht nach Almosen auszustrecken, sondern sie lieber Gold in Hülle und Fülle einscheffeln zu lassen.

Derartige Worte fanden allgemeinen Beifall, und man beschloß, jenen brauchbar erscheinenden Burschen aufzunehmen und noch andere ausfindig zu machen, um die Kampfkraft zu erhöhen. Der Werber verschwand und kehrte nach kurzer Zeit wieder zurück, um einen großgewachsenen jungen Kerl, so wie er ihn geschildert hatte, vorzustellen, dem sich wohl keiner der Anwesenden vergleichen konnte. Abgesehen von seiner Körperkraft überragte er alle um Haupteslänge, während sich auf seinen Wangen gerade der erste Flaum zeigte, doch steckte er in zerfetzten und übel zusammengeflickten Lumpen, zwischen denen seine Brust und sein muskulöser Bauch sichtbar wurden.

Als er eintrat, rief er: »Zum Gruß, ihr Heldenfreunde des Mars und von nun an meine treuen Kameraden! Nehmt einen Mann von Mut und Tatkraft ehrlich gegen ehrlich auf, der lieber Wunden in Kauf nimmt als Gold erbettelt und der auch den Tod, den andere scheuen, nicht fürchtet! Haltet mich nicht für einen Habenichts und Taugenichts, weil ich in diesem erbärmlichen Aufzug vor euch stehe. Ich war der Führer einer tapferen Mannschaft und habe mehr oder weniger ganz Makedonien in Schutt und Asche gelegt. Ich bin der berühmte Räuber Haemus aus Thrakien, vor dessen Namen ganze Provinzen erzittern; mein Vater Theron war ebenfalls ein großer Räuber, und ich bin sozusagen mit Menschenblut aufgezogen in der Bande groß geworden und somit der Erbe und Nachfolger meines tapferen Vaters.

Aber die ganze Schar der tapferen Gefährten von früher und meine großen Schätze habe ich innerhalb kurzer Zeit eingebüßt. Ich hatte den kaiserlichen Statthalter, der in Ungnade gefallen war, mit seinem Einkommen von Zweihunderttausend auf seiner Reise unter so unglücklichen Voraussetzungen angegriffen – doch laßt mich alles der Reihe nach erklären und berichten!

Da gab es einen Mann, der durch viele Hofämter zu Ruhm und Ansehen gelangt war und auch beim Kaiser in hoher Gunst stand. Er wurde von einigen Intriganten verleumdet und dank ihrer hämischen Mißgunst in die Verbannung geschickt. Doch sein Weib Plotina, eine Frau von seltener Treue und einzigartiger Tugend, die ihrem Mann mit zehn Geburten eine Familie geschenkt hatte, wollte auf einmal von den Vorzügen des städtischen Luxus nichts mehr wissen und als seine Begleiterin in der Verbannung und als seine Gefährtin auch im Unglück mit geschorenem Haar, in Männerkleidung, den kostbaren Schmuck und Goldmünzen im Gürtel versteckt, mitten unter den Schwertern der Bewachungsmannschaft furchtlos alle Gefahren mit ihm teilen, wobei sie die unermüdliche Sorge für das Wohl ihres Mannes auf sich nahm und die endlosen Strapazen mit mannhaftem Sinn ertrug. Schon waren die größten Gefahren der Reise und die Schrecken der Seefahrt überstanden, und man hoffte Zakynthos bald zu erreichen, das ihm das Urteil als vorläufigen Aufenthalt bestimmt hatte. Da wollte man zuvor noch in Aktium an Land gehen, wo wir uns damals, aus Makedonien kommend, herumtrieben; bei vorgerückter Nachtstunde waren sie in der Nähe der Küste und des Schiffes eingekehrt, um dem Geschaukel der Wellen zu entgehen; wir überfielen sie und plünderten sie restlos aus. Doch beim Rückzug gerieten wir in große Gefahr. Denn als die Dame das erste Geräusch an der Haustür wahrnahm, stürzte sie in den Schlafraum und brachte mit ihrem aufgeregten Geschrei alles durcheinander, indem sie nicht nur die Soldaten und namentlich jeden einzelnen Diener, sondern auch noch die ganze Nachbarschaft zu Hilfe rief, so daß wir es nur der allgemeinen Panik – jeder sorgte sich um die eigene Haut – zu verdanken hatten, daß wir ungeschoren davonkamen. Aber diese bewundernswerte und einzigartig zuverlässige

Frau – das muß ihr die Wahrheit zugestehen –, die um ihrer Vorzüge willen bei allen beliebt war, reichte eine Bittschrift bei Seiner Majestät dem Kaiser ein und setzte es durch, daß ihr Mann sofort wieder zurückkehren durfte und daß der Überfall strenge Sühne fand. Jedenfalls wollte der Kaiser die Bande des Haemus vernichtet wissen, die dann tatsächlich auch bald zugrunde ging. Soviel vermag der bloße Wink des großen Herrschers. Während meine Leute schließlich und endlich von den nachsetzenden Soldaten umzingelt, zusammengeschlagen und niedergemacht wurden, gelang es mir mit Mühe und Not, dem Rachen des Orkus zu entkommen und mich in Sicherheit zu bringen.

Ich trug ein geblümtes Frauenkleid mit reichlich weitem Oberteil, bedeckte den Kopf mit einer Stoffhaube und zog mir feine weiße Frauenschuhe an, um, auf diese Weise bis zur Unkenntlichkeit in das schwache Geschlecht geschlüpft, einen Esel mit Gerstenähren zu beladen, aufzusitzen und mitten durch die Reihen der feindlichen Soldaten auf und davon zu traben. Da man mich für eine Eseltreiberin hielt, ließen sie mich unbehelligt ziehen, wobei übrigens meine Wangen damals noch bartlose, glatte Knabenwangen waren.

Doch blieb ich dem ruhmreichen Vorbild meines Vaters und meiner eigenen Tapferkeit auch weiterhin treu, obwohl mir mitten unter den Schwertern des Mars etwas bange war, und habe, geschützt durch den Trug der fremden Tracht, ganz allein so manches Landhaus und so manchen Hof aufgesucht, um mir mein Reisegeld zusammenzukratzen.« Und nun riß er seine Lumpen auseinander und schüttete zweitausend Goldstücke hin, während er fortfuhr: »Da, diesen kleinen Beitrag, beziehungsweise diese Mitgift, stelle ich gern eurer Schar zur Verfügung und dazu mich selbst als euren treuen Hauptmann, wenn ihr nichts dagegen habt, aber ich verspreche euch, daß ich euren steinernen Unterschlupf hier in Kürze zu einem goldenen Palast machen werde!«

Da gab es kein Zögern und kein Bedenken, sondern mit allen Stimmen übertrugen ihm die Räuber einmütig die Führerschaft und brachten ihm ein schönes Gewand, das sollte er anziehen und seine Goldsack-Lumpen fortwerfen. In seinem neuen Aufzug küßte er jeden einzelnen, setzte sich auf den obersten Platz, um sich mit einem Essen und großen Bechern feierlich aufnehmen zu lassen.

Während die Reden hin und her gingen, erfuhr er auch von der Flucht der Jungfrau, wie sie auf mir geritten und welcher schreckliche Tod uns beiden zugedacht sei, und erkundigte sich nach ihrem Gewahrsam, bis man ihn hinführte; und als er sie in ihren schweren Fesseln sah, rümpfte er unwillig die Nase, ging weg und sagte: »Ich bin nicht so einfältig und auch nicht so dreist, daß ich mich eurem Beschluß widersetze, aber ich hätte ein schlechtes Gewissen, wenn ich für mich behalten würde, was mir richtig scheint. Doch schenkt mir vor allem Vertrauen, denn schließlich seid ihr es, um die ich mir Sorgen mache; und wenn euch mein Vorschlag nicht zusagt, so steht euch ja durchaus frei, wieder auf den Esel zurückzukommen! Meiner Ansicht nach sollten Räuber, die etwas von ihrem Handwerk verstehen, nichts über ihren Vorteil stellen, auch nicht die Rache, die ohnehin oft Schaden bringt. Wenn ihr die Jungfrau in dem Esel umkommen laßt, dann habt ihr ohne jeden Gewinn höchstens eurem Unwillen Luft gemacht. Ich stehe vielmehr auf dem Standpunkt, daß man sie in eine Stadt bringen und verkaufen sollte. Für ein so junges Ding kann man einen hohen Preis erzielen. Übrigens kenne ich auch selber von früher her ein paar Hurenwirte, unter denen sich meiner Ansicht nach ganz gewiß der eine oder andere finden wird, der das Mädchen ihrem Aussehen entsprechend für einen runden Betrag übernimmt; besser, sie läuft vor dem Freudenhaus auf und ab statt wie jetzt davonzulaufen, und dient euch dabei auch als Bordellmagd ihre Schuld ab. Das wäre mein Vorschlag nach bestem Wissen und Gewissen; doch ihr seid die Herren eurer Beschlüsse und eures Eigentums!«

So hatte er als Anwalt der Räuberkasse unsere Sache verfochten, für Mädchen und Esel ein rettender Engel! Nach langem Hin und Her, wobei der Umstand, daß sie zu keinem Entschluß kommen konnten, mein Gedärm oder vielmehr meine arme Seele auf die Folter spannte, einigten sie sich schließlich auf den Vorschlag des Räubernovizen und nahmen dem Mädchen die Fesseln ab.

Dieses aber, kaum daß sie den jungen Kerl sah, von Bordell und Kuppelwirt reden hörte, wußte sich vor Freude kaum zu fassen, so daß mir wohl mit Recht ihr ganzes Geschlecht verdächtig erschien; ich sah, daß ein Mädchen, das behauptet hatte, einen jungen Verehrer zu lieben und sich nach einer züchtigen Ehe zu sehnen, bei der Erwähnung eines liederlichen und gemeinen Freudenhauses in Verzückung geriet. Da hing nun der Ruf des ganzen weiblichen Geschlechts samt seiner Denkweise vom Urteil eines Esels ab!

Der junge Kerl ergriff wieder das Wort: »Jetzt wollen wir unsern Schirmherrn Mars feiern, dann das Mädchen verkaufen und neue Kameraden anwerben! Doch wie ich sehe, haben wir nicht einmal ein Tier zum Opfern, und der Wein ist auch alle, zumindest wird er für unseren Durst nicht reichen! Gebt mir zehn Jungens mit, das genügt, ich will dem nächsten Gehöft einen kleinen Besuch abstatten und ein Festmahl besorgen!«

Somit machte er sich auf den Weg, während die übrigen ein großes Feuer anzündeten und dem Gott Mars aus grünen Rasenstücken einen Altar errichteten.

Es dauerte nicht lange, bis die anderen mit Weinschläuchen und ganze Herden von Vieh vor sich hertreibend zurückkehrten. Man wählte einen großen bejahrten Bock mit struppigem Fell aus und brachte ihn Mars, dem Schirmherrn und Geleiter, als Opfer dar. Dann schloß sich ein reiches Mahl an. Der Fremde aber sagte: »Ihr sollt mich nicht nur als euren wackeren Hauptmann auf Raubzügen und beim Beutemachen, sondern auch in der Fürsorge um euer leibliches Wohl kennenlernen!« Und nun kümmerte er sich mit größtem Geschick rührig um alle Einzelheiten. Er macht sauber, deckt, kocht, bereitet das Essen zu, trägt es gewandt auf und achtet ganz besonders darauf, daß alle den großen Bechern fleißig zusprechen. Und unter dem Vorwand, etwas zu holen, was benötigt wurde, besuchte er immer wieder das

Mädchen, brachte ihr Kostproben, die er heimlich beiseite geräumt hatte, und bot ihr auch einen Schluck zu trinken an, den er vorgekostet hatte. Sie ließ sich das gern gefallen, und wenn er sie dann und wann küssen wollte, bot sie ihm willig den Mund. Das ging mir völlig gegen den Strich. »He, hast du deine Hochzeit vergessen und deinen geliebten Liebling, mein Unschuldsengel, daß du einem jungen Mann, wer er auch sei, den deine Eltern dir verbunden haben, diesen hergelaufenen Strolch und Draufgänger vorziehst? Und hast du keine Gewissensbisse, wenn du deine Liebe mit Füßen trittst und Gefallen daran findest, hier zwischen Schwertern und Spießen herumzuhuren? Wenn die anderen Räuber etwas merken, was dann? Würden sie dann nicht vielleicht doch wieder auf den Esel zurückkommen – zu meinem Verderben? Du riskierst da eine fremde Haut!«

Während ich derlei Anzüglichkeiten mit größter Entrüstung in meinem Herzen erörterte, entnahm ich aus einigen ihrer Worte, die zwar doppelsinnig, aber für einen klugen Esel nicht mißverständlich waren, daß er gar nicht jener berüchtigte Räuber Haemus war, sondern Tlepolemus, der Verlobte des Mädchens höchstselbst. Denn im Verlauf des Gesprächs sagte er schon etwas lauter und ohne sich um meine Anwesenheit zu kümmern, als wäre ich wirklich schon tot: »Fasse Mut, meine süße Charite! Ich will dir alle deine Feinde als deine Gefangenen zu Füßen legen!« und hörte nicht auf, den schon angeschlagenen und rauschblöden Kerlen ungemischten, aber etwas angewärmten Wein aufzunötigen, indessen er selbst nüchtern blieb. Und weiß Gott! mir kam der Verdacht, daß er irgendein Schlafmittel in die Becher schüttete. Schließlich lagen alle, aber wirklich die ganze Gesellschaft, restlos betrunken da, als wären sie tot. Nun fesselte er sie ohne Mühe mit festen Stricken und schnürte sie zusammen, wie es ihm einfiel, dann setzte er das Mädchen auf meinen Rücken und lenkte seinen Schritt der Heimat zu.

Als wir eintrafen, strömte die ganze Stadt zusammen, um den ersehnten Anblick zu genießen. Eltern, Verwandte,

Freunde, Kinder und Gesinde eilten mit heiterem Gesicht voller Freude herbei. Es war wie ein Festzug, an dem jegliches Geschlecht und jegliches Alter teilnahm, und ein weiß Gott! nie gesehenes, merkwürdiges Schauspiel: eine Jungfrau im Triumphzug auf einem Esel reitend! und deshalb wieherte auch ich, um in diesem großen Augenblick nicht gleichgültig zu erscheinen, voller Begeisterung mit gereckten Ohren und geblähten Nüstern aus Leibeskräften laut heraus, das heißt, ich brüllte mit Donnergetöse.

Die Eltern führten das Mädchen ins Haus und umsorgten es zärtlich. Mich trieb Tlepolemus mit einer großen Anzahl von Tragtieren und Bürgern rasch zurück, und keineswegs gegen meinen Willen. In meiner ewigen Neugier wünschte ich ja Augenzeuge der Gefangennahme der Räuber zu sein.

Wir fanden sie noch immer eher vom Wein als von den Stricken gefesselt. Nachdem ihre ganze Beute herausgebracht und auf einen Haufen geworfen war, belud man uns mit Gold und Silber und was sonst noch da war, wälzte die Burschen zum Teil noch gebunden, so wie sie waren, heraus, um sie entweder kopfüber in die nächste Schlucht zu stürzen oder mit ihren eigenen Schwertern zu köpfen, und ließ sie liegen.

Froh und zufrieden mit diesem kurzen Prozeß kehrten wir in die Stadt zurück. Die reiche Beute wurde der Stadtverwaltung übergeben, Tlepolemus aber durfte seine wiedergewonnene Braut in aller gesetzlichen Form heimführen.

Und nun sorgte auch die junge Frau verschwenderisch für mich, den sie als ihren Retter bezeichnete, und ließ mir am Hochzeitstag die Futterkrippe ganz mit Gerste füllen und Heu aufschütten, das für ein baktrisches Kamel gereicht hätte. Aber welche Verwünschungen wären schlimm genug gewesen, um sie Photis an den Hals zu fluchen, daß sie mich nicht in einen Hund, sondern in einen Esel verwandelt hatte! Ich mußte mit ansehen, wie die Hunde sich von den Resten des üppigen Mahles und dem, was sie sich schnappten, fett und voll fraßen.

Nach der Brautnacht und den ersten Kostproben der Liebesfreuden ließ die junge Frau nicht ab, ihre Eltern und ihren Gatten an den mir geschuldeten Dank zu erinnern, bis diese versprachen, mir die höchsten Ehren zu erweisen. Zu guter Letzt wurden die engeren Freunde zu einer Beratung zusammengerufen, wie man mich am besten geziemend belohnen könne. Einer schlug vor, mich im Haus zu behalten und in aller Muße mit Qualitätsgerste, Bohnen und Wicken zu mästen. Aber ein anderer redete meiner Freiheit das Wort und riet, mich lieber auf den Pferdekoppeln frei herumlaufen zu lassen, wo ich meinen Übermut auslassen könne und meinen Besitzern als fleißiger Stutenbeschäler viele Maultierfüllen einbringen würde.

So ließ man also den Gestütmeister kommen, dem ich mit einer langen Ansprache zum Abtransport übergeben wurde. Froh und heiter lief ich voraus, denn nun würde ich der Packlasten und sonstigen Beschwerlichkeiten enthoben sein und dank der erlangten Freiheit bei Frühlingsbeginn, sobald die Wiesen grünten, sicher auch irgendwelche Rosen finden. Und dabei kam mir auch noch der folgende Gedanke: Wenn man mir als Esel solche Gunst bezeigt und so große Ehren zuteil werden läßt, so würde ich, wenn ich erst meine menschliche Gestalt wiedergewonnen hätte, noch viel größere Aufmerksamkeiten erwarten dürfen!

Doch als mich jener Oberhirte weit von der Stadt weggeführt hatte, erwarteten mich keine Wonnen und auch keinerlei Freiheit. Denn seine Frau, ein geiziges und durchaus nichtsnutziges Weib, spannte mich ohne weiteres in das Joch einer Drehmühle und verschaffte sich und den Ihren, mich mit einem knorrigen Stock weidlich prügelnd, das tägliche Brot auf Kosten meiner Haut. Und nicht zufrieden damit, mich für ihren eigenen Tisch zu plagen, ließ sie mich auch für die Nachbarschaft mahlen, um mit meinen Runden Geld zu verdienen. Dabei ließ sie mir armem Tropf nicht einmal die vorgeschriebene Ration für die große Plackerei zukommen, sondern verkaufte meine Gerste, die ich durch meinen Rundlauf unter dem gleichen Mühlstein selber zerkleinert, an die nächsten Bauern, während sie mir, wenn ich den ganzen Tag in die Fronmühle eingespannt war, am Abend gerade noch schmutzige und ungesiebte Kleie vorwarf, die vor lauter Steinen nur so knirschte.

Nachdem ich durch solchen Kummer schon ganz kleinlaut geworden war, lieferte mich die grausame Fortuna neuen Qualen aus, sollte ich doch durch meine tapferen Taten daheim und draußen, wie die Redensart lautet, großen Ruhm erringen. Der brave Hirte nämlich erinnerte sich spät genug an den Auftrag seiner Herrschaft und ließ mich endlich doch einmal zusammen mit den Pferden auf die Weide hinaus. Endlich war ich ein freier Esel! Fröhlich und tänzelnd und mit munteren Schritten einherstolzierend suchte ich mir schon die geeignetsten Stuten als zukünftige Gattinnen aus. Doch auch diese schöne Hoffnung wandelte sich in eine Gefahr für Leib und Leben. Die Hengste nämlich, die wegen ihrer bisherigen Tüchtigkeit reichlich gefüttert und bestens gemästet waren, im übrigen flegelhafte Tiere, die an Roheit einem Esel auf jeden Fall überlegen waren, erwarteten sich von mir nichts Gutes und suchten obendrein wohl auch aus rassischem Hochmut schnöden Seitensprüngen vorzubeugen, indem sie das dem Jupiter heilige Gastrecht mißachteten und dem Nebenbuhler mit wilder Gehässigkeit nachstellten. Der eine stieß, mit der mächtigen Brust sich hoch aufbäumend, erhobenen Hauptes und mit gestrecktem Hals mit den Vorderhufen nach mir, während der andere mir sein fleischig feistes Hinterteil zuwandte und mit den Hinterbeinen nach mir zielte, und wieder ein anderer bedrohte mich mit bösartigem Wiehern, legte die Ohren zurück, entblößte die Schneide seiner weißen Zähne und suchte mich zu beißen und zu zerreißen. So etwa hatte ich es in der Geschichte des Thrakerkönigs gelesen, der arme Fremde seinen wilden Rossen zum Zerfleischen und als Futter vorwarf. Dieser mächtige Herrscher war so geizig, daß er den Hunger seiner gefräßigen Gäule lieber mit Menschenfleisch statt mit Gerste stillte.

Nicht anders also wurde ich von den immer wieder anstürmenden Hengsten zerbissen, daß ich mich fast schon wieder in meine Kreismühle zurücksehnte.

Fortuna aber war durch meine Qualen nicht zu sättigen und hatte sich auch schon ein neues Martyrium für mich ausgedacht. Ich wurde dazu abkommandiert, Holz vom Berge herunterzutragen, und der zu meinem Aufseher bestellte Bursche war der übelste, den man sich denken kann. Nicht nur, daß mich die steilen Abhänge des hohen Berges erschöpften, und nicht nur, daß ich mir an den spitzen Steinen auf dem Weg die Hufe aufscheuerte, auch die dauernde Prügelei mit dem Knüppel setzte mir derart zu, daß mir der Schmerz durch Mark und Bein ging. Da er mich immer nur auf die rechte Seite schlug und dabei immer nur auf die gleiche Stelle zielte, war die Haut bald aufgeplatzt, und an der offenen Stelle hatte sich ein breites Geschwür gebildet, das heißt eher ein Loch oder eine Art Fenster, aber trotzdem hörte er keineswegs auf, immer wieder auf die blutige Wunde loszuprügeln. Außerdem bepackte er mich mit einem solchen Haufen Holz, daß man hätte meinen können, er halte mich für einen Elefanten, aber niemals für einen Esel. Wenn dann die Last verrutschte und das Gewicht sich auf eine Seite verlagerte, so daß er mir wegen des mangelnden Gleichgewichts einige Knüppel hätte abnehmen und etwas Erleichterung verschaffen oder zumindest durch Umpacken einen Ausgleich der Last hätte vornehmen sollen, suchte er im Gegenteil dem ungleichen Gewicht dadurch abzuhelfen, daß er mir obendrein noch Steine auflud.

Und noch nicht zufrieden mit meiner übergroßen Bürde, sprang er, als wir einen längs des Weges dahinfließenden Bach durchschreiten mußten, auch noch selbst auf meinen Rücken, um seine Schuhe nicht naß zu machen, und thronte dort als allerdings verhältnismäßig kleine Zusatzfracht. Und wenn ich gelegentlich einmal in dem Lehmschlamm der Uferböschung ausglitt und stürzte, weil ich die Last nicht halten konnte, und mir ein verständiger Treiber hilfreich hätte die Hand reichen müssen, mich am Halfter hätte aufrichten, am Schwanz hochziehen oder zumindest einen Teil der zu großen Last hätte abladen müssen, bis ich wieder auf die Beine gekommen wäre, leistete er mir trotz meiner Erschöpfung keine Hilfe, sondern begann mich vom Kopf an, ja, ausgerechnet an den Ohren, mit einem riesigen Knüppel so zusammenzuschlagen, daß mich statt der Erleichterung die Prügel wieder auf die Beine brachten.

Dieser Lümmel hatte sich noch einen ganz besonders üblen Streich ausgedacht: Nadelspitze Dornen, deren giftige Stiche besonders wirkungsvoll waren, hatte er mit einem Strick zu einem Bündel zusammengeschnürt und mir als baumelndes Marterinstrument an meinen Schwanz gebunden, so daß sie beim Laufen unablässig in Bewegung und in Schwung gerieten und mich mit ihren tödlichen Stacheln entsetzlich peinigten.

So hatte ich die Wahl zwischen zwei Übeln. Wenn ich aus Angst vor den schrecklichen Schlägen davonrannte, quälten mich die Dornen um so schmerzhafter; wollte ich aber, um dem Schmerz zu entgehen, einen Augenblick stehenbleiben, so trieben mich die Prügel wieder fort. Und der niederträchtige Kerl schien nichts anderes im Kopf zu haben, als mich so oder so zugrunde zu richten, was er mir auch immer wieder unter Flüchen androhte.

Und tatsächlich bot sich eine Gelegenheit, die seine grenzenlose Bosheit zu noch schlimmeren Untaten reizte. Eines Tages war bei seiner gar zu großen Unverschämtheit meine Geduld erschöpft, und ich hatte kräftig nach ihm ausgeschlagen. Daraufhin hatte er sich folgende Schandtat ausgedacht: Er belud mich mit einem großen Packen Werg, den er mit Stricken recht festzurrte, und führte mich dann auf die Straße, stahl aus dem nächsten Bauernhaus ein Stück glühender Kohle und legte sie mitten in meine Last. Es dauerte nicht lange, bis sich die schwelende Glut zum lichterlohen Feuer entwickelt hatte und die tödliche Hitze mich völlig einhüllte; ich sah keine Möglichkeit einer Rettung in dieser ausweglosen Situation und wußte weder Rat noch Hilfe. Dabei erfordert eine solche Feuersbrunst rasches Handeln und macht jede gründliche Überlegung von vornherein unmöglich.

Doch in dieser verzweifelten Lage leuchtete mir ein Lichtblick der Fortuna, möglicherweise um mich zukünftigen Gefahren aufzusparen, der mich aber gegenwärtig auf alle Fälle vor dem sicheren Tod bewahrte. Denn zufällig entdeckte ich eine vom gestrigen Regen stehengebliebene Pfütze mit Schmutzwasser, in die ich mit einem plötzlichen Satz stürzte, um das Feuer restlos zu ersticken und erst wieder herauszusteigen, nachdem ich meine Last los und dem Verderben entronnen war. Aber dieser unverschämte freche Lümmel verdrehte nun die Sache und gab mir die Schuld an seiner ruchlosen Tat, indem er allen Leuten erzählte, ich sei auf meinen wackligen Beinen gestolpert, gerade als wir an den Feuerstellen der Nachbarn vorüberkamen, und hätte auf einmal in Flammen gestanden. Dabei fügte er voller Hohn noch hinzu: »Wie lange sollen wir diesen feurigen Schinder noch für nichts und wieder nichts füttern!«

Es waren kaum einige Tage vergangen, als ihm noch niederträchtigere Gemeinheiten einfielen. Als er das Holz, das ich trug, in der nächsten Hütte verkauft hatte und mich leer nach Hause brachte, beschwerte er sich mit lautem Geschrei, daß er meiner Störrigkeit nicht mehr gewachsen sei und sein Amt als Eseltreiber satt habe, und jammerte und brüllte:

»Da seht diesen faulen Langweiler von Oberesel! Ganz abgesehen von seinen übrigen Streichen macht er mir durch neue und peinliche Geschichten Sorgen. Wenn er irgendeinen Wanderer sieht, eine hübsche Frau, ein erwachsenes Mädchen oder einen jungen Burschen, wirft er seine ganze Last ab, einschließlich der Decken sogar, stürmt wie rasend los und stürzt sich wie ein Verliebter auf die Leute; er wirft sie um, giert und sucht sein sonderbares unglaubliches Verlangen und säuisches Gelüst zu befriedigen und macht einen viehisch wüsten Freier, daß es Venus nur so graust. Er gibt sich dabei sogar den Anschein, als wollte er sie küssen, und stupst und zwackt sie mit seinem frechen Maul.

Wir werden noch großen Ärger und Beschwerden bekommen und vielleicht gar mit Klagen zu rechnen haben. Gerade heute hat er wieder, als er ein hübsches junges Ding sah, sein Holz, das er ins Tal tragen sollte, einfach abgeworfen und durcheinandergebracht und ist wie ein Verrückter hinter ihr hergetrabt; der feine Kavalier hat sie auf der Straße in den Dreck geworfen und vor aller Augen tatsächlich Miene gemacht, sie zu besteigen. Hätte sie nicht gebrüllt und geschrien, bis einige Leute angerannt kamen und sie noch unter seinen Hufen wegzogen und befreiten, er hätte die Ärmste zertrampelt und zerrissen, und sie hätte Martern erdulden müssen, die uns eine gehörige Strafe eingebracht hätten!«

Auf derartige Lügen folgten noch andere Hetzreden, die mein betretenes Schweigen um so drückender machten und die Gemüter der Hirten erbarmungslos zu meinem Verderben aufstachelten. Schließlich meinte einer von ihnen: »Warum schlachten wir denn diesen Allerweltsfreier oder vielmehr diesen Erzhurer nicht als Opfertier, wie es seine monströsen Neigungen verdienen!« Und dann fügte er noch hinzu: »Hör her, Kerl, schneide ihm gleich den Kopf ab, die Eingeweide kannst du den Hunden geben, das andere Fleisch hebe für das Essen der Arbeiter auf! Das Fell wollen wir mit Asche bestreuen, um es zu gerben, und der Herrschaft bringen; dann sagen wir ganz einfach, daß ihn der Wolf gerissen hat.« Und ohne zu zögern ging mein Schurke von Ankläger, jetzt auch noch der Vollstrecker des Urteils der Hirten, voll Schadenfreude über mein Unglück und in Erinnerung an jenen Huftritt, bei dem ich wahrlich einzig und allein bedauerte, daß er nicht wirksamer war, um das Messer auf dem Wetzstein zu schleifen und vorzubereiten.

Da meinte einer von den herumstehenden Bauern: »Es ist doch schade, einen so schönen Esel so mir nichts, dir nichts umzubringen und, nur weil ihm seine Geilheit und sein wüstes Betragen vorzuwerfen sind, auf seine Arbeitskraft und seine Dienste zu verzichten, auf die man schließlich angewiesen ist; er wird sich bestimmt zu keinen weiteren Liebesabenteuern versteigen, wenn wir ihn ganz einfach kastrieren, so daß wir uns keine Sorgen wegen irgendwelcher Unannehmlichkeiten mehr zu machen brauchen und er außerdem noch dicker und fetter wird. Ich weiß, daß nicht nur so mancher faule Esel, sondern auch die stürmischsten Hengste, die vor lauter Brunst rasend waren, nach dem Verschneiden ganz zahm und willig wurden, ihre Lasten trugen und bei allen sonstigen Diensten Geduld bewiesen. Wenn ihr es mir nicht übelnehmt, daß ich mich einmische, so will ich in Kürze, wenn ich wieder auf den Markt komme, das für die Operation erforderliche Werkzeug von daheim mitbringen und zu euch kommen, um dem störrischen und unliebsamen Wüstling die Schenkel auseinanderzubringen und ihn zu kastrieren und sanfter zu machen als jeden Hammel.«

Dieser Vorschlag entriß mich wohl gerade noch den Klauen des Orkus, sparte mich aber einer Strafe auf, die durch nichts mehr zu überbieten war, und ich weinte und jammerte, daß mit diesem meinem exstremsten Körperteil zugleich auch mein ganzes Selbst vernichtet wäre. Ich überlegte sogar, ob ich nicht durch einen Hungerstreik oder durch einen Sturz in die Tiefe selbst den Tod suchen sollte, um wenigstens mit heilen Gliedern zu sterben, wenn ich denn sterben sollte. Und während ich mir über die sich bietenden Todesarten noch nicht schlüssig war, führte mich am frühen Morgen mein Freund, der Quälgeist, wie gewöhnlich auf den Berg. Er band mich an den herabhängenden Ast einer mächtigen Eiche und ging ein Stück abseits vom Wege mit seiner Axt Holz schlagen, um es ins Tal zu bringen. Da kam auf einmal aus seiner in der Nähe gelegenen Höhle mit hocherhobenem Haupt ein riesiger Bär! Kaum hatte ich ihn erblickt, als ich mich voller Angst und Schrecken über die unerwartete Erscheinung in meiner vollen Größe auf die Hinterhufe stellte, den Hals in die Höhe schnellte und den Riemen, mit dem ich angebunden war, zerriß und floh, so schnell ich konnte, indem ich nicht nur mit den Beinen, sondern mit dem ganzen vorgestreckten Leib den Abhang hinunterrenne bis mitten in die freien Felder, um unter Aufbietung aller Kräfte sowohl dem Ungeheuer von einem Bären zu entkommen als auch dem Kerl, der noch schlimmer war als der Bär!

Da sah mich ein Wanderer so einsam und allein einhertraben, fing mich, saß rasch auf und schlug mit seinem Stock auf mich ein, um mich auf einen stillen Seitenweg zu führen. Ich war froh, daß ich laufen durfte, um desto gewisser den grausamen Metzgern meiner Mannheit zu entgehen. Im übrigen machten mir die Prügel um so weniger aus, als ich daran gewöhnt war, nach Strich und Faden mit dem Knüppel durchgebleut zu werden.

Doch Fortuna, die mein Geschick nicht aus den Augen ließ, vereitelte mit leidiger Eile die günstige Gelegenheit zu verschwinden und stellte mir eine neue Falle. Meine Hirten suchten nämlich nach einer dummen Kuh, die sich verlaufen hatte, und streiften kreuz und quer durch das Gelände, bis sie uns zufällig in den Weg liefen; sie erkannten mich sofort, packten mich am Halfter und wollten mich mitnehmen. Aber mein Reiter leistete mannhaften und entschlossenen Widerstand, indem er Gott und die Menschheit als Zeugen anrief: »Was zerrt ihr mich denn fort? Wieso überfallt ihr mich?« – »Ach, was du nicht sagst? Unfreundlich sind wir? Du hast unseren Esel gestohlen und willst mit ihm verschwinden! Sag uns lieber, wo du den Jungen gelassen hast, der ihn führte! Hast du ihn vielleicht umgebracht?« Er wurde zu Boden gerissen, mit Fäusten geschlagen und mit Füßen getreten, während er Stein und Bein schwor, keinen Treiber gesehen zu haben, sondern daß ich allein und herrenlos umherirrte; er habe mich eingefangen, um mich meinem Herrn zurückzugeben und sich den Finderlohn zu verdienen. »Wenn dieser Esel, den ich am liebsten niemals gesehen hätte«, rief er, »reden könnte, so würde er euch meine Unschuld bezeugen! Es würde euch leidtun, daß ihr mir solches Unrecht zufügt!« Doch seine Beteuerungen nützten ihm nichts. Mit einem Strick um den Hals führten ihn die Rüpel von Hirten in den Wald an jenen Hang, wo der Junge Holz zu holen pflegte.

Doch dieser war nirgends in der ganzen Gegend zu sehen, dann aber fand man seinen ganz in Stücke gerissenen und ringsum verstreuten Leichnam. Mir war völlig klar, daß dies das Werk des Bären und seiner Zähne war, und ich hätte weiß Gott gerne auch gesagt, was ich wußte, wenn ich nur hätte reden können! Aber wenigstens konnte ich mir selber, wenn auch schweigend, zu der späten Vergeltung gratulieren! Den Leichnam, den sie Stück um Stück zusammengesucht hatten, übergaben sie an Ort und Stelle der Erde, meinen Bellerophon aber, in dem sie mit voller Überzeugung einen Dieb und blutigen Mörder sahen, führten sie vorerst gefesselt zu ihren Hütten, um ihn am anderen Tag – so hieß es – vor Gericht zu stellen und bestrafen zu lassen.

Während inzwischen die Eltern mit Zetern und Jammern um den Jungen heulten, kam tatsächlich auch jener Bauer, der sein Versprechen keineswegs vergessen hatte, um mich zu kastrieren. »Dazu haben wir im Augenblick keine Zeit«, sagte einer, »du kannst morgen wiederkommen und ihm von uns aus nicht nur den Sack, sondern auch den Kopf abschneiden. Wir wollen dir dabei gerne helfen.«

So kam es, daß mein Verhängnis bis morgen vertagt wurde. Ich sagte dem braven Burschen heißen Dank, daß er mir wenigstens durch seinen Tod noch einen kleinen Tag Aufschub für meine Hinrichtung geschenkt hatte.

Doch nicht einmal in dieser kurzen Zeitspanne war mir Ruhe und Frieden gegönnt. Die Mutter des Kerls, die den schrecklichen Tod ihres Sohnes beweinte, kam in Trauerkleidern, ihr mit Asche bestreutes Haar mit beiden Händen raufend, heulend und schreiend zu mir in den Stall gerannt und kreischte, indem sie ihre Brüste schlug und zerkratzte, schon von weitem:

»Und jetzt stürzt er sich in aller Seelenruhe auch noch auf seine Futterkrippe und frönt seiner Gefräßigkeit und stopft sich unentwegt kauend seinen unersättlichen Bauch voll bis zum Platzen und hat kein Mitleid mit meinem Elend und denkt auch nicht an das schreckliche Unglück seines Herrn, der jetzt tot ist! Er meint, daß ich alt und schwach bin, und hofft mit seinem Verbrechen davonzukommen! Oder glaubt er vielleicht gar noch, daß er nichts dafür kann? Das ist ja gerade die Unverschämtheit, daß die Verbrecher damit rechnen, samt ihrem schlechten Gewissen ungeschoren zu bleiben. Aber bei den Göttern, du vierbeiniger Schurke, auch wenn du reden könntest, würdest du niemandem, und wäre er noch so dämlich, weismachen können, daß ein solches Unglück passiert, ohne daß du etwas dafürkannst, daß du dem armen Jungen mit deinen Hufen und mit deinem Gebiß nicht hättest beistehen können! Nach ihm ausschlagen, das konntest du zu jeder Zeit, aber ihm in Todesgefahr beizustehen, dazu warst du viel zu faul! Hättest du ihn nicht zumindest auf den Rücken nehmen und rasch fliehen, ihn den blutigen Händen des mörderischen Wegelagerers entreißen können; du hättest deinen Freund, deinen Herrn, deinen Kameraden, deinen Hüter niemals im Stich lassen und abwerfen dürfen, um allein davonzurennen! Du weißt, daß man sich strafbar macht, wenn man bei Lebensgefahr die Hilfe verweigert! Das ist reine Bosheit! Aber du sollst nicht mehr lange über mein Unglück triumphieren, du Mordvieh! Du sollst es zu spüren bekommen, daß Schmerz und Verzweiflung mir Kraft verleihen!«

Und mit diesen Worten schob sie ihre Hände unter ihr Busenband, riß es los, schnürte mir die Füße damit zusammen und band sie fest, um mir jede Möglichkeit zum Ausreißen zu nehmen; dann packte sie die Stange, mit der die Stalltür verriegelt wird, und hörte nicht eher auf mich zu prügeln, als bis ihre Kräfte erlahmt und erschöpft waren und der schwere Knüppel ihr aus den Händen glitt und zu Boden fiel. Nun jammerte sie, daß ihre Arme viel zu rasch müde geworden seien, rannte zum Herd, holte ein glühendes Scheit und suchte es mir von hinten bis in die Eingeweide zu stoßen, bis ich in der äußersten Not mich des einzigen mir noch verbliebenen Mittels bediente und ihr einen starken Jauchestrahl in Gesicht und Augen spritzte. Blind und stinkend ließ sie endlich von meiner Vernichtung ab: sonst hätte dieser rasenden Althaea Scheit mich, den Esel, wie Meleager in den Tod befördert!

ACHTES BUCH

Um die Zeit des ersten Hahnenschreis kam ein junger Mann aus der nahen Stadt, einer der Diener der Charite, wie mir schien, jenes Mädchens, das mit mir bei den Räubern dieselben traurigen Abenteuer zu bestehen gehabt hatte. Er berichtete, am Feuer sitzend, den zahlreich versammelten Mitknechten von deren Ende und dem Untergang des ganzen Hauses, unerwartete und schreckliche Begebnisse.

»Ihr Pferdewärter und Schafhirten, auch ihr Rinderhüter, unsre Charite ist nicht mehr! Die Ärmste ist schwer getroffen, und nicht ohne Geleit, zu den Seligen heimgegangen. Doch damit ihr alles erfahrt, will ich euch von Anfang an erzählen, was geschehen ist und was gelehrtere Männer, denen Fortuna den Griffel in der Hand führt, sehr wohl als eine beispielhafte Geschichte zu Papier bringen könnten.

In unserer Nachbarschaft wohnte ein junger Mann aus gutem Hause, angesehen und auch bemittelt, der jedoch in Gasthäusern ein flottes Leben führte und sich am hellichten Tag mit Dirnen und Saufgelagen abgab und der auch wohl mit allerhand üblem Gesindel Umgang pflegte, ja, seine Hände auch schon mit Menschenblut besudelt hatte. Sein Name war Thrasyllus. So sagte man und so war es.

Sobald Charite zur Ehe herangereift war, hatte er sich als einer der an erster Stelle in Frage kommenden Freier mit größtem Eifer um sie beworben, und obwohl er vor allen übrigen Mitbewerbern an Geburt der Vornehmste war und sich der Gunst ihrer Eltern durch ansehnliche Geschenke zu vergewissern suchte, hatte er sich wegen seines schlechten Rufes die Schmach einer Abweisung gefallen lassen müssen. Und indes die Tochter des Hauses dem braven Tlepolemus anverlobt wurde, nährte er seine aus allen Hoffnungen gestürzte Liebe beharrlich weiter, zugleich aber auch seinen Groll über das verweigerte Ehebett, und suchte einen Vorwand für eine blutige Tat. Schließlich bot sich eine geeignete

Gelegenheit zu einem Besuch, und er setzte seinen lange bedachten Frevel ins Werk. An jenem Tag, da das Mädchen durch die List und die Tapferkeit ihres Bräutigams vor den tödlichen Schwertern der Banditen bewahrt blieb, mischte er sich als einer der lautesten unter die Schar der Gratulanten, und da er seiner Freude über die erfolgte Rettung und die zu erwartende Nachkommenschaft der Brautleute lebhaften Ausdruck verlieh, wurde er in Anbetracht seiner vornehmen Abkunft zu den Ehrengästen des Hauses gezählt, wobei er von seinen bösen Absichten nichts merken ließ und die Rolle des treuen Freundes spielte. Schon hatte er sich durch sein unterhaltendes Wesen und die wiederholten Besuche bei den gelegentlichen gemeinsamen Mahlzeiten und Trinkgelagen beliebt und immer beliebter gemacht und sich gleichzeitig, ohne sich dessen bewußt zu werden, nach und nach in einen gefährlichen Abgrund der Leidenschaften gestürzt. Natürlich! Solange die Flamme der Leidenschaft und Liebe noch klein ist, erwärmt ihr leiser Hauch das Herz, doch wenn dauernder Umgang sie entfacht und hell auflodern läßt, verzehrt sie mit wilder Glut das ganze Wesen.

Lange hatte Thrasyllus hin und her überlegt: Es bot sich ihm keine geeignete Gelegenheit für eine Aussprache unter vier Augen, er sah die Möglichkeiten für seine ehebrecherischen Absichten bei der großen Zahl von Bewachern mehr und mehr schwinden und begriff auch, daß ein so festes Band der jungen und wachsenden Neigung nicht zu zerreißen war und daß die junge Frau, selbst wenn sie gewollt hätte, obwohl sie ganz sicher nicht wollte, allein schon durch ihre Unerfahrenheit nicht in der Lage wäre, ihren Mann zu hintergehen. Und dennoch trieb ihn sein verderblicher Wahn dazu, gerade das Unmögliche zu erzwingen, als wäre es möglich! Was heute unerreichbar erscheint, scheint der von Tag zu Tag erstarkenden Liebe schließlich doch einmal möglich. Hört also und paßt auf, bis wohin sich die Stürme rasender Leidenschaft versteigen!

Eines Tages ging Tlepolemus auf die Jagd und nahm Thrasyllus mit, um Wild zu erlegen, soweit bei Rehen von

»Wild« überhaupt die Rede sein kann, denn Charite erlaubte ihrem Mann nicht, Tieren nachzustellen, die mit Hauern oder Hörnern bewehrt sind. Schon sind bei einer bewaldeten, durch das dichte Dach der Zweige beschatteten Anhöhe die Rehe von den geschickten Treibern umstellt und, um das in seinen Schlupfwinkeln versteckte Wild aufzuscheuchen, die witternden Jagdhunde losgelassen, die auch sofort, so wie es ihnen durch kunstgerechte Abrichtung beigebracht worden ist, alle Fluchtwege abschneiden und bewachen, wobei sie zunächst keinen Laut geben, dann aber auf einen plötzlichen Pfiff die ganze Gegend mit hitzigem Gekläff in Aufruhr bringen. Aber kein Reh, kein schüchternes Damwild und, als scheustes von allen, auch keine Hindin lassen sich blicken, sondern ein riesengroßer Keiler, wie man noch keinen je gesehen hat, erhebt sich von seinem Lager, vollgefressen, mit feister Wamme, die Borsten des struppigen Fells gesträubt, die Rückenstacheln aufgestellt, Schaum vor den laut wetzenden Hauern, die tückischen Augen blutunterlaufen vor Zorn und mit grunzendem Rüssel wütend anstürmend wie der Blitz! Zuerst schleudert er die frechsten der Hunde, die sich zu nahe herangewagt haben, von seinen Hauern zerrissen rechts und links zur Seite, dann trampelt er das schwache Netz nieder, das seinem ersten Anlauf noch standgehalten hat: und dann auf und davon!

Wir alle, starr vor Schrecken und natürlich nur an ungefährliches Jagen gewöhnt, außerdem unbewaffnet und ungeschützt, verstecken uns im schützenden Gebüsch oder hinter den Bäumen, doch Thrasyllus, der für seine bösen Absichten eine geeignete Falle gefunden hat, meint listig zu Tlepolemus: ›Sollen wir vor lauter Schrecken oder furchtsam wie diese kümmerlichen Sklavenseelen und ängstlich wie die Weiber in Ohnmacht fallen und eine so fette Beute hier vor unseren Händen einfach wieder laufenlassen? Los, aufs Pferd! Wir müssen rasch hinterher! Nimm den Jagdspieß, ich nehme die Lanze!‹ Im Handumdrehen sitzen sie auf ihren Pferden und jagen dem Tier eilends nach. Der Keiler aber besinnt sich auf seine angeborene Kraft, macht plötzlich kehrt und ist in seiner glühenden Wut einen Augenblick lang unschlüssig, wen er mit seinem Hauerstoß zuerst anfallen soll. Da schleudert Tlepolemus als erster seinen Jagdspieß dem Tier von oben in den Rücken, Thrasyllus kümmert sich nicht um das Wild, sondern durchstößt dem Pferd, das Tlepolemus trägt, mit der Lanze die hinteren Kniegelenke. Das Tier brach blutend zusammen und wälzte sich auf dem Rücken, wobei es wider Willen seinen Herrn zu Boden warf. Und nun stürzte sich der rasenden Keiler auf den Liegenden, zerfetzte ihm das Gewand, dann, als er aufstehen wollte, ihn selbst mit seinen Hieb um Hieb zustoßenden Hauern. Der gute Freund bereute sein ruchloses Beginnen keineswegs und gab sich auch jetzt noch nicht zufrieden, als er sah, daß seiner Rachwut durch diese gefährliche Situation Genüge getan war, sondern stieß Tlepolemus, als er in seiner Todesangst seine aufgerissenen Beine zu schützen suchte und ihn jammernd um Hilfe bat, die Lanze um so frecher in den rechten Oberschenkel, als er sicher war, daß die Wunde vom Eisen nicht viel anders aussehen würde als die Hauerwunden. Und dann durchbohrte er auch den Eber mit geschickter Hand.

Als der junge Mann auf diese Weise sein Ende gefunden hatte, kamen wir Diener aus unseren Schlupfwinkeln gerannt und versammelten uns voller Entsetzen. Der andere hatte sein Ziel erreicht und triumphierte über den Tod seines Feindes, verstand aber dennoch seine Freude zu verbergen, die Stirn in ernste Falten zu legen und Trauer zu heucheln und umarmte den Toten, der sein Opfer war, voller Leidenschaft; er benahm sich ganz wie ein Leidtragender, nur die Tränen wollten ihm nicht glücken. So klagte er wie wir, die wir wirklich traurig waren, und gab dem Tier die Schuld an dem, was seine eigene Hand verbrochen hatte.

Kaum war das Verbrechen begangen, als sich auch schon die Kunde davon verbreitete und zuerst das Haus des Tlepolemus erreichte, wo es zu den Ohren der unglücklichen jungen Frau drang. Als diese die Schreckensbotschaft vernommen hatte, wie sie keine schlimmere je hören konnte, stürzte sie außer sich vor Schmerz und wie eine rasende Bacchantin in sinnlos wilder Aufregung durch das Straßengewimmel und die ländlichen Fluren, um mit irren Lauten den Tod ihres Gatten zu bejammern. Die Bürger standen trauernd beisammen, die neu Hinzutretenden teilten den gemeinsamen Schmerz, und die ganze Stadt war leer, denn alle wollten sie sehen. Dann lief sie dem Leichnam ihres Gatten entgegen, warf sich voller Schmerz und Verzweiflung über den Toten und verlor ihr Bewußtsein, das nur in ihm gelebt hatte. Mit Mühe vermochten die Hände ihrer Angehörigen sie fortzureißen und sie wider ihren Willen am Leben zu erhalten, während die ganze Bevölkerung den Toten zu Grabe geleitete.

Thrasyllus schrie lauter als alle anderen, gebärdete sich wie rasend, und die Tränen, die ihm bei Beginn der Trauer nicht gelingen wollten, flossen jetzt als Freudentränen; alle die zahlreichen Beteuerungen seiner Freundschaft hätten die Wahrheit selbst zu täuschen vermocht! Freund, Kamerad, Gefährte, Bruder, schließlich nannte er ihn immer wieder und rief dazu den Unglücksnamen. Dazwischen ergriff er Charites Hände, um sie davon abzuhalten, sich die Brüste zu schlagen, suchte sie zu trösten, ihre Klagen zu beschwichtigen und mit kosenden Worten den Stachel des Schmerzens abzustumpfen und durch allerlei Beispiele von unglücklichen Zufällen ihr Trostgründe zu bieten. Doch bei all seiner heuchlerischen Anteilnahme blieb es sein Bestreben, die Frau zu berühren, um seiner schändlichen Leidenschaft durch die ungebührliche Lust nur um so mehr Nahrung zu bieten! Doch kaum war die Bestattung überstanden, als die junge Frau ihrem Gatten ins Grab nachzufolgen wünschte und alle möglichen Wege bedachte, um sich für jenen stillen und gelassenen zu entscheiden, der keiner Waffe bedarf und in ruhigem Frieden hinabführt: Qualvoll fastend, sich selber vernachlässigend und aufgebend und zurückgezogen immer im Finstern sitzend, hatte sie schon mit dem Leben abgeschlossen.

Aber Thrasyllus verstand es, ihr durch sein beständiges Drängen, teils in eigener Person und teils durch Hausgenossen und Freunde und schließlich auch durch die Eltern der jungen Frau, das Versprechen abzuringen, ihren vor Blässe und Vernachlässigung verfallenden Leib mit einem Bad und schließlich auch mit Speisen zu erquicken. Und wenn sie auch aus Ehrerbietung vor ihren Eltern, widerstrebend zwar, doch ihren Lieben sich fügend, nicht mit heiterer, aber gleichwohl gelassener Miene den Erfordernissen des Lebens nachkam, wie ihr geheißen wurde, so verzehrte sie sich dennoch tief in der Brust, nein, im innersten Mark in Leid und Gram. Ganze Tage und Nächte verbrachte sie in Sehnsucht und Schmerz und ließ dem Bild des Verstorbenen, den sie in der Gestalt des Dionysos hatte darstellen lassen, in hingebungsvollem Dienst göttliche Ehren zuteil werden und quälte sich so gerade durch das, was ihr hätte ein Trost sein sollen.

Thrasyllus aber, ohnehin hitzig und seinem Namen entsprechend verwegen, hatte, noch ehe die Tränen ihren Schmerz stillten, der Aufruhr ihrer erregten Seele sich beruhigte und die Trauer sich im Laufe der Zeit am eigenen Übermaß erschöpfte, noch während sie ihren Gatten beweinte, ihre Kleider zerriß, sich das Haar zerraufte, keine Hemmungen, ihr die Ehe anzutragen und so durch seine Schamlosigkeit das stille Geheimnis seiner Brust und seine unfaßbar niederträchtige Gesinnung zu offenbaren. Charite ergriff Schauder und Entsetzen vor solcher schändlichen Zumutung, und wie vom Donner und Himmelssturm oder gar von Jupiters Blitz getroffen, sank sie zusammen, und die Sinne schwanden ihr. Als sie nach einer Weile wieder zu sich kam, fing sie erneut an zu schreien wie ein wundes Tier, sie durchschaute das Spiel des Schurken Thrasyllus und erbat sich für seinen Heiratsantrag Bedenkzeit, um ihren Plan zu schmieden.

Währenddessen erschien der Schatten des kläglich hingemordeten Tlepolemus mit blutüberströmtem und blaß entstelltem Antlitz und unterbrach den keuschen Schlaf seiner Frau: ›Teure Gattin, vernimm, was du von niemand sonst erfahren kannst: Wenn mein Andenken in deiner Brust erloschen ist oder mein unseliger Tod den Bund unserer Liebe zerrissen hat, sei glücklich mit welchem Gatten du immer willst, nur überlaß dich nicht den schändlichen Händen des gottlosen Thrasyllus, meide sein Gespräch, liege nicht mit ihm zu Tisch und ruhe nicht mit ihm auf dem Polster! Flieh die blutige Rechte meines Mörders! Heirate keinen Freundesmörder! Die Wunden, deren Blut deine Tränen benetzt haben, sind nicht alle von den Zähnen des Ebers geschlagen: Die Lanze des ruchlosen Thrasyllus hat mich dir entrissen!‹ Und er fügte noch alles weitere hinzu und entdeckte ihr die ganze schändliche Tat.

Sie aber, das Gesicht in das Kissen gedrückt, so wie sie eingeschlummert war, netzte noch im Schlaf ihre Wangen mit den plötzlich quellenden Tränen, und aus ruhloser Ruhe auffahrend, wie von einem Alpdruck geweckt, brach sie in neue Klagen aus, wimmerte und schluchzte, zerriß ihr Gewand und zerkratzte mit rasenden Händen ihre schönen Arme. Indessen von der nächtlichen Erscheinung erzählte sie niemandem auch nur ein Wort, sondern ließ über die Tat nichts verlauten und beschloß im stillen, den schändlichen Mörder zu bestrafen und sich selbst der Qual des Lebens zu entziehen.

Und schon stellte sich der schamlose Bewerber wieder ein und bestürmte unbekümmert in seiner Lustgier ihre verschlossenen Ohren mit seinen Heiratsanträgen. Dennoch nahm sie die Worte des Thrasyllus durchaus gelassen auf und verstellte sich mit bewunderswertem Geschick, indem sie ihm, als er sie schwatzhaft bedrängte und demütig beschwor, entgegnete:

›Noch schwebt mir das schöne Antlitz deines brüderlichen Freundes und meines teuren Gatten vor Augen, noch meine ich, den Balsamduft seines ambrosischen Leibes zu atmen, noch lebt der herrliche Tlepolemus in meinem Herzen! So wirst du dich wohl damit zufriedengeben, der unglücklichen Witwe das offizielle Trauerjahr zu vergönnen und dich die restlichen Monate noch zu gedulden. Dies aber sowohl mit Rücksicht auf mein Anstandsgefühl als auch auf dein eigenes Lebensglück, damit wir nicht durch eine vorzeitige Vermählung den Schatten meines Mannes kränken, daß er in gerechter Entrüstung aufsteht und dein Leben vernichtet!‹

Doch auch diese Worte vermochten Thrasyllus keineswegs zur Vernunft zu bringen oder wenigstens auf gelegenere Zeit zu vertrösten, sondern immer wieder fuhr er fort mit seinem bis zum Überdruß lästigen Geschwätz schamlos auf sie einzuflüstern, bis Charite sich zum Schein besiegt stellte und nachgab: ›Wenigstens mußt du mir versprechen, Thrasyllus, wenn ich dich so inständig bitte, daß keiner im Haus etwas merkt, wenn wir uns inzwischen heimlich und verschwiegen verbinden, bis die noch fehlenden Tage des Trauerjahres vorüber sind!‹

Thrasyllus ließ sich von den listigen Worten der Frau täuschen, gab ihr nur zu gerne nach und war ohne weiteres mit dem heimlichen Beilager einverstanden; er konnte die Nacht mit ihrer geheimnisvollen Finsternis kaum erwarten und vergaß über diesem seinem Begehren alles andere. ›Aber höre‹, sagte Charite, ›komm gut vermummt und ohne jede Begleitung um die erste Nachtwache leise an meine Tür! Begnüge dich mit einem einzigen Pfiff und warte dann auf meine Amme, die dich hinter der Tür hören wird. Wenn sie aufgemacht und dich ins Haus eingelassen hat, wird sie dich, ohne Licht zu machen, in mein Schlafzimmer führen.‹

Thrasyllus war begeistert von der Komödie dieser für ihn so verhängnisvollen Hochzeit. Er schöpfte keinen Verdacht, sondern beschwerte sich nur über den langen Tag und den zu langsam hereinbrechenden Abend, da er es nicht erwarten konnte. Doch sobald die Sonne der Nacht gewichen war, schlich er, nach Charites Geheiß verkleidet und von der listig wachenden Amme getäuscht, voller Hoffnung in das Schlafgemach. Hier hieß ihn die Alte auf Weisung der Herrin freundlich willkommen und brachte unauffällig Becher und einen Krug, der mit Schlafgift versetzten Wein enthielt, und da er hastig und sorglos einen Schluck nach dem anderen nahm, während sie die Verspätung der Herrin entschuldigte, die bei ihrem kranken Vater säße, brachte sie es leicht dahin, daß er bald in abgrundtiefen Schlaf versank. Als er so aller Gewalttat preisgegeben auf dem Rücken lag, rief sie Charite herein, die sich mit männlicher Beherztheit und voll jäher Erbitterung auf den Meuchelmörder stürzte und ihm zu Häupten stehenblieb.

›Das also ist der treue Freund und Begleiter meines Gatten‹, rief sie, ›der treffliche Jäger und mein lieber Bräutigam! Das ist die Rechte, die sein Blut vergossen hat, das ist die Brust, die zu meinem Verderben Lug und Trug ersonnen hat, und das sind die Augen, die an mir so frevles Gefallen gefunden haben: Sie genießen schon den Vorgeschmack der künftigen Finsternis und sind ihrer Strafe zuvorgekommen! Schlafe sorglos, träume selig! Nicht mit dem Schwert, nicht mit dem Eisen will ich dich treffen; das sei ferne von mir, daß ich dich meinem Mann auch nur durch die Todesart gleichstelle! Du sollst leben, nur deine Augen sollen sterben, und nur noch im Schlaf sollst hinfort du sehen! Ich will dafür sorgen, daß du deines Feindes Tod für ein glücklicheres Los hältst als dein eigenes Leben. Kein Licht mehr sollst du schauen, der Hand eines Begleiters sollst du bedürfen, Charite sollst du nimmer im Arm halten, keiner Hochzeit dich freuen; nicht sei des Todes Frieden und nicht des Lebens Wonne dir beschieden! Nein, als elendes Gespenst sollst du zwischen Tag und Nacht dahinirren und ewig nach der Hand suchen, die deine Augensterne ausgelöscht hat; und im Übermaß deiner Qualen wirst du nicht einmal wissen, wem du sie zu verdanken hast. Ich aber will das Blut deiner Augen dem Grab meines Tlepolemus weihen und seiner edlen Seele das Totenopfer deines Augenlichts darbringen. Doch nun sei deine verdiente Marter nicht länger aufgeschoben, indessen du vielleicht gar von meinen dir so todbringenden Umarmungen träumst! Tauche herauf aus dem Dämmer des Schlafes und erwache zur Nacht deiner Strafe! Schlage deine leeren Lider auf, erkenne die Rache, trage dein Geschick, ermiß dein Leid! So hat eine keusche Frau an deinen Augen Gefallen gefunden, so erleuchten die Fackeln dein Hochzeitsgemach! Brautführerinnen werden dir die Furien sein, dir zur Seite wandeln die Blindheit und der ewige Stachel deines Gewissens!‹

Nach dieser Prophezeiung nahm die Frau eine Haarnadel vom Haupt, zerstach dem Thrasyllus beide Augen und ließ den Geblendeten liegen, der infolge des unerwarteten Schmerzes seinen Rausch mit dem Schlaf abschüttelte, ergriff das bloße Schwert, das Tlepolemus dereinst zu tragen pflegte, und raste wie eine Wahnsinnige mitten durch die Stadt geradenwegs zum Grabmahl ihres Gatten, irgendeine schreckliche Tat im Sinne.

Wir aber und alles Volk – die Häuser standen bald leer – gingen ihr rasch nach und verständigten einander, daß man das Schwert ihren rasenden Händen entwinden müsse. Neben der Gruft des Tlepolemus blieb Charite stehen, trieb mit der blinkenden Waffe alle zurück und rief, als sie die Umstehenden in Jammer und Tränen sah: ›Fort mit den unangebrachten Tränen, fort mit euren Klagen über meine mutige Tat! Ich habe Rache genommen an dem blutigen Mörder meines Gatten, ich habe meiner Ehe schändlichen Räuber bestraft! Nun ist es an der Zeit, daß ich mir mit diesem Schwert den Weg hinab zu meinem Tlepolemus bahne!‹

Der Reihe nach berichtete sie alles, was ihr Gatte ihr im Traum verkündet hatte, mit welcher List sie Thrasyllus gefangen und überwunden hatte, stieß sich das Schwert unter ihrer rechten Brust in den Leib, brach blutüberströmt zusammen und hauchte, unverständliche Worte stammelnd, ihre tapfere Seele aus. Da wurde der Leichnam der armen Charite sorgsam gewaschen, und die Angehörigen gaben im gemeinsamen Grab dem Gatten für ewig die Gattin wieder.

Als Thrasyllus alles vernahm, wußte er den tragischen Ausgang nicht anders als durch eine weitere Gewalttat zu beschließen, und in der Überzeugung, daß eine solche Untat kein Schwert zu sühnen vermöchte, ließ er sich zum Grab der Charite und des Tlepolemus führen und rief immer wieder: ›Hier bin ich, ihr zürnenden Geister, ein freiwilliges Opfer!‹ Dann zog er die Tür zur Gruft hinter sich zu und beschloß nach dem über sich selbst gefällten Urteilsspruch Hungers zu sterben.«

So erzählte der Bote unter tiefen Seufzern und manchen Tränen den erschreckten und erschütterten Hirten.

Diese bedauerten das Schicksal ihrer Herrschaft mehr als genug und trafen dann aus Furcht vor dem Wechsel der Besitzverhältnisse Anstalten zur Flucht. Der Stallmeister, dessen Pflege ich seinerzeit anvertraut und übergeben worden war, packte alles, was er in seinem Haus an Kostbarkeiten und Schätzen verwahrte, auf meinen und der anderen Tragtiere Rücken, um es mitzunehmen, und gab seine bisherige Bleibe auf. Wir trugen kleine Kinder und Frauen, wir trugen Hühner, Gänse, junge Ziegen, junge Hundes; alles, was schlecht laufen konnte und unsere Flucht behindert hätte, wanderte auf unseren Füßen. So schwer auch meine Last war, sie drückte mich nicht, denn mit dieser frohen Flucht entging ich dem schrecklichen Kerl, der meine Mannheit abschneiden wollte.

Als wir den steilen Anstieg einer bewaldeten Höhe hinter uns hatten und bereits wieder durch flaches Land zogen, bis der Abend die Wege schon zu verdunkeln begann, gelangten wir in ein großes reiches Dorf, wo uns die Einwohner rieten, weder bei Nacht noch auch am frühen Morgen weiterzuziehen. Wölfe, zahlreich, groß, stark, von schrecklichem Aussehen, wild und reißend, an ausgedehnte Raubzüge gewöhnt, machten die ganze Gegend unsicher. Schon sei es so weit, daß sie wie Räuber die Straßen belauerten und die Wanderer überfielen, ja, in ihrem Heißhunger brächen sie sogar in die Höfe in der Umgebung ein, so daß die Leute schon wie das dümmste Vieh um ihr Leben bangten. Jedenfalls lägen längs des Weges, den wir weiterziehen wollten, angefressene Leichen, und die ganze Gegend sei weiß von Knochen, von denen das Fleisch abgenagt sei; wir sollten uns daher auf der Weiterreise vorsehen und erst bei Tageslicht zu vorgerückter Stunde, wenn die Sonne schien, aufbrechen und die zahlreichen unübersichtlichen Stellen meiden, da die Bestien die Helle scheuten; vor allem auch sollten wir nicht in einzelnen Gruppen marschieren, sondern dicht aufschließen, um den drohenden Überfällen gewachsen zu sein.

Aber unsere Treiber, diese nichtsnutzigen Ausreißer, schlugen im Leichtsinn ihrer blinden Eile und aus Angst vor einer möglichen Verfolgung die heilsame Mahnung in den Wind und trieben uns, ohne den Tag abzuwarten, mit unserem Gepäck bereits um die dritte Nachtwache wieder auf die Straße hinaus. Ich suchte mich vor der drohenden Gefahr zu schützen und möglichst in der Mitte zwischen den dichtgedrängten Tragtieren zu halten, um mein Hinterteil gegen einen Angriff der Bestien zu sichern.

Und schon wunderten sich alle, daß ich plötzlich schneller lief als selbst unsere Pferde; doch die Ursache dieser Behendigkeit war nicht Munterkeit, sondern Angst! So kam ich auch auf den Gedanken, daß dem berühmten Pegasus vor Angst jene Flügel wuchsen, um derentwillen man ihn heute mit Recht als beschwingt bezeichnet, denn aus lauter Angst vor dem Biß der feuerschnaubenden Chimära sprang er mit allen vieren gleichzeitig in die Luft und bis in den Himmel hinein.

Auch die Treiber, die uns führten, hatten sich zum Kampf gerüstet: der eine trug eine Lanze, der andere einen Jagdspieß, dieser Wurfpfeile, jener einen Knüppel, andere trugen Steine, die der holprige Weg in Fülle darbot; es waren auch welche dabei, die vorne zugespitzte Pfähle auf der Schulter schleppten; doch die meisten suchten die Bestien mit brennenden Fackeln abzuschrecken. Es fehlte nur noch eine Trompete, dann wären wir eine regelrechte Armee gewesen! Allein unsere töricht übertriebene Furcht war schließlich doch nicht umsonst, denn wir blieben in weit schlimmeren Schlingen hängen. Wölfe aber griffen uns jedenfalls nicht an und ließen sich auch nicht einmal von ferne blicken – mag sein, daß sie das Geschrei des Haufens von jungen Leuten oder vielleicht auch das grelle Licht der Fackeln abschreckte oder daß sie ganz einfach anderenorts ihr Unwesen trieben.

Allein die Bewohner eines Dorfes, an dem wir gerade vorüberzogen, hielten unseren Haufen für Räuber, und reichlich besorgt um ihre Habe hetzten sie uns in ihrer schrecklichen Angst große bissige Hunde, die sie zur Bewachung abgerichtet hatten, grimmiger als alle Wölfe oder Bären, mit großem Geschrei und allerlei Zurufen auf den Hals. Ganz abgesehen davon, daß diese schon von Natur aus bösartig waren, machte sie der Lärm ihrer Brotgeber erst recht wild. Sie stürzen sich auf uns und umstellen uns von allen Seiten, springen uns überall an, beißen wahllos Menschen und Tiere zugleich und toben sich so lange aus, bis die meisten am Boden liegen. Es ist ein weiß Gott weniger erzählenswerter als erbarmenswerter Anblick: eine Rotte Hunde, von denen die einen in wilder Rauflust Flüchtende packen, andere sich an die noch aufrecht Stehenden hängen, einige sich auf die am Boden Liegenden stürzen, kurz, die zähnefletschend durch unsere ganze Marschkolonne spazieren!

Doch das größere Übel stand uns noch bevor! Hoch von den Dächern und von dem nahen Hügel ließen die Bauern Steine auf uns herabhageln, daß wir wirklich nicht mehr wußten, was schlimmer war, die Hunde zwischen unseren Beinen oder die Steine von oben. Einer traf plötzlich den Kopf der Frau, die auf meinem Rücken saß. Es tat weh, und sie fing an zu heulen und zu schreien und rief ihren Mann, den Oberhirten, zu Hilfe.

Er fluchte, wischte seiner Frau das Blut ab und brüllte: »Was überfallt ihr denn harmlose Leute und wehrlose Wanderer, um alles umzubringen! Was wollt ihr von uns? Was haben wir euch getan? Ihr benehmt euch wie wilde Tiere, die in einer Höhle wohnen, wie die Barbaren in ihren Felsverstecken, die sich am Blutvergießen freuen!« Kaum war das letzte Wort heraus, da hörte der Steinhagel auf, und das Rudel der Bullenbeißer wurde zurückgepfiffen und gab Ruhe. Einer von drüben rief aus dem Gipfel einer hohen Zypresse: »Wir sind keine Räuber, die euch ausplündern wollen, sondern wir wollten uns im Gegenteil vor eurem Überfall schützen! Also zieht in Frieden eurer Wege!« So sprach er. Wir aber marschierten weiter, viele von uns verletzt, einer von einem Steinwurf, ein anderer durch einen Hundebiß; alle hatten ihren Teil abbekommen.

Als wir dann wieder ein Stück Weges hinter uns hatten, erreichten wir eine waldige Gegend mit hohen Bäumen und freundlichen grünen Wiesen, wo unsere Führer Rast machten und ihre verschiedenen Verletzungen verbinden wollten. So streckte man sich überall auf dem Boden aus, um zunächst die Müdigkeit zu vertreiben und dann auch die Wunden zweckmäßig zu versorgen; der eine wusch das Blut am vorüberfließenden Bach ab, ein anderer legte einen mit Essig getränkten Schwamm auf seine Beulen, ein dritter verband seine klaffenden Risse. So war ein jeder um sein Wohl besorgt.

Indessen beobachtete uns von einem hohen Hügel aus ein alter Mann, den ringsum weidende Ziegen als Hirten verrieten. Einer unserer Leute fragte ihn, ob er Milch zu verkaufen habe, sei es frisch gemolkene oder gestockte. Er schüttelte lange den Kopf und fragte: »Wie könnt ihr nur an Essen und Trinken und überhaupt an Erquickung denken? Wißt ihr nicht, wo ihr Rast macht?« Mit diesen Worten trieb er seine Ziegen zusammen, machte kehrt und verschwand. Seine Rederei und seine Flucht beunruhigten unsere Hirten nicht wenig. Während sie noch bestürzt in Erfahrung zu bringen suchten, was es mit dem Ort für eine Bewandtnis habe, und niemand aufzutreiben war, der ihnen hätte Auskunft geben können, kam ein anderer Greis des Weges, groß, hochbetagt, schwer auf seinen Stock gestützt, der sich auf müden Füßen weiterschleppte und dabei bittere Tränen vergoß; als er unser ansichtig wurde, umschlang er die Knie jedes einzelnen der Männer, weinte und beschwor sie.

»Bei euren Sternen und Schutzgöttern«, rief er, »gesund und fröhlich sollt ihr in meine Jahre kommen, aber helft einem verzweifelten Greis, rettet meinen Liebling und gebt ihn meinem grauen Haupt zurück! Mein Enkelchen, der süße Begleiter auf meinen Wegen, wollte dort im Gebüsch ein singendes Vögelchen haschen und fiel in eine unter dem Gesträuch versteckte Grube, und bald ist es um ihn geschehen;

er ruft mich, er schreit und weint nach seinem Großvater, und ich weiß, daß er noch lebt, aber schwach wie ich bin, ihr seht es ja, kann ich ihm nicht helfen. Ihr seid jung und stark, und euch ist es ein leichtes, einem armen alten Mann beizustehen und dem jüngsten und letzten meiner Enkelkinder, meinem einzigen Stammhalter, das Leben zu retten!«

Als er so bettelte und sein weißes Haar raufte, tat er uns allen leid. Und einer der Tapfersten, Jüngsten und Stärksten von allen, der als einziger dem vorigen Überfall unverletzt entronnen war, stand auch gleich auf und fragte, wo der Junge hinuntergefallen sei, und ging unverdrossen mit dem Alten, der mit dem Finger auf ein nahes Dorngestrüpp deutete. Inzwischen waren alle wiederhergestellt, wir waren gefüttert worden, die andern hatten ihre Wunden versorgt, und man packte alles ein, um aufzubrechen, und rief den Burschen anfangs mehrfach mit seinem Namen, dann, durch das lange Ausbleiben beunruhigt, wurde einer von den Leuten fortgeschickt, um ihn zum Aufbruch zu mahnen und mitzubringen. Es dauerte nicht lange, bis er totenbleich und am ganzen Leibe zitternd wieder da war und eine entsetzliche Nachricht brachte: Er habe mit eigenen Augen gesehen, wie ein riesengroßer Drache auf seinem am Boden liegenden und schon halb aufgefressenen Kameraden sitze und ihn zerfleische; der Jammergreis aber sei spurlos verschwunden. Kaum haben sie das gehört und mit den düsteren Andeutungen des Hirten in Verbindung gebracht, der sie ohne Zweifel vor diesem Ungeheuer hat warnen wollen, als sie Hals über Kopf diesen Ort des Schreckens verlassen und vom Knüppel fleißig Gebrauch machen, um uns in Trab zu bringen.

Nachdem wir rasch ein gutes Stück weitergekommen waren, gelangten wir schließlich in ein Dorf, wo wir uns die ganze Nacht über ausruhten. Hier hörten wir von einer recht merkwürdigen Begebenheit, die ich gerne berichte.

Ein Sklave, dem sein Herr die Aufsicht über das ganze Hauswesen anvertraut hatte und der das große Besitztum, wo wir eingekehrt waren, bewirtschaftete, hatte eine Mitsklavin aus demselben Gesinde zur Frau, unterhielt jedoch

Beziehungen zu einem freien, nicht zum Haus gehörenden Mädchen. In ihrem Schmerz über dies Verhältnis verbrannte die Frau alle Rechnungsbücher ihres Mannes samt allem, was er an Vorräten im Lager hatte. Doch der angerichtete Schaden vermag ihrer Rache für die Schmach ihres Ehebetts noch nicht zu genügen und sie wütet nun auch noch gegen ihr eigenes Fleisch und Blut und knüpft sich und ihr Kind, das sie einst von ihrem Mann empfangen hat, an ein und denselben Strick und stürzt sich in einen tiefen Brunnen, das Kind mit in die Tiefe reißend. Ihr Tod erbitterte den Herrn der beiden so heftig, daß er den Sklaven, dessen Fehltritt den Anlaß zu der schrecklichen Tat gegeben hatte, festnehmen, nackt ausziehen und von oben bis unten mit Honig beschmiert an einen Feigenbaum binden ließ, in dessen morschem Stamm es von Ameisen wimmelte, die zwischen ihren Nestern scharenweise hin und her liefen. Als sie den süßen Honiggeruch des Körpers wahrnahmen, fielen sie mit kleinen, aber unablässigen und unzähligen Bissen über ihn her, während er langsam eines qualvollen Todes starb, und fraßen sein Fleisch und Eingeweide und den ganzen Kerl mit Haut und Haar auf, bis nur noch sein Gerippe übrig war und die nackten Knochen schneeweiß an dem Marterbaum hingen.

Auch von diesem unheimlichen Ort schieden wir bald und ließen die Dorfbewohner mit ihrer Trauer allein; und nachdem wir wieder aufgebrochen und einen ganzen Tag lang die Landstraße weitergezogen waren, erreichten wir todmüde endlich eine größere und ansehnliche Stadt. Hier wollten die Hirten Heim und Wohnsitz aufschlagen, weil sie sich hier vor etwaigen Nachforschungen sicher fühlten und die gesegnete Fruchtbarkeit der Umgebung zum Bleiben lud.

Wir Tragtiere wurden drei Tage lang aufgefüttert, um besser verkäuflich zu sein, und dann auf den Markt geführt, wo unter dem lauten Geschrei des Ausrufers, der die einzelnen Preise bekanntgab, die Pferde und auch die anderen Esel zahlungskräftige Käufer fanden. An mir gingen alle verächtlich vorüber, und ich blieb einsam und allein übrig. Ich hatte es allmählich satt, von allen betastet zu werden, die aus meinen Zähnen auf mein Alter schließen wollten, und als einer mit seinen Stinkpfoten immer wieder an meinem Zahnfleisch herumrieb, schnappte ich nach seiner Hand und fraß sie samt ihrem Dreck fast auf. Das schreckte die Umstehenden erst recht ab, da keine Menschenseele mit einem so bösen Vieh etwas zu tun haben wollte. Der Ausrufer, der sich schon zuschanden geschrien hatte, begann jetzt mit heiserer Stimme auf meine Kosten Witze zu reißen: »Was wollen wir denn an dem steinalten Klepper da noch verkaufen mit seinen ausgetretenen Hufen, seiner Leidensmiene, seiner stumpfsinnigen Faulheit und Wildheit, dessen Fell sich bestenfalls noch als Sieb verwenden ließe! Schenken wir ihn also einem, der etwas Heu übrig hat!«

Auf diese Weise brachte der Ausrufer die Umstehenden zum Lachen.

Doch meine bitterböse Fortuna, der ich mit meiner Flucht durch so viele Länder nicht entkommen konnte und die ich durch so viel Geduld nicht auszusöhnen vermochte, blickte wieder mit scheelen Augen auf mich und schickte mir einen Käufer, wie sie ihn zu meinem Unglück nicht besser hätte finden können. Und was meint ihr, wen? Einen Sittenstrolch, und zwar einen alten Sittenstrolch, einen Kahlkopf mit nur noch einigen melierten Löckchen an der Seite, einen aus der Straßenzunft, die in Gassen und Städten die Syrische Göttin spazierenträgt, mit Zimbeln und Klappern Musik macht und betteln geht. Höchst kauflustig fragte er den Ausrufer, woher ich sei; der andere erklärt, ich sei ein Kappadozier und noch recht gut beisammen. Er erkundigte sich weiter und fragte nach meinem Alter. Darauf der Ausrufer anzüglich: »Ein Astrologe, der ihm neulich das Horoskop gestellt hat, schätzt ihn auf fünf Jahre, aber er selbst weiß am besten, was er leistet. Es verstößt natürlich gegen die Lex Cornelia, wenn ich dir einen römischen Bürger verkaufe – warum kaufst du dir nicht lieber einen biederen und braven Hausburschen, der dir draußen wie daheim bessere Dienste leisten kann?« Der widerliche Interessent ließ sich nicht abschrecken und fragte noch dies und das und erkundigte sich schließlich auch noch ängstlich, ob ich wirklich ganz zahm sei.

Doch der Ausrufer erwiderte: »Ein Schaf ist das, kein Esel! Er läßt sich alles gefallen, ist brav, beißt nicht und schlägt nicht aus und benimmt sich, als stecke der gutmütigste aller Kerle in der Eselshaut. Davon kannst du dich gleich überzeugen. Wenn du deinen Kopf zwischen seine Hinterbacken klemmst, merkst du gleich, was er sich alles gefallen läßt!«

So foppte der Ausrufer den Kümmerling, der aber merkte den Spott und entrüstete sich: »Du alter Kadaver, du trauriger Schreihals, mögen dich die allmächtige und allgebärende Syrische Göttin, der heilige Sabadius, Bellona und die Mutter vom Ida und die Herrin Venus samt ihrem Adonis mit Blindheit schlagen, wenn du mich dauernd zum Narren halten willst! Glaubst du Dummkopf, ich kann die Göttin auf ein wildes Tier setzen, das dann, wenn es böse wird, das Götterbild abwirft, damit ich Ärmster mir die Haare raufen und für meine heruntergefallene Göttin nach einem Arzt umherrennen muß!«

Als ich das hörte, überlegte ich schon, ob ich nicht einen großen Satz machen sollte, damit er doch lieber vom Kauf abstünde, wenn er mich in meiner ganzen Wildheit erblickte. Aber mein Käufer kam meinen Überlegungen zuvor und entrichtete rasch den Kaufpreis von siebzehn Denaren, über den mein Herr sich um so mehr freute, als er mich auf alle Fälle loswerden wollte. So übergab er mich auf der Stelle mit einem Bastseil gehalftert dem Philebus – dies war der Name meines neuen Besitzers.

Der nahm den neuen Diener in Empfang und führte ihn zu sich nach Hause. Und schon von der Schwelle aus rief er: »Mädelchen, schaut, was ich euch für ein feines Kerlchen gekauft und mitgebracht habe!« Diese Mädelchen waren eine Horde von Freudenbengeln, die jubelnd und übergeschnappt vor Vergnügen mit hysterischem Weibergekreisch ein mißtönendes Geschrei erhoben, weil sie dachten, er habe ihnen tatsächlich einen braven Sklaven für ihre Bedürfnisse besorgt. Doch als sie entdeckten, daß man ihnen als Opfer zwar keine Hindin an Stelle einer Jungfrau, wohl aber einen Esel statt eines Kerls angedreht hatte, rümpften sie die Nase und fielen höhnisch über ihren Herrn und Meister her: Er bringe da keinen Sklaven für sie, sondern offenbar einen Hochzeiter für sich selbst angeschleppt. Und: »He!« riefen sie, »ein so hübsches Hühnchen ist nicht für dich allein da, du mußt deine Turteltäubchen auch ab und zu einmal naschen lassen!«

Unter derartigen Albernheiten banden sie mich in der Nähe der Krippe fest. Es war übrigens noch ein recht vierschrötiger Bursche da, ein wohlgeübter Flötenbläser, den sie sich aus zusammengebettelten Spenden als Sklaven gekauft hatten und der, wenn sie die Göttin in den Gassen herumtrugen, auf seinem Instrument blasend neben ihnen herging, zu Hause aber als Mitarbeiter und Teilhaber an ihrem Unternehmen auch ihren Beischläfer machte. Als er mich im Hause sah, fütterte er mich gern und gut und sagte: »Herzlich willkommen, mein Ersatzmann und Nachfolger! Ich wünsche dir ein langes Leben und daß du den Herrschaften gefällst, damit ich mich endlich einmal etwas erholen kann!« Als ich das hörte, war mir klar, was mir an Marterqualen bevorstand!

Anderntags traten sie auf, kleideten sich in bunte Farben, mehr lächerlich als feierlich, bedeckten das Gesicht mit schmieriger Schminke, zogen die Augenbrauen mit Tusche nach, hüllten den Kopf in einen Turban und legten safranfarbene Gewänder aus Musselin und Seide an; einige trugen weiße Hemden, die kreuz und quer mit lanzenartiger Purpurstickerei verziert waren, gürteten sich mit einer Schärpe und steckten die Füße in goldene Sandalen. Die Göttin setzten sie, in einen seidenen Mantel gehüllt, auf meinen Rükken. Die Arme bis zur Schulter entblößt und mächtige Schwerter und Beile schwingend, hüpften sie Euhoi-rufend umher, indes die Töne der Flöte sie zu ekstatischem Tanz aufpeitschten. Sie hatten schon eine ganze Anzahl Hütten abgegrast, als sie zum Landsitz eines reichen Mannes gelangten. Kaum waren sie angekommen, als sie mit wüstem Geheul verzückt und verrückt durcheinanderschwärmten und mit gesenktem Kopf den Nacken verdrehten, das lose Haar schüttelten und wirbelten, sich sogar auch in das eigene Fleisch bissen und sich schließlich auch noch mit ihren zweischneidigen Schwertern die eigenen Arme aufrissen.

Einer von ihnen gebärdete sich vollkommen irrsinnig und stellte sich, aus tiefster Brust keuchende Laute ausstoßend, wie von göttlichem Geist erfüllt und raste wie ein Wahnsinniger – es war, als ob die Gegenwart Gottes die Menschen nicht zur Vernunft brächte, sondern sie haltlos und blöde machte!

Aber sieh einer an! Das ist der göttlichen Vorsehung verdienter Lohn! Mit irrem Geschrei beginnt er sich gleisnerisch zu bezichtigen und anzuklagen, gegen irgendeine Satzung der heiligen Religion verstoßen zu haben, und ruft obendrein auch noch seine eigenen Hände auf, seine Verbrecherschuld gebührlich zu ahnden. Dann ergreift er die Geißel, das bezeichnende Zubehör dieser Halbmänner, die aus wollenen Kordelschnüren und Schafsknöchelchen besteht, und peitscht sich und geißelt sich, gegen die Schmerzempfindung durch den eigenen Wahn gefeit. Was für ein Anblick, als aus Schwertwunden und Geißelstriemen der Boden im Unflat des Blutes dieser Halbweiber schwamm!

Ich machte mir keine geringen Sorgen bei einem derart großzügigen Blutvergießen, daß der Magen jener fremden Göttin, wie der mancher Menschen nach Eselsmilch, nach Eselsblut Verlangen tragen könnte.

Doch waren sie bald müde oder hatten die Selbstzerfleischung satt und machten Schluß mit der Metzelei, und man gab ihnen um die Wette kupferne, ja sogar silberne Münzen als Almosen, die sie im Bausch ihres Gewandes verschwinden ließen, dazu wurden auch noch ein Krug Wein, Milch, Käse, etwas Grütze, Weizen und auch Gerste für den Träger der Göttin spendiert; gierig rafften sie alles zusammen und stopften es in entsprechend vorbereitete Säcke, die sie dann auf meinen Rücken packten, so daß ich nun zwiefach beladen zugleich als Speicher und Tempel des Weges zog.

Auf solche Weise trieben sie sich herum und plünderten die ganze Gegend aus. Und dann rüsteten sie, zufrieden mit den reichlich fließenden Einnahmen, in einem Gehöft ein großes Freudenmahl. Von einem Bauern erschwindelten sie sich durch eine angebliche Prophezeiung einen fetten Hammel, der geopfert wurde, um die hungrige Syrische Göttin zu sättigen. Sobald das Essen angerichtet war, begaben sie sich ins Bad, und als sie sich erfrischt hatten, kehrten sie mit einem stämmigen Bauernburschen als Tischgenossen zurück, der leistungsfähig und unter dem Bauch gut ausgestattet war. Kaum haben sie als Vorspeise etwas Salat gekostet, als es diese schamlosen Schmutzfinken nicht mehr erwarten können und sich in ihrer Geilheit noch vor Tisch an den Kerl, der nackt auf dem Rücken liegt, heranmachen und sich drängeln, um ihn mit ihren unflätigen Mäulern zu beanspruchen. Einer solchen Szene aber waren meine Augen ganz einfach nicht gewachsen, und ich wollte »Hilfe! Auf geht's!« rufen: allein nur das »Hi« ohne die anderen Buchstaben glückte und war laut und deutlich zu vernehmen, wie sich das bei einem Esel gehört, aber natürlich ganz zur Unzeit!

Aus dem Nachbardorf waren nämlich ein paar junge Kerle unterwegs, die einen in der vergangenen Nacht gestohlenen Esel suchten, und in allen Gasthäusern herumfragten; und als sie mein Geschrei drin in dem Gehöft hörten, meinten sie, das Beutestück sei irgendwo im Haus versteckt. Sie brechen plötzlich als geschlossener Haufen in das Zimmer ein, um sich ihr Eigentum zurückzuerobern, und erwischen auf diese Weise die unsauberen Gesellen bei ihrem wüsten Treiben; sie rufen die ganze Nachbarschaft zusammen, um ihnen die tolle Szene vorzuführen, und sparen auch nicht mit höhnischen Kommentaren zu der Frage der priesterlichen Keuschheit.

Bestürzt über diese Schmach, deren Kunde von Mund zu Mund flog und ihnen verdientermaßen Haß und Verachtung eingetragen hatte, packten sie um Mitternacht ihre Sachen zusammen, um dem Gehöft den Rücken zu kehren. Als sie noch vor Sonnenaufgang ein gutes Stück Weges zurückgelegt hatten, gelangten sie bei Tagesanbruch in eine einsame und verlassene Gegend. Hier halten sie eine ausführliche Besprechung und verständigen sich dahingehend, daß ich reif sei für das Grab. Die Göttin wird aus dem Tragsattel gehoben und auf den Boden gesetzt, ich werde von allem Riemenzeug entblößt an eine Eiche gebunden, und dann prügeln sie mich aus Leibeskräften mit jener Knöchelgeißel, daß ich nur so nach Luft schnappe. Einer wollte mir mit seinem Beil die Kniekehlen durchhauen, weil ich über seine himmlische Unschuld so unpassend gewiehert hatte. Doch die anderen meinten, weniger um meinetwillen, sondern aus Sorge um das am Boden liegende Bild der Göttin, daß man mich am Leben lassen müsse. Also luden sie mir mein Gepäck wieder auf und trieben mich mit der flachen Klinge vor sich her, bis sie in eine größere Stadt kamen.

Hier lief ein vornehmer Mann auf uns zu, der fromm und ganz besonders gottesfürchtig war und den der Klang der Zimbeln, das Dröhnen der Pauken und die einschmeichelnden phrygischen Weisen angelockt hatten, hieß die Göttin gastlich willkommen, brachte uns alle in einem Flügel seines weitläufigen Hauses unter und beeilte sich, durch entsprechende Verehrung und fette Opfer die Gunst der Gottheit zu erringen.

Nun aber geriet ich, wenn ich mich recht erinnere, in die größte aller Gefahren für Leib und Leben. Ein Pächter hatte als einen Teil seiner Jagdbeute unserem Gastgeber und seinem Herrn eine schöne Hirschkeule geschenkt. Ein Hund, der auf seine Weise auf die Jagd ging, hatte sie sich heimlich zu eigen gemacht, da sie sorglos nicht sehr hoch hinter der Küchentür aufgehängt worden war, und konnte mit seiner Beute froh und schnell allen Aufpasseraugen entrinnen. Als der Koch den Verlust bemerkte, jammerte und lamentierte er lange ganz umsonst über seinen Leichtsinn, und als sein Herr nach der Mahlzeit rief, wurde er trübsinnig und verzweifelte derart vor Angst, daß er von seinem kleinen Sohn

Abschied nahm, einen Strick holte und mit einer Schlinge um den Hals seinem Leben ein Ende machen wollte. Seinem treuen Weib jedoch war die Verzweiflung ihres Mannes nicht verborgen geblieben, sie packte den Unglücksstrick mit beiden Händen und schrie: »Hast du denn vor Schreck deinen ganzen Verstand verloren, und siehst du gar nicht, was für einen rettenden Ausweg dir die göttliche Vorsehung beschert! Wenn du der Vernunft noch irgend zugänglich bist, dann höre auf mich und führe den hergelaufenen Esel da an einen stillen Platz, stich ihn ab und schneide die Keule so heraus, daß sie aussieht wie die verschwundene, bereite sie schön zu, mach eine schmackhafte Soße und setzte sie deinem Herrn als Hirschkeule vor!« Dem verdammten Spitzbuben leuchtete der Vorschlag ein, sein Leben durch meinen Tod zu erkaufen, er lobte die Schlauheit seiner Mitsklavin und wetzte auch schon die für mich vorgesehenen Schlachtmesser.

NEUNTES BUCH

So bewaffnete jener verfluchte Henker seine gottlosen Hände gegen mich. Ich aber beschloß, da eine so dringende Gefahr keine lange Überlegung gestattete, mich dem drohenden Verderben durch Flucht zu entziehen. Sofort reiße ich den Strick ab, mit dem ich angebunden bin, und jage im Galopp mit sämtlichen Füßen davon, wobei ich zur Sicherheit die Hinterhufe ab und zu kräftig auswerfe. Ich renne in wilder Hast durch die Säulenvorhalle und geradewegs in den Speisesaal, wo der Hausherr mit den Priestern der Göttin feierlich beim Opfermahl sitzt, und stoße im Hereinstürzen eine ganze Menge Eßgeschirr samt Tischen und Leuchtern um. Es ist ein wüstes Durcheinander.

Solcher Aufruhr empörte den Hausvater, der mich als lästigen Störenfried umständlich einem Diener übergab und anordnete, daß ich an einem sicheren Ort sorgsam hinter Schloß und Riegel zu verwahren sei, damit die friedliche

Tischgesellschaft nicht noch ein zweites Mal durch meinen Übermut in Aufruhr gerate. Diese großartige Idee bot mir sicheren Schutz und entriß mich im letzten Moment den Händen des Schlächters, so daß ich der Geborgenheit des rettenden Kerkers mit Freuden entgegensah.

Aber wenn Fortuna nein sagt, gibt es nichts, was dem Menschen helfen könnte, und keine klugen Pläne und keine schlaue List können das von der göttlichen Vorsehung beschlossene Verhängnis abwenden oder ändern! Der gleiche Einfall, der mir für den Augenblick Rettung zu bringen schien, beschwor andererseits eine große Gefahr herauf, ja, mehr oder weniger mein endgültiges Verderben!

Denn plötzlich stürzte unter dem Getuschel der Diener ein Junge mit ängstlichem und aufgeregtem Gesicht in den Speisesaal und meldete seinem Herrn, soeben sei ein tollwütiger Hund aus der Nachbargasse durch die Hintertür ins Haus gestürmt und habe sich in seiner Raserei auf die Jagdhunde gestürzt und im nahen Stall die Mehrzahl der Zugtiere angefallen und habe auch die Leute nicht verschont. Denn den Maultiertreiber Myrtilus, den Koch Hephästion, den Kammerdiener Hypnophilus und den Arzt Apollonius, ganz abgesehen vom übrigen Gesinde, die versucht hatten, ihn fortzujagen, habe er hier und dort gebissen und verletzt; es sei mit Sicherheit anzunehmen, daß einige Tiere durch die gefährlichen Bisse angesteckt und ebenfalls tollwütig geworden seien. Diese Nachricht versetzte alle in große Aufregung, und in der Meinung, ich könne ebenfalls angesteckt und gemeingefährlich sein, ergriffen sie alle möglichen Waffen und bestärkten sich gegenseitig in der Überzeugung, daß ein Massensterben verhindert werden müsse; und als wären sie selber schon rasend geworden, stürzten sie sich auf mich. Ganz sicher hätten sie mich mit Spießen, Wurfspeeren und wahrhaftig sogar mit Doppeläxten, die die Knechte dienstbeflissen herbeigeschafft hatten, in Stücke gehackt, wenn ich mich nicht im Wirbelsturm so plötzlicher Gefahr in das Schlafzimmer geflüchtet hätte, in dem meine Herren logierten. Man warf die Tür hinter mir zu, verriegelte sie und hielt den Raum unter Beobachtung, ob ich als Opfer der tödlichen Seuche dahingerafft würde, ohne daß man der Gefahr eines Zusammenstoßes ausgeliefert war. Dieser Zwischenfall hatte mir endlich Ruhe verschafft, ich machte mir die Wohltat des Alleinseins zunutze, streckte mich auf dem mit Dekken ausgestatteten Bett aus und schlief nach so langer Zeit endlich wieder einmal wie ein Mensch.

Es war schon heller Tag, als ich mich frisch und munter von meinem weichen Schlafplatz erhob und hörte, wie sich meine Bewacher, welche die ganze Nacht auf mich aufgepaßt hatten, über mein Befinden nicht einig werden konnten: »Ist es denn möglich, daß der arme Esel immer noch die Tollwut hat!« – »Wahrscheinlich hat sich das Gift bei ihm schon ausgetobt!«

Dem Widerstreit der verschiedenen Ansichten soll durch einen Erkundungsvorstoß ein für allemal ein Ende gemacht werden, und sie sehen durch den Türspalt, daß ich gesund und munter gelangweilt herumstehe. Da machen sie die Tür ein Stück weiter auf, um sich endgültig davon zu überzeugen, daß ich mich wieder beruhigt habe. Einer von ihnen, den mir der Himmel offenbar als Retter gesandt hatte, schlägt den anderen vor, meine Gesundheit auf die Probe zu stellen, indem man mir einen Eimer frischen Wassers zum Trinken reicht, denn wenn ich ohne Scheu und wie gewöhnlich auf Wasser Appetit hätte, so sei erwiesen, daß ich gesund und nicht mehr krank sei; würde ich dagegen vor seinem Anblick zurückschrecken und mich weigern zu trinken, dann sei es sicher, daß die Tollwut noch anhalte. Dies sei eine alte Erfahrung, die auch in Büchern überliefert werde und die man immer wieder bestätigt finde.

Der Vorschlag fand Beifall, und sogleich hielt man mir, vorerst noch etwas zaghaft, ein großes Gefäß mit klarem Wasser hin, das aus dem nächsten Brunnen geholt war. Aber ich zögerte nicht im geringsten, trat hinzu und tauchte gierig den ganzen Kopf hinein, um das Wasser zu saufen, im wahrsten Sinn des Wortes ein Quell des Heils! Ich ließ es auch geduldig über mich ergehen, als sie mich mit ihren Händen betasteten, hinter den Ohren kraulten, mich am Halfter herumführten und was ihnen sonst noch alles einfiel, um ihnen durch meine Harmlosigkeit die Albernheit ihres Vorurteils recht deutlich zu verstehen zu geben.

So also entrann ich der zweifachen Lebensgefahr, und am anderen Tag wurde ich wieder mit dem Gerät der Göttin beladen und unter dem Lärm der Klappern und Zimbeln auf die Straße geführt, um bettelnd herumzuziehen. Nachdem wir eine ganze Menge Häuser und Gehöfte abgegrast hatten, machten wir in einem Dorf halt, das über den Ruinen einer einst wohlhabenden Stadt errichtet war, wie die Einwohner behaupteten. In der Herberge, wo wir gastlich aufgenommen wurden, erzählte man uns eine hübsche Geschichte, wie eine Frau ihren Ehetrottel hinters Licht führte, die dem Leser nicht vorenthalten sein soll:

Der Mann fristete von seinem Lohn als Handlanger ein recht dürftiges Leben. Seine Frau war wohl ebenso armselig, aber weit und breit als ein leichtfertiges Geschöpf bekannt. Eines Tages, als er früh zur Arbeit gegangen ist, schleicht im Handumdrehen ein frecher Liebhaber ins Haus. Und während sie sich sorglos den Umarmungen der Venus hingeben, kehrt der Mann, ahnungslos und bis jetzt auch nichts Derartiges argwöhnend, plötzlich zurück. Und da er die Türe fest verschlossen und verriegelt findet, lobt er die brave Häuslichkeit seiner Frau und klopft an, während er sich gleichzeitig durch einen Pfiff zu erkennen gibt. Das gerissene und in derlei Situationen erfahrene Frauenzimmer versteckt den Kerl, den sie aus ihren Fangarmen entläßt, listig in einem Faß, das unter anderem Gerümpel halb eingegraben in einem Winkel steht, im übrigen aber leer ist. Dann macht sie die Türe auf und empfängt ihren Mann beim Eintreten mit Vorwürfen: »Was läufst du denn so leer und faul spazieren und steckst die Hände in die Tasche, statt zu arbeiten, wie sich das gehört, und für unseren Unterhalt zu sorgen und etwas zum Essen herbeizuschaffen! Ich Ärmste muß Tag und Nacht spinnen, bis mir die Arme wehtun, damit in unserer Kammer wenigstens eine Lampe brennt! Da hat es Nachbarin Daphne wahrhaftig besser, die in aller Frühe Wein trinkt, schlemmt und nach Herzenslust mit jungen Kerlen buhlt!«

Ihr Mann war starr: »Was soll denn das heißen?« begann er. »Mein Arbeitgeber hat mich zwar heute wieder nach Hause geschickt, weil er bei Gericht zu tun hat, aber ich habe trotzdem dafür gesorgt, daß etwas auf dem Tisch steht. Da, das alte Faß, das leere, das nur Platz wegnimmt und immer im Wege steht, habe ich für fünf Denare verkauft; man wird nachher kommen, um das Geld zu bringen und das Ding mitzunehmen. Sei so gut, binde mir die Schürze um und hilf mir, damit wir es herausziehen und dem Käufer gleich geben können!«

Da fing das dreiste Weib an schallend zu lachen und spottete: »Großartig, was du für ein tüchtiger Unternehmer bist! Was ich als Frau, ohne einen Fuß aus dem Haus zu setzen, für sieben Denare verkauft habe, weißt du für noch weniger loszuwerden!«

Über den höheren Preis erfreut, fragte der Mann: »Und wer will so viel dafür bezahlen?« Und sie: »Pst, Dummkopf, er steckt im Faß und sieht nach, ob es ganz ist!«

Und dieser ließ das Weib nicht im Stich, tauchte fröhlich herauf und meinte: »Wenn ich die Wahrheit sagen soll, Mutter, das Faß da ist schon recht alt und hat eine ganze Menge Löcher und Risse.« Und sich scheinheilig an ihren Mann wendend: »He, Meister, halte mir doch mal die Lampe, ich will den Dreck herauskratzen, um zu sehen, ob es überhaupt noch etwas wert ist, denn ich habe mein Geld auch nicht gestohlen!« Ohne sich zu besinnen und ohne mißtrauisch zu werden, zündete der eifrige und brave Ehemann die Lampe an und sagte: »Komm heraus, Freund, warte und laß mich es sauber machen!« Sogleich zieht er sich aus, klettert mit der Lampe ins Faß, um den alten Schmutz aus dem morschen Ding herauszukratzen. Ihr Freund und Verehrer, der nette Junge, beugt sich über die Frau Zimmermann, die sich ihrerseits vornüber über das Faß gebeugt hat, und bearbeitet sie nach Herzenslust. Sie steckt den Kopf tief ins Faß und hält mit schamloser Dreistigkeit ihren Mann auch noch zum

Narren, zeigt mit dem Finger bald dahin und bald dorthin und dann wieder auf eine andere und noch eine neue Stelle, die noch in Ordnung zu bringen sei, bis beide Geschäfte erledigt sind. Dann muß der geprellte Handwerker, nachdem er seine sieben Denare kassiert hat, das Faß auch noch obendrein auf seinem Nacken dem Galan nach Hause tragen.

Wir waren ein paar Tage dort geblieben, als die sauberen Gesellen von Priestern, gemästet vom üppig fließenden Strom an milden Gaben und reich von den vielen Gebühren für ihre Wahrsagerei, auf eine neue Idee kamen, Geld zu verdienen. Mit einem Einheitsorakel, das sie schlau auf Lostäfelchen schrieben, foppten sie viele, die über ganz verschiedene Dinge Auskunft haben wollten. Der Spruch lautete:

Den Boden pflügen die Ochsen, ins Joch gespannt,
Auf daß von sprossender Saat ergrüne das Land!

Fragte ein verliebtes Paar, ob es heiraten solle, so erklärten sie die Antwort: Sie sollten das Joch der Ehe auf sich nehmen, um Saaten von Kindern zu erzeugen. Wollte jemand wissen, ob er Grundstücke kaufen solle, so waren ganz richtig Ochsen, Joch und blühende Felder verheißen. Wollte ein anderer des Gottes Ansicht über eine geplante Reise wissen, so lautete die Erklärung: Die bravsten aller Vierfüßer stehen im Joch bereit, und die sprossenden Saaten bedeuten Glück. Wollte einer Soldat werden oder eine Räuberbande ausheben und wollte er wissen, wie es um den Erfolg seines Vorhabens stehe, so behaupteten sie, der Sieg sei ihm absolut sicher, die Feinde würden den Nacken unter das Joch beugen und ihnen würde viel geraubtes Gut in die Hände fallen. Auf diese Weise scharrten sie durch ihren Gaunertrick eine Menge Geld zusammen.

Doch der Antworten auf die dauernde Fragerei rasch bis zur Erschöpfung überdrüssig, setzten sie ihre Reise wieder fort auf einem Weg, der schlimmer war als jener schon erwähnte Nachtmarsch.

So war es! Überall Löcher und Pfützen, hier zäher Schlamm und dort schlüpfriger Morast. Durch das dauernde Stolpern und Stürzen konnte ich mich kaum noch auf den Beinen halten, bis ich mich schließlich doch noch mit knapper Not und todmüde auf befestigte Seitenwege hinauszuretten vermochte.

Doch was ist das! Plötzlich überholen uns mit Knüppeln bewaffnete Reiter, und kaum daß sie ihre rasenden Pferde zum Stehen gebracht haben, fallen sie auch schon über Philebus und seine Gefährten her, packen sie an der Gurgel, schimpfen sie Tempelräuber und Lasterbuben und schlagen mit Fäusten auf sie ein, dann legen sie ihnen Handfesseln an und treiben sie in die Enge: Sie sollten den goldenen Kelch lieber wieder herausrücken, dieses Beweisstück ihrer Untaten, den sie unter dem Vorwand eines Gottesdienstes hinter verschlossenen Türen heimlich vom Thron der Göttermutter gestohlen hätten, um sich dann in der Dämmerung rasch aus dem Staube zu machen, als könnten sie dadurch der Strafe für ihre unglaubliche Schandtat entgehen!

Einer legte Hand an mich und suchte und fand im Schoß der Göttin, die ich trug, den goldenen Becher und brachte ihn vor aller Augen zum Vorschein. Doch auch dieses Beweisstück ihrer Unverschämtheit vermochte die unsauberen Gesellen nicht in Verlegenheit zu bringen oder einzuschüchtern, sondern mit scheinheiligem Grinsen witzelten sie: »Nein, diese himmelschreiende Gemeinheit! Wie harmlose Leute einfach verdächtigt werden! Wegen eines lumpigen Bechers, den die Göttermutter ihrer Schwester, der Syrischen Göttin, als Gastgeschenk überreicht hat, wird den Priestern mit einem Prozeß wegen Religionsfrevel gedroht!«

Doch trotz ihrer albernen Ausflüchte führten die Bauern sie ab und warfen sie gefesselt ins Gefängnis. Den Becher und das Götterbild selbst, das sich auf meinem Rücken befand, führten sie ihrem Tempelschatz als heiliges Eigentum zu, während sie mich am anderen Tag wieder auf den Markt stellten, um mich durch den Ausrufer verkaufen zu lassen. Um sieben Nummen mehr, als mich seinerzeit Philebus gekauft hatte, erstand mich ein Müller aus dem nächsten Dorf, der mich nicht zu knapp mit dem von ihm gekauften Getreide belud und über einen steinigen Weg voller leidiger Baumwurzeln zu der von ihm betriebenen Mühle führte.

Dort setzten zahlreiche Tiere im endlosen Kreislauf Mahlwerke von unterschiedlicher Größe in Bewegung und erzeugten nicht nur tagsüber, sondern auch die ganze Nacht hindurch Mehl, indem die Mühlsteine niemals zum Stillstand kamen. Mir ließ mein neuer Herr eine durchaus gastliche Aufnahme zuteil werden, damit ich nicht schon von vornherein vor meiner neuen Arbeit zurückschreckte. Den ganzen ersten Tag brauchte ich nichts zu tun, und außerdem hatte er angeordnet, daß meine Krippe reichlich mit Futter zu versorgen sei. Doch dieses Glück der Muße und Mast war nicht von Dauer, denn am nächsten Tag schirrte man mich in aller Frühe in ein Mahlwerk, das offenbar das größte war, und trieb mich mit verbundenen Augen auf der runden Bahn immer im Kreis herum, um mich im ewigen Rundlauf in meine eigenen Fußtapfen treten und nach den gegebenen Regeln Schritt halten zu lassen. Doch um mich meiner persönlichen Überzeugung nach recht geschickt zu verhalten, zeigte ich mich beim Anlernen schwer von Begriff. Obwohl ich seinerzeit als Mensch oft genug derartige Mahlwerke in Betrieb gesehen hatte, stellte ich mich verständnislos und dämlich und rührte mich vor Staunen nicht von der Stelle, wobei ich meinte, als untauglich und für ein solches Geschäft überhaupt nicht geeignet, zu anderen und auf jeden Fall leichteren Arbeiten abkommandiert oder sogar ganz umsonst mit durchgefüttert zu werden. Aber mit dieser klugen Berechnung schoß ich weit am Ziel vorbei! Denn sofort umringten mich mehrere mit Knüppeln bewaffnete Kerle und versetzten mir, als ich mit verbundenen Augen ahnungslos dastand, auf ein plötzliches Zeichen mit vereintem Gebrüll eine Tracht Prügel, bis ich vor Schreck und Aufregung alle schlauen Pläne fahrenließ und mich aus vollen Kräften ins Zeug legte und munter die Runde machte.

Meine so plötzliche Sinnesänderung brachte die ganze Gesellschaft zum Lachen.

Der größte Teil des Tages war schon vorüber, und man nahm mir, da ich schon sehr erschöpft war, den Gurt ab und führte mich aus dem Mahlwerk an meine Krippe. Obwohl ich sozusagen todmüde war, meine Kräfte einer dringenden Erneuerung bedurften und ich vor Hunger fast umfiel, war ich, ungeachtet des reichlich vorhandenen Futters, in meiner üblichen Neugier außerordentlich und geradezu ängstlich darauf bedacht, die Einrichtung dieser unerquicklichen Arbeitsstätte mit verständlichem Interesse in Augenschein zu nehmen.

Gütige Götter, was waren das für armselige Geschöpfe! Die ganze Haut voller blauer Striemen, und der blutig geschlagene Rücken mit ein paar lumpigen Fetzen eher beschattet als bedeckt, einige trugen überhaupt nur einen kümmerlichen Lendenschurz, jedenfalls waren alle so angezogen, daß man Haut und Knochen unter den Fetzen sah; alle mit dem Brandmal auf der Stirn, mit halbrasiertem Kopf und mit im Ring gefesselten Füßen; ferner alle leichenblaß und mit Augenlidern, die von Qualm und Dunst in dem verräucherten Dunkel bis zum Schwinden der Sehkraft entzündet waren, und alle wie die in einer Staubwolke kämpfenden Gladiatoren über und über mit schmutzig weißem Mehlstaub bedeckt.

Doch was soll ich erst von meinen Kameraden, meiner Gespannschaft sagen! Was für steinalte Maulesel oder armselige Klepper! Da standen sie rund um die Krippe, steckten die Köpfe hinein und kauten ihre Häckselration; die Hälse waren von eiternder Wundfäule gechwollen, die runzligen Nüstern vom dauernden Schnauben gebläht, die Brust aufgescheuert vom unablässig reibenden Hanfgurt, die Rippen bis auf die Knochen wund von der ewigen Prügelei; die Hufe vom endlosen Im-Kreis-Laufen breitgetreten und das ganze Fell starrend von Schmutz und räudigem Grind!

Diese meine traurige Umgebung erfüllte mich mit Sorge, und als ich an mein früheres Leben als Lucius dachte und sah, wie tief ich gesunken war, ließ ich traurig den Kopf hängen. Nur dank meiner angeborenen Neugier vermochte ich wenigstens noch einen gewissen Trost in meinem elenden Dasein zu finden, denn alle handelten und redeten frei nach Herzenslust, ohne sich um meine Gegenwart zu kümmern.

Nicht ohne Grund hat der göttliche Sänger der Griechen in seinem Lied von seinem vielgewandten Helden gesagt, er habe die höchste Stufe der menschlichen Vollkommenheit dadurch erreicht, daß er vieler Menschen Städte gesehen und viele Völker kennengelernt habe. Und auch ich weiß in dieser Hinsicht meiner Eselshaut manchen Dank, da sie mir, solange ich darin steckte und vielerlei Abenteuern ausgeliefert war, wo nicht Weisheit, so doch neue Erkenntnis vermittelt hat.

In diesem Zusammenhang erinnere ich mich auch an eine besonders nette und muntere Geschichte, die ich zu Gehör zu bringen gedenke; hier ist sie:

Jener Müller, der mich gekauft hatte, war ein sonst braver und durchaus ehrbarer Mann, besaß jedoch eine Frau, die mehr als böse und mit Abstand das ärgste Schandweib war, und hatte in Bett und Haus ein schlimmes Kreuz zu tragen, so daß weiß Gott sogar auch ich im stillen oft seinetwegen seufzte. Da gab es doch nicht ein einziges Laster, das dem nichtsnutzigen Weib gefehlt hätte, nein, wirklich und wahrhaftig, alle Laster gaben sich in ihrer Seele ein Stelldichein, so wie der Kot in der Grube: herrisch, närrisch, mannstoll, weintoll, zänkisch, störrisch, raffgierig im Nehmen, liederlich im Ausgeben, der Treue nicht freund, der Zucht feind! Natürlich verachtete und verhöhnte sie die heiligen Götter und machte sich anstelle des überlieferten Glaubens die lästerliche Scheinlehre von einem einigen Gott, wie sie ihn nannte, zu eigen; und unter dem Vorwand der Einhaltung eines Unfugs an Vorschriften hielt sie die Leute zum Narren und betrog sie ihren armen Mann, wenn sie schon am frühen Morgen Wein soff und ohne Unterlaß herumhurte.

Dieses Weib verfolgte mich mit einem geradezu auffälligen Haß. Schon bevor es Tag war, wenn sie noch im Bett lag, schrie sie, man solle den neuen Esel in die Mühle spannen, und befahl ausdrücklich, kaum daß sie aufgestanden war, mich vor ihren Augen durchzuprügeln; doch zur Fütterungszeit, wenn alle ausgespannt wurden, um fressen zu können, ließ sie mich möglichst spät als letzten an die Krippe führen.

Eine solche Bosheit reizte meine angeborene Neugier erst recht, ihr Verhalten zu ergründen. So merkte ich, daß irgendein junger Kerl regelmäßig in ihrem Schlafzimmer ein und aus ging, dessen Gesicht ich gar zu gern gesehen hätte, wenn die Kappe über meinem Kopf mir einmal einen freien Blick erlaubt hätte. An Geschicklichkeit hätte es mir bestimmt nicht gefehlt, die Schandtaten dieses ruchlosen Weibes aufzudecken.

Da war auch noch eine Alte von früh bis spät täglich unzertrennlich mit ihr zusammen, die Kupplerin ihrer Buhlerei und die Vermittlerin zwischen den Ehebrechern. Wenn sie zusammen frühstückten und ungemischten Wein schlürften, redeten sie hin und her, auf welche durchtriebene Weise sie dem braven Mann wieder einen neuen Streich spielen könnten. Und wenn ich mich auch noch so sehr über das Versehen meiner Photis ärgerte, die mich in einen Vogel verwandeln sollte und dabei einen Esel zustande gebracht hatte, so war es mir doch ein gewisser Trost in meiner lästigen Entstellung, daß ich mit meinen riesengroßen Ohren ganz ausgezeichnet und sehr weit hören konnte.

So vernehmen eines Tages meine Ohren, wie jene duckmäuserische Vettel loslegt: »Mit dem will ich nichts zu tun haben, meine Gnädigste, mit dem du dich da auf eigene Faust eingelassen hast; ein träger und vertrottelter Kerl, der feige kneift, wenn dein grämlicher und dämlicher Mann mit der Wimper zuckt, und mit seinem saft- und kraftlosen Schmachten deine glühenden Umarmungen dir nur um so mehr zur Qual macht! Was ist da Philesitherus für ein ganz anderer Bursche: jung, hübsch, großzügig und beherzt genug, um allen Vorkehrungen eines Ehemannes entgegenzutreten! Er verdient es weiß Gott, daß ihm die Frauen gewogen sind, er verdient, einen goldenen Kranz auf dem Kopf zu tragen! Schon wegen des großartigen Streiches, den er vor kurzem einem eifersüchtigen Ehemann gespielt hat. Paß auf, was es für ganz andere Liebhaber gibt!

Du kennst doch einen gewissen Barbarus, Stadtrat in unserer Gemeinde, der wegen seines grimmigen Wesens von den Leuten nur noch ›der Skorpion‹ genannt wird? Seine Frau, aus guter Familie und von besonderer Schönheit, hielt er unter strengster Aufsicht daheim eingesperrt.«

Die böse Müllerin unterbrach sie: »Natürlich kenne ich sie. Arete ist mit mir in die Schule gegangen!« – »Richtig«, fuhr die Alte fort, »du kennst dann wahrscheinlich auch die ganze Geschichte mit Philesitherus?« – »Keine Ahnung«, erwiderte sie, »aber natürlich interessiert sie mich, und ich bitte dich, Mütterchen, mir alles ganz genau zu erzählen!« Und nun begann das alte Klatschweib loszulegen:

»Als Barbarus verreisen wollte und die Keuschheit seiner teuren Frau auf alle Fälle sicherzustellen bestrebt war, zog er seinen bewährten Sklaven Myrmex ins Vertrauen und bestellte ihn zum Wächter seiner Herrin. Er droht ihm Kerker und ewige Ketten an, ja schließlich gewaltsamen Hungertod im Fall, daß irgendein Mannsbild sie auch nur im Vorbeigehen mit der Fingerspitze anrühre, und schwört hierauf einen Eid bei allen Göttern des Himmels. So läßt er seinen zu Tode erschrockenen Myrmex als eifersüchtigen Aufpasser seiner Frau zurück und begibt sich erleichtert auf die Reise.

Und Myrmex, in seiner Todesangst, ließ seine Herrin nirgends aus den Augen, saß unermüdlich neben ihr, wenn sie zu Hause Wolle spann, und hing wie eine Klette an ihr, indem er mit der Hand einen Zipfel ihres Gewandes festhielt, wenn sie unvermeidlicherweise sich abends ins Bad begab; so versah er äußerst gewissenhaft sein ihm übertragenes Amt.

Doch der feurigen Wachsamkeit des Philesitherus konnte die vornehme Schönheit der Dame nicht verborgen bleiben. Und gerade die vielberufene Keuschheit und die auffällig übertriebene Obhut setzten ihn erst recht in Feuer und Flamme, alles zu tragen und alles zu dulden, um nach besten Kräften einen Sturmangriff auf die eisernen Grundsätze dieses Hauses zu wagen. Überzeugt von der Fragwürdigkeit menschlicher Integrität und daß Geld alle Hindernisse beseitigt, daß Gold stählerne Tore aufzusprengen vermag, gestand er dem Myrmex, als er ihn einmal allein traf, seine Liebe und bat und beschwor ihn, ihm in seiner Qual Erleichterung zu verschaffen. Er könne sein Leben nicht länger ertragen, wenn sein Wunsch keine Erfüllung finde; alles lasse sich doch so leicht bewerkstelligen, daß er nichts zu befürchten habe, da er abends im Schutz der Dunkelheit völlig ungesehen kommen und nach kurzer Zeit wieder gehen werde. Diesen und ähnlichen Reden verschaffte er entsprechenden Nachdruck durch ein Mittel, das die gar zu starre Zähigkeit des Sklaven gewaltsam sprengte; in seiner ausgestreckten Hand ließ er ihn lauter neue schöne Goldstücke sehen, von denen zwanzig der jungen Frau gehören sollten und ihm selbst hiermit zehn angeboten seien.

Myrmex schauderte vor der unerhörten Zumutung und floh mit zugehaltenen Ohren schnell davon. Doch der flimmernde Goldglanz wollte ihm nicht aus den Augen schwinden; er sah, so weit er auch gelaufen und nach Hause gerannt war, die schönen leuchtenden Münzen und hatte schon im Geiste die reiche Beute vereinnahmt; so schwankte der Ärmste, von seinen sich widerstreitenden Überlegungen hin und her gerissen, und vermochte keinen endgültigen Entschluß zu fassen: hier Ehrlichkeit – dort Gewinn, hier die Folter – dort die Lust! Schließlich aber siegte doch das Geld über die Todesangst. Und nicht einmal die Zeit minderte die Gier nach dem schimmernden Geld, selbst in der Nacht fand er keine Ruhe vor seinen Sorgen, zu denen nun auch noch die Habgier kam, und während ihn die Drohungen seines Herrn zu Hause hielten, lockte ihn das Gold hinaus.

Da würgte er sein schlechtes Gewissen hinunter und machte dem Zaudern ein Ende, indem er seinen Auftrag der Herrin zu Gehör brachte. Und das Weib blieb dem Leichtsinn ihres Geschlechtes durchaus treu und verkaufte, ohne sich lange zu besinnen, ihre Keuschheit um schnöden Mammon! Myrmex schnappt über vor Freude, wenn auch zu Lasten seiner Ehrlichkeit, und kann es kaum erwarten, das Geld, das er zu seinem Unglück gesehen hat, nicht allein einzustecken, sondern es zwischen den Fingern zu spüren, und in froher Erregung verkündet er dem Philesitherus, daß er mit vieler Mühe seinen Wunsch habe durchsetzen können, und verlangt sogleich seine versprochene Belohnung; und nun hält Myrmex Goldstücke in der Hand, die bisher kaum je Kupfermünzen gekannt hat.

Zu vorgerückter Nachtstunde begleitete er den forschen Verehrer allein ins Haus und führte ihn mit verhülltem Gesicht bis in das Schlafgemach seiner Herrin.

Kaum hatten sie die ersten Umarmungen ihrer jungen Liebe geweiht, kaum hatten sie sich als nackte Kämpfer in den Dienst der Venus gestellt – da steht plötzlich wider alles Erwarten der Herr des Hauses, dem die nächtliche Stunde sehr gelegen kam, vor der Tür.

Schon klopft er, schon ruft er, schon schlägt er mit einem Stein an die Haustür, und da das lange Säumen mehr und mehr seinen Verdacht weckt, bedroht er fluchend den Myrmex mit dem Tod. Aber dieser, in seiner Bestürzung über das so plötzlich hereingebrochene Unheil, weiß sich vor lauter Angst keinen Rat und behauptet schließlich, da ihm sonst nichts einfällt, daß er in der Dunkelheit den mit so großer Sorgfalt verwahrten Hausschlüssel nicht finden könne. Inzwischen stürzt Philesitherus, der den Lärm gehört hat, aus dem Schlafzimmer, die Tunika rasch übergeworfen, und vergißt in der Eile seine Sandalen. Nun schließt Myrmex die Tür auf, schiebt den Riegel zurück und läßt seinen bei allen Göttern fluchenden Herrn herein, der sofort in das Schlafzimmer rennt, während er Philesitherus heimlich an ihm vorbei aus dem Haus huschen läßt. Als er ihn jenseits der Schwelle wußte, schloß er in aller Seelenruhe das Haus zu und legte sich wieder schlafen.

Als aber Barbarus am nächsten Morgen das Schlafgemach

verließ, sah er unter dem Bett die ihm unbekannten Sandalen, die Philesitherus bei seinem Besuch angehabt hatte, und ahnte nach Lage der Dinge, was geschehen war; und ohne seiner Frau noch sonst irgendeinem Hausgenossen etwas zu sagen, hob er sie auf und versteckte sie in seinem Gewand; dann befahl er seinen anderen Sklaven, den Myrmex zu fesseln und vor Gericht zu bringen, und machte sich, den Kummer in seinem Innern verbergend, mit raschen Schritten ebenfalls auf den Weg. Er ist fest davon überzeugt, durch das Beweismittel der Sandalen dem Ehebrecher leicht auf die Spur zu kommen.

Was aber geschieht! Während Barbarus mit geschwollenen Adern und gerunzelten Augenbrauen zornig durch die Straßen eilt und hinter ihm der gefesselte Myrmex, der, zwar nicht auf frischer Tat ertappt, aber in seinem schlechten Gewissen unter vielen Tränen und endlosem Gejammer vergeblich Mitleid zu erregen sucht, läuft ihnen ausgerechnet Philesitherus in den Weg; obwohl er an ganz andere Dinge denkt, stutzt er bei dem unerwarteten Anblick, läßt sich jedoch nicht aus der Fassung bringen. Ihm fällt ein, welchen Fehler er in der Eile gemacht hat, folgert ganz richtig den übrigen Zusammenhang, verläßt sich wie immer auf seine dreiste Geistesgegenwart, schiebt die Sklaven beiseite und stürzt sich laut schimpfend auf Myrmex, dem er – mit aller Vorsicht – einen Kinnhaken versetzt: ›Du Gauner, du verlogener, dein Herr und alle Götter im Himmel sollen über dich kommen für deine frechen Beteuerungen, schamloser Schandkerl! Du hast mir gestern im Bad meine Sandalen gestohlen! Du verdienst, weiß Gott! du verdienst es, ewig in Ketten zu liegen und obendrein auch noch in den finstersten Kerker zu wandern!‹

Die schlaue Finte des dreisten Kerls täuschte, nein, warf den leichtgläubigen Barbarus um, restlos; er machte kehrt und ging wieder nach Hause, ließ seinen Myrmex kommen, gab ihm die Sandalen, verzieh ihm von Herzen und empfahl ihm, sie ihrem Besitzer zurückzubringen, dem er sie gestohlen habe.«

So schwatzte die Alte in einem fort, als das Weib sie unterbrach: »Die kann zufrieden sein, die hat einen forschen Verehrer! Ich bin arm daran mit einem Freund, der sich vor dem Klappern der Mühle und dem Anblick des räudigen Esels da fürchtet!«

Und wieder die Alte: »Ich will dem aufgeweckten Liebhaber gut zureden und dafür sorgen, daß er entschlossenen Herzens zur Stelle ist!« Und mit dem Versprechen, bis zum Abend wieder zurück zu sein, verließ sie das Schlafgemach.

Die brave Gattin aber bereitet inzwischen ein Festmahl, filtert teuren Wein und holt frisches Fleisch für einen Braten. Als der Tisch endlich reich gedeckt ist, wartet sie auf den Galan wie auf einen Gott. Es traf sich nämlich ausgezeichnet, daß ihr Mann bei einem Walker in der Nachbarschaft eingeladen war.

Als nun der Tag zu Ende ging, wurde mir das Kummet endlich abgenommen, und ich durfte mich friedlich ausruhen, doch begrüßte ich weiß Gott nicht so sehr den Segen des Feierabends als vielmehr den Umstand, daß ich mit unverbundenen Augen unbehindert allen Schlichen des schändlichen Weibes auf die Spur kommen konnte.

Die Sonne war schon ins Meer hinabgetaucht und leuchtete den unterirdischen Gefilden, als dicht an der Seite der alten Kupplerin der kühne Freier eintrifft, ein Jüngelchen mit glatten, glänzenden Wangen und seinerseits eher selbst noch mit einem Mädchen zu verwechseln. Den empfängt das Weib mit vielen Küssen und lädt ihn ein, sich am gedeckten Tisch niederzulassen.

Kaum aber hat der Bursche den Willkommenstrunk und das Vorgericht gekostet, als der Mann viel schneller als erwartet zurückkehrt. Seine treffliche Gattin wünscht ihm die grimmigsten Flüche an den Hals und er möge sich beide Beine brechen, ihren kreidebleichen, angstschlotternden Liebhaber aber versteckt sie unter einem hölzernen Trog, in dem das zusammengeschüttete Getreide gesiebt zu werden pflegt und der zufällig im Wege steht; mit dummschlauer Dreistigkeit übergeht sie ihren schnöden Streich, setzt ein harmloses Gesicht auf und fragt ihren Mann, wieso er vom Essen bei seinem besten Freund so schnell wieder da sei.

Er seufzte tief aus bekümmertem Herzen: »Ich bin auf und davon, weil ich das schamlose und schändliche Treiben dieses gemeinen Weibes nicht mehr mit ansehen konnte. Große Götter, wer hätte das gedacht! Eine so vernünftige, so stattliche Frau, die sich dermaßen erniedrigt! Eine solche abgrundtiefe Schande! Bei der heiligen Ceres, ich kann es noch nicht fassen, was sich diese Frau vor meinen eigenen Augen geleistet hat!«

Diese Worte ihres Mannes machten das freche Weib neugierig, und da sie mehr von der Sache erfahren wollte, hörte sie nicht auf, ihm zuzusetzen, ihr die ganze Geschichte haarklein zu erzählen. Sie gab sich nicht eher zufrieden, als bis er sich ihrem Wunsch fügte und, von der Schande im eigenen Haus nichts ahnend, sich darüber ausließ, was sich bei anderen zugetragen hatte.

»Die Frau meines Freundes, des Walkers, sonst eine anscheinend ordentliche Frau, die stets im besten Ruf stand und das Hauswesen ihres Mannes trefflich in Ordnung hielt, verstrickte sich in heimliche Leidenschaft zu einem Liebhaber. Und da sie dauernd in seinen Armen lag, war sie auch, als wir vom Bad zum Essen heimkamen, mit dem Kerl beschäftigt. Unser überraschendes Erscheinen versetzte sie in Schrecken, und einer raschen Eingebung folgend, versteckte sie ihren Anbeter unter einem Weidengestell, dessen glattes Rutengeflecht sich nach oben zu verjüngt und unter dem Schwefeldampf angesetzt wird, um ringsherum aufgehängte Wäsche zu bleichen. So glaubte sie, ihn sicher untergebracht zu haben, und setzte sich in aller Seelenruhe mit uns an den Tisch.

Inzwischen mußte dem Burschen in dem scharfen und beißenden Schwefelgestank allmählich der Atem ausgegangen sein, und in seiner Benommenheit, einer Folge dieses Zeugs, mußte er mehrmals niesen.

Als der Mann das erstemal aus der Richtung seiner Frau hinter ihrem Rücken niesen hörte, meinte er natürlich, sie sei es gewesen, und rief wie üblich ›Zum Wohl!‹ und dann wieder ›Zum Wohl‹, und als er immer wieder niesen hörte, noch mehrmals ›Zum Wohl!‹, bis ihm endlich, als es gar nicht aufhören wollte, ein Licht aufging. Plötzlich stieß er den Tisch zurück, hob das Gestell auf und entdeckte den Kerl, der, nach Luft schnappend, in den letzten Zügen lag; in seiner grimmigen Erbitterung über die Schmach rief er nach seinem Schwert, um den schon Halbtoten ganz umzubringen, doch ich sah die sich dabei für alle ergebenden bösen Folgen voraus und vermochte ihn mit Müh und Not von seinem rasenden Beginnen abzuhalten, indem ich ihm klarmachte, daß sein Widersacher auch ohne unser Zutun binnen kurzem ganz von selbst an den Folgen des Schwefels eingehen werde. Doch all mein Reden wäre wohl umsonst gewesen, hätten ihn nicht die inzwischen gegebenen Tatsachen überzeugt, und so schleifte er ihn denn, solange er noch nicht ganz tot war, hinaus auf die nächste Gasse.

Seiner Frau empfahl ich inzwischen unauffällig, sich für eine Weile aus dem Staube zu machen und so lange der Schwelle ihres Hauses fernzubleiben und sich bei irgendeiner Freundin zu verstecken, bis sich nach und nach die Erregung ihres Mannes wieder gelegt hätte, denn bei seiner Heftigkeit und seinem Zorn bestand kein Zweifel, daß er sowohl gegen sich selbst wie auch gegen seine Frau Schlimmes im Sinne hatte. Von dem Essen bei meinem Freund hatte ich genug, ich floh und bin nun wieder zu Hause.«

Nach diesem Bericht des Müllers fiel das dreiste und freche Weib laut schimpfend über die Frau des Walkers her: Sie sei unverschämt, sie sei gemein, kurz und gut, sie sei die Schande des ganzen weiblichen Geschlechts, da sie aller Scham vergessend und die eheliche Gemeinschaft mit Füßen tretend das Heim ihres Mannes zum Bordell gemacht und ihre Würde als Ehefrau gegen die Schmach der Dirne eingetauscht habe; sie fügte noch hinzu, daß derartige Weiber auf den Scheiterhaufen gehörten! Dann aber meldete sich leise mahnend ihr eigenes schlechtes Gewissen, und um ihren Liebhaber möglichst bald aus seinem martervollen Versteck befreien zu können, drängte sie ihren Mann, zeitig schlafen zu gehen. Aber der war mitten während der Mahlzeit aufgebrochen, hatte Hunger und verlangte munter etwas zu essen. So mußte ihm seine Frau wohl oder übel vorsetzen, was für einen anderen gedacht war.

Mir aber drehte sich das Herz im Leibe um, wenn ich die vorherige Frechheit des niederträchtigen Weibes und ihre jetzige Kaltblütigkeit bedachte, und ich überlegte hin und her, wie ich ihre Schliche entlarven und aufdecken könnte, um meinem Herrn einen Dienst zu erweisen und den Kerl, der wie eine Schildkröte unter dem Trog hockte, aus seinem Versteck herauszujagen und zu blamieren.

Während ich mich noch über die meinem Herrn angetane Schmach grämte, blickte endlich die göttliche Vorsehung herab. Der lahme Alte, der für uns zu sorgen hatte, trieb uns Tiere, als es dazu an der Zeit war, alle zusammen zur Tränke an den nahen Teich. Nun bot sich die ersehnte Gelegenheit, mich zu rächen! Ich hatte nämlich gesehen, daß die Fingerspitzen des Burschen unter dem engen Dach herausragten, und im Vorbeigehen zielte ich mit einem Seitenschritt nach ihnen und quetschte sie mit meinem Huf derart gründlich zusammen, daß der Kerl in seinem unerträglichen Schmerz ein lautes Jammergeschrei erhob, den Trog abwarf, aufsprang und wieder zum Vorschein kam und damit die Komödie des schamlosen Weibes offenbarte.

Der Müller ließ sich durch die Schmach nicht aus der Fassung bringen, sondern meinte mit freundlicher Stirn und heiterem Gesicht zu dem leichenblaß zitternden Kerl: »Du brauchst keine Angst zu haben, mein Freund! Ich bin kein Barbar und kein Bauerntölpel und will dich auch nicht wie der grimmige Walker im Schwefeldampf ersticken lassen; ich will mich auch nicht auf die Ehegesetze berufen, um ein so nettes und adrettes Jüngelchen vor Gericht zu bringen: ich will dich lieber mit meiner Frau teilen! Statt Gütertrennung möchte ich lieber im Sinne der Gütergemeinschaft bei dir auf meine Kosten kommen, so daß wir es uns alle drei ohne Zank und Streit im selben Bett bequem machen.

Ich bin mit meiner Frau immer in Frieden ausgekommen, wie es die Weisen empfehlen, und wir haben stets in voller Eintracht gelebt. Allerdings muß ich als Mann aus Gründen der Billigkeit den Vorrang haben!«

Nach derlei hämischem Spott führte er den Burschen zu Bett, der zwar nicht wollte, aber doch mitkam. Seine keusche Gattin schloß er inzwischen anderswo ein, schlief mit dem Jungen und verschaffte sich die beste Entschädigung für seine gestörte Ehe.

Sobald der helle Sonnenwagen den neuen Tag heraufgeführt hatte, rief er zwei Rüpel von seinen Knechten, ließ den Jungen möglichst hoch halten und verprügelte ihm den Hintern mit einem Stock, indem er dazu meinte: »Du zartes und zahmes Bürschlein willst in den besten Jahren deinen Verehrern ausreißen und läufst den Weibern nach, und dazu noch den freien! Bringst Ehen in Unordnung und hast es so eilig, in den Ruf eines Liedrians zu kommen!« Mit diesen Worten und noch einigen weiteren sagte er ihm seine Meinung, verprügelte ihn nach allen Regeln der Kunst und warf ihn dann zur Tür hinaus. So kam dieser verwegenste aller Herzensbrecher noch unverhofft gut davon, wenn auch seinem Hinterteil bei Nacht und bei Tag übel mitgespielt worden war. Zugleich gab der Müller seiner Frau den Scheidebrief und setzte ihr kurzerhand den Stuhl vor die Tür.

Das ohnehin erzböse Weib war durch die nur allzu gerechte Schmach dermaßen aufgebracht und wild, daß sie wieder auf ihre alten Sprünge kam und für die weiblichen Ränke Feuer fing; es gelang ihren zähen Bemühungen, eine ausgekochte alte Vettel ausfindig zu machen, die in dem Ruf stand, durch Beschwörung und Zauberei alles Erdenkliche zustande zu bringen; sie bat und beschwor sie, überschüttete sie mit Geschenken und verlangte, daß sich ihr Mann entweder wieder in Frieden mit ihr aussöhne oder daß sie andernfalls alle bösen Geister und Gespenster in Bewegung setze, um ihm den Garaus zu machen. Da versuchte die Hexe, die im Besitz magischer Kräfte war, zunächst mit den leichten Waffen ihrer bösen Kunst den schwer gekränkten Gatten umzustimmen und seine Liebe wieder neu zu wecken. Doch als ihr das nicht so glücken wollte, wie sie gemeint hatte, war sie mit den Geistern unzufrieden und fing an, nicht nur um der in Aussicht gestellten Belohnung willen, sondern vor allem auch in ihrem Zorn über den Mißerfolg ihrer Bemühungen, dem armen Mann nach dem Leben zu trachten, und schickte ihm den Geist eines grausam ermordeten Weibes, um ihn zu verderben.

Der kritische Leser wird an meiner Geschichte sicher manches auszusetzen haben und meinen: »Woher kannst du naseweiser Esel in deiner Mühle wissen, was die Weiber angeblich heimlich ausgebrütet haben?« Höre, wie ich als neugieriger Mensch in meiner Eselshaut alles, was meinem Müller zum Verderben gereichen sollte, erfahren habe!

Etwa gegen Mittag erschien plötzlich ein Weib in der Mühle, eine elende, jammervolle Gestalt, ganz in Lumpen, barfuß, leichenblaß und mager; zerzauste, graue, mit schmutziger Asche bestreute Haare hingen ihr in die Stirn und verdeckten zum großen Teil ihr Gesicht. Sie führte den Müller mit sanfter Hand, als hätte sie ihm eine heimliche Botschaft auszurichten, in sein Schlafgemach, zog die Tür zu und verweilte lange an Ort und Stelle. Als alles Getreide gemahlen war, das den Arbeitern zur Verfügung stand, und neues benötigt wurde, kamen die Knechte vor das Zimmer und verlangten vom Meister neues Material für die Arbeit. Doch wie oft und wie laut sie auch riefen, es ließ sich kein Herr vernehmen, und sie klopften kräftiger an die Tür. Als sie feststellten, daß diese fest verriegelt war, wurden sie unruhig und ahnten Schlimmes; sie sprengen die Türe mit Gewalt auf und erzwingen sich den Zugang. Von dem Weib ist keine Spur zu sehen, ihr Herr aber hängt an einem Strick leblos an einem Balken. Sie lösen die Schlinge von seinem Hals, legen ihn hin und waschen ihn unter lautem Jammergeschrei und Klagen, um ihn dann unter den üblichen Zeremonien und unter zahlreichem Trauergeleit zu Grabe zu tragen.

Am folgenden Tag kam seine Tochter aus dem Nachbarort, wo sie seit einiger Zeit verheiratet war, raufte sich jammernd das aufgelöste Haar und schlug mit den Fäusten ihre Brüste; ohne daß ihr jemand das Unglück ihres Hauses gemeldet hatte, wußte sie alles. Das jammervolle Bild ihres Vaters, noch mit der Schlinge um den Hals, war ihr nachts im Traum erschienen und hatte ihr das schändliche Treiben ihrer Stiefmutter entdeckt, den Ehebruch und die Hexenkünste, mit deren Hilfe sie ihn hatte durch ein Gespenst erwürgen lassen. Sie verzehrte sich in maßlosem Gram, bis es den versammelten Hausgenossen gelang, sie zu trösten, und sie ihrer Trauer ein Ende setzte. Nachdem am neunten Tag das übliche Totenopfer am Grabhügel vollzogen war, ließ sie das an sie gefallene Erbe, Gesinde, den Hausrat und das ganze Vieh, versteigern. Der bisher unter einem Dach vereinte Hausrat geriet an zufällige Käufer und ward willkürlich in alle Winde verstreut.

Mich selbst erstand jetzt ein armer Gärtner für fünfzig Nummen, teuer genug, wie er meinte, dem ich helfen sollte, sein tägliches Brot zu verdienen.

Mir scheint, es liegt im Sinn der Sache, auch von meinem neuen Dienstverhältnis eine Vorstellung zu ermöglichen. Morgens pflegte mein Herr mich schwer mit Kohl beladen in die nächste Stadt zu führen; wenn er dort seine Ware an die Händler verkauft hatte, kehrte er auf meinem Rücken in seinen Garten zurück. Solange er grub, goß oder mit gekrümmtem Rücken irgendeine andere Tätigkeit verrichtete, konnte ich mich erholen und friedlich ausruhen.

So pflegt es zu gehen: Das Jahr, nach der Ordnung der Gestirne durch Tage und Monate sich vollendend, war nach den Kelterfreuden des Herbstes in das Zeichen des winterlich bereiften Steinbocks getreten, und ich sah mich im offenen Stall unter freiem Himmel langen Regennächten ausgeliefert und hatte unter der Kälte viel zu leiden. Mein Herr war so arm, daß er nicht einmal für sich, geschweige denn für mich irgendeine Streu oder eine auch noch so minderwertige Decke beschaffen konnte, sondern sein bescheidenes Dasein im Schatten einer dürftigen Laubhütte fristete. Dazu hatte ich am Morgen um so mehr zu leiden, wenn ich mit bloßen Hufen über den hartgefrorenen Lehmboden und das scharfe Eis trabte und mir nicht einmal den Bauch mit der gewohnten Nahrung füllen konnte. Mein Herr und ich begnügten sich mit der gleichen oder ähnlichen mageren Kost, unschmackhaftem, in den Samen geschossenem Lattich, uralt, hart wie Besenreis und von fauligem und gallebitterem Geschmack.

Eines Nachts war ein Mann aus dem Nachbardorf vom Wege abgekommen, da kein Mond schien und es pechfinster war und regnete, und ganz durchnäßt mit seinem müden Pferd in unserem Gärtchen eingekehrt; er wurde den Umständen entsprechend an diesem zwar nicht komfortablen, aber für die Rast ausreichenden Ort gastlich aufgenommen. Da er sich seinem freundlichen Wirt erkenntlich zeigen wollte, hatte er ihm etwas Korn und Öl und dazu zwei Krüge Wein von seinen Besitzungen versprochen. Unverzüglich machte sich mein Herr mit einem Sack und leeren Schläuchen, auf meinem nackten Rücken sitzend, auf die Reise in die zwei Wegstunden entfernte Ortschaft. Als wir den Weg geschafft hatten und auf dem erwähnten Gut ankamen, bewirtete der freundliche Gastgeber meinen Herrn mit einem ausgiebigen Essen.

Und während sie beim Wein saßen und sich unterhielten, ereignete sich etwas ganz Merkwürdiges. Eine der vielen Hennen auf dem Hof lief laut gackernd nach Hühnerart hin und her, als wollte sie ein Ei legen. Der Herr sah sie und meinte: »Ja, du fleißige und brave Henne, du sorgst für uns und legst jeden Tag ein Ei; und wie ich sehe, hast du wieder einen Leckerbissen in Vorbereitung!« Und: »He, Junge!« rief er, »stell den Legekorb dort in die Ecke!« Der Knecht tat, was ihm befohlen war, aber die Henne wollte von dem gewohnten Nest nichts wissen, sondern legte ein verfrühtes und sehr fragwürdiges Produkt ihrem Herrn genau vor die Füße. Was sie zur Welt gebracht hatte, war kein Ei, wie es sich gehört hätte, sondern ein fertiges Küken mit Federn, Augen, Krallen und sogar einer Stimme, das sogleich hinter seiner Mutter herzulaufen begann.

Doch dabei blieb es nicht, und es ereignete sich noch ein viel größeres Wunder, vor dem begreiflicherweise alle erschraken. Genau unter dem Tisch mit den Resten der Mahlzeit tat sich die Erde auf, und ein großer Blutstrahl schoß aus der Tiefe empor, der die Tafel über und über bespritzte. Und noch im gleichen Augenblick, da alles starrt und staunt und sich über die göttlichen Zeichen entsetzt, kommt einer aus dem Weinkeller gelaufen und meldet, der ganze Wein, den man vor kurzem abgefüllt habe, siede und brause in allen Fässern, als ob ein Feuer darunter angefacht wäre. Dann war auch noch ein Wiesel mit einer toten Schlange zwischen den Zähnen gesehen worden, aus dem Maul eines Schäferhundes war ein kleiner grüner Laubfrosch gesprungen, und ein Widder war auf den Hund, der in der Nähe stand, losgefahren und hatte ihn mit einem einzigen Biß abgewürgt.

So viele sonderbare Geschehnisse hatten den Herrn und das ganze Haus in Schrecken versetzt, und man war ratlos, was zuerst und was zuletzt, was getan und was nicht getan werden sollte, um den Zorn des Himmels zu beschwichtigen, und wieviel und was für Opfertiere zu schlachten seien.

Noch stand alles in Erwartung eines schrecklichen Unglücks wie gelähmt da, als plötzlich ein Sklave angelaufen kam und dem Gutsherrn eine schlimme, eine wahre Schrekkensbotschaft brachte:

Er hatte drei schon erwachsene Söhne, die so ordentlich und mit Sorgfalt erzogen waren, daß sie seinem Hause zur größten Ehre gereichten. Die jungen Männer waren seit längerer Zeit mit einem armen Mann, der ein kleines bescheidenes Haus besaß, befreundet. Und an diese ärmliche Hütte grenzten die großen und fruchtbaren Felder, die seinem Nachbarn gehörten, einem mächtigen, reichen und jungen Edelmann, der sich ob des Adels seiner Ahnen überhob und mit einer großen Anzahl von Parteigängern in der Stadt tun und lassen konnte, was er wollte. Er fiel wie ein Räuber über den dürftigen Besitz des armen Nachbarn her, schlachtete seine Schafe ab, trieb seine Rinder fort und trampelte seine noch unreife Ernte nieder. Und als er ihn schon um seinen ganzen Ertrag gebracht hatte, schickte er sich an, ihn vollends von seiner Scholle zu vertreiben, und beanspruchte aus Anlaß einer lächerlichen Grenzstreitigkeit dessen ganzes Land.

Hatte sich der bescheidene Bauer bisher zurückgehalten, der dem habsüchtigen Reichen ausgeliefert war, aber wenigstens auf dem Grund seiner Väter dereinst begraben sein wollte, so wandte er sich jetzt in seiner ratlosen Angst an eine Anzahl von Freunden zur Bestätigung der Grenze. Zu diesen gehörten auch jene drei Brüder, die ihrem Freund in seiner Bedrängnis helfen wollten, soweit sie die Möglichkeit hatten.

Jener Tollkopf aber ließ sich durch die Anwesenheit so vieler Bürger weder aus der Fassung bringen noch auch nur beeindrucken und dachte nicht daran, seine räuberischen Ansprüche, geschweige denn seine Reden zu mäßigen; im Gegenteil, als die anderen in aller Höflichkeit ihn in seine Schranken verwiesen und dabei geflissentlich bemüht waren, dem Hitzkopf freundlich zuzureden, schrie er plötzlich und schwor einen heiligen Eid, daß er sich bei seiner und seiner Freunde Seligkeit keinen Deut um die vielen Zeugen schere; er werde seinen Nachbarn von seinen Knechten an den Ohren aus seiner elenden Hütte zerren lassen, und das sofort und meilenweit! Diese Worte erbitterten alle Anwesenden. Einer der drei Brüder empfahl ihm unverzüglich und ziemlich barsch, es habe keinen Zweck, auf sein Geld zu pochen und sich aufzuführen wie ein Tyrann, da auch die Armen unter dem Schutz der Gesetze stünden und nicht einfach der Willkür der Reichen ausgeliefert seien. Was Öl für das Feuer, was Schwefel für die Glut, was die Geißel für die Furie, das waren diese Worte für den Jähzorn des Kerls. Außer sich vor Wut brüllte er, sie sollten sich alle miteinander samt ihren Gesetzen aufhängen lassen, und befahl, die großen bösen Schäferhunde, die das auf die Felder geworfene Aas zu fressen pflegten und dazu abgerichtet waren, jeden harmlosen Wanderer anzufallen und zu beißen, freizulassen und auf sie zu hetzen, um sie loszuwerden. Auf den gewohnten Pfiff des Hirten, der ihnen durch Mark und Bein ging, rasen die dreisten Bestien in wilder Wut und mit wüstem Gekläff los und springen die Leute an, beißen sie, zerreißen und zerfleischen sie und schonen nicht einmal die Fliehenden, denen sie im Gegenteil um so gehässiger nachsetzen.

In dem Durcheinander der bestürzten Versammlung stolperte der jüngste der drei Brüder über einen Stein und zerstieß sich die Zehen; er stürzte, für die rasenden Untiere ein fürchterliches Fressen! Sie packten den armen Kerl, wie er am Boden lag, und rissen ihn in Stücke. Als die anderen Brüder sein Sterbegeschrei hörten, eilten sie entsetzt zu Hilfe und versuchten, die linke Hand mit ihrem Gewand umwickelt, ihren Bruder durch Steinwürfe zu befreien und die Hunde zu verjagen. Doch die wilde Meute ließ sich weder abschrecken noch vertreiben, und der unglückliche junge Mann wurde, nachdem er sie noch beschworen hatte, den Tod ihres jüngsten Bruders an dem reichen Unhold zu rächen, an Ort und Stelle zu Tode zerfleischt.

Da stürzten sich die beiden überlebenden Brüder, weiß Gott nicht aus blinder Verzweiflung, sondern weil ihnen ihr Leben gleichgültig war, auf den Reichen und bewarfen ihn in ihrem glühenden Ungestüm und in ihrer rasenden Erregung mit einem Hagel von Steinen. Der blutrünstige und in vielen ähnlichen Schandtaten geübte Mordbube aber warf seine Lanze und traf den einen der beiden mitten in die Brust. Jedoch der junge Mann, zu Tode getroffen und entseelt, fiel nicht zu Boden; das Eisen hatte Brust und Rücken durchbohrt und fuhr mit dem auf der anderen Seite herausragenden Teil mit solcher Gewalt in die Erde, daß der Tote starr in der Schwebe gehalten wurde.

Aber auch einer von den Knechten, der dem Mörder zu Hilfe kam, ein großer und brutaler Rüpel, hatte weit ausholend mit einem Stein nach dem rechten Arm des dritten Bruders gezielt; doch hatte der Schuß nur gerade noch die Fingerspitzen gestreift, ehe der Stein, ohne Schaden anzurichten, zu Boden fiel.

Dieser glückliche Zufall bot dem schlauen Burschen die

Möglichkeit zur Vergeltung. Er tat so, als sei seine Hand durch den Wurf zerschmettert worden, und schrie dem reichen Wüterich zu: »Freu dich über den Untergang unserer ganzen Familie, weide deine unersättliche Grausamkeit am Blut dreier Brüder und triumphiere über deine so ruhmreich erschlagenen Mitbürger! Aber denke daran: Du magst einem armen Mann seinen Besitz rauben und deine Grenzen ausdehnen, so weit du willst – einer wird immer und ewig dein Nachbar sein! Und wäre diese meine rechte Hand hier nicht durch einen unglücklichen Zufall getroffen und zerschmettert worden, so hätte sie dir jetzt den Kopf vom Rumpf getrennt!« Da griff der ohnehin schon rasende Bandit wie ein Wahnsinniger nach seinem Schwert und stürzte sich auf den jungen Mann, um ihn mit eigener Hand zu erschlagen. Doch er war an einen Gegner geraten, der ihm gewachsen war; plötzlich und wider alle Erwartung setzte sich der Junge zur Wehr, packte mit eisernem Griff die Rechte des Reichen, entriß ihm das Schwert und trieb ihm Hieb auf Hieb die schwarze Seele aus dem Leib; dann aber richtete er die vom Blut seines Feindes noch triefende Klinge gegen seine eigene Kehle, um nicht in die Hände der herbeieilenden Knechte zu fallen.

Das also war es, was die Unglückszeichen verkündet hatten, was dem beklagenswerten Hausherrn gemeldet wurde!

Der schwer getroffene Greis vermochte kein Wort, nicht einmal eine stille Träne hervorzubringen, sondern ergriff das Messer, mit dem er eben noch seinen Tischgenossen Käse und Brot vorgeschnitten hatte, und stieß es sich nach dem Beispiel seines unglücklichen Sohnes ein um das andere Mal in die Kehle, bis er über dem Tisch zusammenbrach und sein frisches Blut die Flecken des roten Wunderblutes hinwegwusch.

Der Gärtner beklagte das Unglück des in so kurzer Frist erloschenen Hauses, seufzte über sein eigenes Mißgeschick, da er statt einer Mahlzeit Tränen bekommen hatte, und rang unaufhörlich seine leeren Hände. Er setzte sich wieder auf meinen Rücken und kehrte auf demselben Weg zurück, den wir gekommen waren. Doch auch seine Heimkehr stand unter einem bösen Stern.

Irgendein langer Kerl, nach Aussehen und Betragen ein Legionssoldat, begegnete uns und fragte in herrischem und anmaßendem Ton, wohin der unbepackte Esel geführt werde. Mein Herr aber, noch ganz benommen von dem traurigen Erlebnis und außerdem der lateinischen Sprache unkundig, ritt schweigend weiter. Der Soldat konnte sein grobes Wesen nicht beherrschen, faßte das Schweigen als Beleidigung auf, verprügelte meinen Herrn mit einem Stock und stieß ihn von meinem Rücken herab. Da antwortete der Gärtner in unterwürfigem Ton, daß er seine Sprache nicht verstehe und daher nicht wisse, was jener wolle. Nun fragte der Soldat auf griechisch: »Wo willst du mit dem Esel hin?« Der Gärtner erklärte, daß er in die nächste Stadt reite. »Ich habe Arbeit für ihn«, erwiderte der andere. »Er muß mit anderen Tragtieren in der nächsten Ortschaft das Gepäck unseres Statthalters holen.« Er griff mit der Hand nach dem Riemen, an dem ich geführt wurde, und begann mich fortzuzerren. Der Gärtner aber wischte sich das Blut ab, das ihm von den empfangenen Schlägen über das Gesicht lief, bat erneut, der Herr Kamerad möge doch etwas freundlicher und rücksichtsvoller sein, und bekräftigte seine Bitte mit allen Segenswünschen. »Dieser Esel hier«, sagte er, »ist faul und obendrein auch noch bissig; er hat die Fallsucht und trägt mir mit Müh und Not gerade noch mein bißchen Gemüse aus dem nahen Garten in die Stadt, wobei er schon ganz außer Atem kommt und jämmerlich schnauft; es ist ganz ausgeschlossen, daß er größeres Gepäck tragen kann!«

Als er aber merkte, daß der Soldat auf seine Bitten nicht einging, sondern immer wütender wurde und seinen Stock schon umdrehte, um ihm mit dem dicken Griff den Kopf einzuschlagen, greift er zum letzten Mittel und tut so, als wollte er ihm vor die Füße fallen, um ihn um Mitleid anzuflehen, duckt sich und bückt sich, hebt ihn auf und zieht ihm beide Füße weg, daß jener der Länge nach schwer auf die Erde schlägt, und bearbeitet sogleich hier mit seinen Fäusten, dort mit den Ellenbogen, da mit seinen Zähnen und schließlich sogar noch mit einem vom Weg aufgehobenen Stein dessen Gesicht, Hände und den ganzen Leib. Der Soldat, der auf dem Rücken lag, konnte weder zurückschlagen noch sich schützen, sondern drohte nur immer wieder, er werde ihn mit seinem Schwert in Stücke hacken, sobald er wieder hochkäme. Diese Drohung ließ sich der Gärtner als Warnung dienen, entriß ihm das Schwert, schleuderte es in großem Bogen fort und widmete sich dann erneut und um so wütender der Prügelstrafe. Der am Boden liegende und von Wunden behinderte Soldat wußte sein Leben nicht anders zu retten und stellte sich tot. Der Gärtner holte das Schwert, schwang sich auf meinen Rücken und jagte an seinem Garten vorbei so schnell er konnte in die Stadt, wo er bei einem Freund abstieg. Er erzählte ihm alles und bat ihn dringend, ihn samt seinem Esel so lange zu verstecken, bis er nach ein oder zwei Tagen vor einer Anzeige sicher sei.

Der andere nahm ihn aus alter Freundschaft gerne auf; und während man mich mit zusammengebundenen Beinen über die Treppe in das obere Stockwerk zerrt, kriecht der Gärtner unten im Laden in eine Truhe, deren Deckel zugemacht wird, und ist verschwunden.

Der Soldat aber, wie ich später erfuhr, taumelte auf wie ein Betrunkener und schleppte sich schwankend und schmerzbenommen, sich nur mühsam an seinem Stock aufrecht haltend, in die Stadt. Er scheute sich jedoch, von seiner Dreistigkeit und von seiner Niederlage etwas verlauten zu lassen, sondern schluckte die Schmach schweigend hinunter, bis er Gelegenheit hatte, sein Pech einigen Kameraden anzuvertrauen. Man beschloß, daß er sich für einige Zeit im Quartier versteckt halten solle, denn abgesehen von dem Ehrverlust hatte er wegen des verlorenen Schwertes auch eine Disziplinarstrafe zu erwarten, während sie selbst sich bemühen wollten, uns anhand unserer Kennzeichen ausfindig zu machen und büßen zu lassen.

Natürlich fehlte es auch nicht an einem hämischen Nachbarn, der unser Versteck verriet. Die Soldaten begaben sich zum Magistrat und machten ihnen dort weis, sie hätten unterwegs ein dem Gouverneur gehörendes, sehr wertvolles Silbergefäß verloren, das ein Gärtner gefunden habe und nicht herausgeben wolle; der halte sich bei einem Freund versteckt. Als die Beamten von dem Verlust und das Wort Gouverneur hörten, begaben sie sich vor unsere Haustür und forderten mit lauter Stimme unseren Hauswirt auf, uns lieber gleich auszuliefern, als selber Kopf und Kragen zu riskieren, da wir uns erwiesenermaßen bei ihm versteckt hielten. Der ließ sich jedoch nicht einschüchtern und wollte den Freund, dem er seine Hilfe zugesagt hatte, schützen. Er leugnete alles ab und behauptete sogar, er habe den Gärtner seit mehreren Tagen überhaupt nicht gesehen. Die Soldaten hinwiederum behaupteten steif und fest, hier und nirgends sonst halte er sich versteckt, und schwuren einen Eid beim Leben des Kaisers. Da jener aber auf seiner Aussage beharrte, beschlossen die Beamten, der Wahrheit durch eine Hausdurchsuchung auf die Spur zu kommen. Man schickte Amtsdiener und sonstiges städtisches Personal ins Haus mit dem Befehl, alle Winkel sorgfältig zu durchsuchen. Es wurde gemeldet, im ganzen Hause sei keine Menschenseele und auch kein Esel zu entdecken.

Jetzt gab es erst recht ein Hin und Her, und die Soldaten brüllten und beriefen sich auf ihren Kaiser; sie wüßten genau, daß wir im Hause seien, was der andere unter Anrufung der Zeugenschaft des Himmels ableugnete. Als ich den Streit und das laute Geschrei hörte, machte ich als immer neugieriger und dauernd vorwitziger Esel einen langen Hals und steckte die Nase zum Fenster hinaus, um zu sehen, was der Radau zu bedeuten habe; da sieht zufällig einer der Soldaten meinen Schatten und macht die anderen darauf aufmerksam. Im Nu erhebt sich ein wildes Geschrei, einige rennen die Treppe herauf, packen mich und schleppen mich wie einen Gefangenen hinunter. Nun gibt es kein Zaudern mehr und alles wird gründlichst untersucht; man entdeckt den armen Gärtner in seiner Kiste, er wird herausgezogen und den Beamten übergeben, die ihn ins Gefängnis werfen, um ihn mit seinem Kopf büßen zu lassen, indessen alle unter schallendem Gelächter über meine unzeitige Neugier ihre Witze reißen. Bei dieser Gelegenheit entstand auch das bekannte Sprichwort, daß man den neugierigen Esel schon an seinem Schatten erkennt!

ZEHNTES BUCH

Wie es am folgenden Tag meinem Gärtner und Herrn erging, kann ich nicht sagen. Mich jedenfalls zerrte der Soldat, der wegen seiner Unverschämtheit so herrliche Prügel bezogen hatte, aus dem Stall. Er führte mich, ohne daß jemand dagegen Einspruch erhoben hätte, aus seinem Quartier, wie mir schien, hinaus auf die Straße, mit seinen Sachen beladen und ganz militärisch ausgerüstet und bewaffnet.

Ich trug einen blanken Helm, einen Schild, der wer weiß wie weit blitzte, und eine Lanze mit auffallend langem Schaft; all das nicht etwa, weil dies der Dienstvorschrift entsprach, sondern um arme Wanderer zu erschrecken, hoch oben auf seinem Berg von Gepäck festgebunden, daß es aussah, als käme eine ganze Armee daher. Nach einem nicht allzu beschwerlichen Marsch durch ländliche Gefilde erreichten wir eine kleine Stadt, wo wir jedoch nicht im Gasthaus, sondern im Haus eines Ratsherrn einkehrten. Er empfahl mich der Obhut eines Sklaven und begab sich diensteifrig zu seinem Vorgesetzten, dem Kommandanten von tausend Bewaffneten.

Ich erinnere mich, daß dort einige Tage später ein unglaubliches Verbrechen begangen wurde, das ich hier erwähnen will, damit der Leser davon erfährt.

Unser Hausherr hatte einen jungen Sohn, der eine treffliche Erziehung genossen hatte und sich daher durch ein zurückhaltendes und bescheidenes Wesen auszeichnete, wie man es sich nicht besser wünschen konnte. Seine Mutter war schon vor Jahren gestorben, sein Vater aber hatte sich wieder verheiratet und verdankte seiner zweiten Frau noch einen anderen Sohn, der inzwischen auch schon das zwölfte Lebensjahr überschritten hatte. Die Stiefmutter, die dem Hause mehr durch ihr Äußeres als durch ihre charakterlichen Eigenschaften zur Ehre gereichte, hatte, sei es, daß sie von Natur aus schamlos war, sei es, daß das Verhängnis sie zu einer so unerhörten Schandtat trieb, ein Auge auf ihren Stiefsohn geworfen.

Und jetzt, lieber Leser, mache dich nicht auf ein Lustspiel, sondern auf ein Drama gefaßt: ich begebe mich aus dem Proszenium auf die Bühne!

Solange sie nur ein erstes zärtliches Begehren in ihrem Herzen nährte, widerstand die Frau noch verhältnismäßig leicht der aufkeimenden Neigung und unterdrückte stillschweigend ihr flüchtiges Erröten. Als aber ihr ganzes Herz in Flammen stand und Amors Leidenschaft in ihr tobte, erlag sie dem rasenden Gott, stellte sich krank und verbarg ihre Herzenswunde unter einem körperlichen Leiden. Es ist wohl allgemein bekannt, daß bei Kranken und Verliebten die gleichen Symptome des Befindens und des Aussehens auftreten: auffällige Blässe, glanzlose Blicke, müde Knie, Schlaflosigkeit, und je länger die Qual, desto heftiger die Seufzer. Man hätte meinen können, daß sie Fieber habe – nur weinte sie auch.

Wie wenig wissen die Ärzte, was zu rascher Puls, wechselnde Gesichtsfarbe, flacher Atem und unruhiger Schlaf, wenn man sich immer wieder von einer Seite auf die andere wälzt, zu bedeuten haben! Ihr guten Götter, auch wenn man nichts von Medizin versteht, weiß jeder, der selber schon mit der Liebe Bekanntschaft gemacht hat, das Erglühen ohne körperliches Fieber richtig zu deuten!

Vom Übermaß ihrer Leidenschaft zum Äußersten getrieben, brach sie ihr langes Schweigen und ließ ihn zu sich rufen – ihren Sohn. Ach, gern hätte sie ihn mit einem anderen Namen genannt, um nicht erröten zu müssen! Der junge Mann kam auf der Stelle dem Befehl seiner kranken Mutter nach und betrat mit männlichem Ernst das Schlafgemach, der Frau seines Vaters und der Mutter seines Bruders gehorsam. Sie aber, allzu geschwächt durch das quälende Schweigen, strandete an ihrer Unentschlossenheit und verwarf alle Worte, die sie für das bevorstehende Gespräch eben noch als geeignet befunden hatte, und vermochte sich vor Scham zu keinem Anfang zu entschließen. Der junge Mann aber, der nichts Böses ahnte, erkundigte sich mit gesenktem Blick nach der Ursache ihres gegenwärtigen Leidens.

Da faßte sie wieder Mut, die schlimme Gelegenheit des Alleinseins zu nutzen, und unter einem Strom von Tränen erklärte sie, das Gesicht mit ihrem Gewand bedeckend, mit zitternder Stimme und mit wenigen Worten: »Grund und Ursache meines Leidens, aber auch das Heilmittel und die einzige Rettung bist du allein! Deine Augen sind durch meine Augen bis tief in mein Herz gedrungen und entzünden in meinem Inneren flammende Glut. Hab Erbarmen mit mir, die um dich vergeht, und fürchte dich nicht vor deinem Vater, dem du die Gattin erhalten kannst, die sonst sterben müßte! Ach, sein Bild erkenne ich in deinen Zügen wieder, also darf ich dich lieben. Nutze die Zeit des Alleinseins, nutze die Gelegenheit zur Tat! Was keiner sah, ist nie geschehen.«

Über diese unerwartete Zumutung war der junge Mann bestürzt, doch wenn er auch eine solche Untat verabscheute, so wollte er den Konflikt doch keinesfalls durch unzeitige Schroffheit auf die Spitze treiben, sondern vielmehr durch ein vorsichtiges Eingehen entschärfen. So vertröstete er sie und bat sie, guten Muts zu sein und für ihre Wiederherstellung und Gesundung zu sorgen, bis eine Reise seines Vaters ihnen zur Befriedigung ihrer Wünsche Gelegenheit biete; und damit zog er sich rasch aus dem gefährlichen Gesichtskreis seiner Stiefmutter zurück. Und um bei einer so delikaten Situation im eigenen Hause um so besser beraten zu sein, begab er sich sogleich zu seinem Erzieher, einem Greis von bewährter Besonnenheit. Nach langer Überlegung schien nichts heilsamer, als durch rasche Flucht dem Sturm zu entgehen, den die zürnende Fortuna heraufbeschwor.

Die Frau aber vermochte sich auch mit dem geringsten

Verzug nicht abzufinden und überredete durch irgendeine List mit staunenswerter Geschicklichkeit ihren Mann, stehenden Fußes seinen meilenweit entfernten Besitzungen einen Besuch abzustatten. Und kaum war er fort, überließ sie sich dem Taumel ihrer üppigen Hoffnung und bestand auf der Erfüllung des Liebesversprechens. Der Jüngling aber wich bald unter diesem, bald unter jenem Vorwand der fluchwürdigen Begegnung mit ihr aus, bis ihr aus seinen hinhaltenden Antworten klar wurde, daß er sein Versprechen nicht halten wolle, so daß sich ihre ruchlose Liebe im Handumdrehen in noch ruchloseren Haß verwandelte. Sofort zog sie einen tückischen und zu jeder Schandtat bereiten Sklaven, den sie aus ihrem Elternhaus mitgebracht hatte, in ihr Vertrauen und teilte ihm ihren bösen Plan mit; und nichts Besseres fiel ihr ein, als den armen Jungen aus dem Weg zu räumen! Der Schurke ging und besorgte ein schnell wirkendes Gift, löste es sorgsam in Wein auf und hielt es zum Verderben des unglücklichen Stiefsohns bereit.

Und während die Verbrecher noch über Zeit und Gelegenheit redeten, kam zufällig der jüngere Bruder, das eigene Kind des schändlichen Weibes, vom Morgenunterricht nach Hause zurück; nach dem Frühstück dürstete ihn, er sah den Becher mit dem Wein, dem das Gift beigemischt war, und trank ihn, von dem heimlichen Verbrechen nichts ahnend, in einem Zuge aus. Kaum hatte er den für seinen Bruder bestimmten Giftbecher geleert, als er auch schon zu Boden stürzte, während der Hauslehrer in seinem Schrecken über den plötzlichen Unglücksfall laut schreiend die Mutter und das ganze Haus zusammenrief. Es war klar, daß der Trank vergiftet war, doch niemand hatte eine Ahnung, wer ein so entsetzliches Verbrechen begangen haben könnte.

Aber das gemeine Weib, ein Ausbund von stiefmütterlicher Bosheit, ließ sich nicht durch den bitteren Tod des eigenen Sohnes, nicht durch das Bewußtsein ihrer Schuld an dem Mord, nicht durch das Unglück des Hauses und auch nicht durch den Schmerz des Vaters rühren, den der Verlust seines Kindes zutiefst treffen würde, sondern sie war einzig und allein darauf bedacht, aus diesem unglücklichen Zufall für ihre Rache Vorteil zu ziehen. Sie schickte sofort einen Boten, der ihrem abwesenden Mann das Unglück melden sollte, das sein Haus heimgesucht hatte; und kaum war der Vater zurückgekehrt, behauptete sie mit schamloser Dreistigkeit, ihr Sohn sei durch das Gift seines Stiefbruders umgekommen. Und das war zwar insofern nicht einmal ganz gelogen, als der Knabe den seinem Bruder zugedachten Todestrank getrunken hatte; aber ihre Verleumdung bestand in der Behauptung, ihr Stiefsohn habe seinen jüngeren Bruder aus Rachsucht getötet, weil sie seinem schändlichen Begehren nicht nachgegeben habe, mit dem er ihr habe Gewalt antun wollen. Und mit diesen unerhörten Lügen nicht zufrieden, fügte sie noch hinzu, auch ihr selbst drohe er mit dem Schwert, wenn sie seine Schandtat aufdecke. Dem unglücklichen Vater brach das Herz vor Kummer über den Verlust beider Söhne, von denen er den jüngeren mit eigenen Augen auf der Bahre liegen sah, während der ältere wegen Blutschande und Brudermord sein Todesurteil zu erwarten hatte. Darüber hinaus erfüllte ihn das heuchlerische Wehklagen seiner allzusehr geliebten Gattin mit grimmigem Haß gegen den eigenen Sohn.

Kaum waren die Bestattungsfeierlichkeiten und das Begräbnis des jüngsten Sohnes vorüber, als auch schon der unglückliche Greis, das Antlitz noch von frischen Tränen benetzt und das graue, mit Asche beschmutzte Haar raufend, auf den Gerichtsplatz eilte. Dort umschlang er, ohne eine Ahnung von den Ränken des ruchlosen Weibes zu haben, weinend und bittend die Knie der Ratsherren und setzte alle Mittel der Leidenschaft zum Verderben seines ihm noch verbliebenen Sohnes ein: Er sei ein Blutschänder im ehelichen Schlafzimmer seines Vaters, er sei, weil er den Jüngeren beseitigt habe, ein Brudermörder, er sei ein Verbrecher, der gedroht habe, seine Stiefmutter zu erschlagen! Sein Kummer hatte Gerichtshof und Bevölkerung zu solchem Mitleid, zu solcher Empörung entflammt, daß alle forderten, auf die Einhaltung der umständlichen Prozeßordnung, auf eine Beweisaufnahme und eine die Tatsachen doch nur entstellende Verteidigung zu verzichten und den Kerl, den Schandfleck der Stadt, vom Volk zu Tode steinigen zu lassen.

Die Beamten aber sahen darin den Beginn einer Ordnungswidrigkeit, die sich zu einer Gefahr sowohl für sie selbst als auch für die ganze öffentliche Disziplin auswachsen könne; sie beschworen den Stadtrat und beschwichtigten die Bürgerschaft, nach Sitte und Brauch der Vorfahren zusammenzutreten, die Aussagen zu prüfen, das Urteil nach Maßgabe der Vernunft zu fällen und es abzulehnen, den Angeklagten wie bei den Barbaren oder unter tyrannischer Willkürherrschaft ungehört zu verdammen und damit im tiefsten Frieden der ganzen Welt ein abschreckendes Beispiel zu geben.

Dieser vernünftige Vorschlag fand Gehör, und sogleich mußte der Ausrufer eine Versammlung der Stadtväter im Rathaus bekanntgeben. Als alle ihrem Rang entsprechend Platz genommen hatten, trat, wieder nach Aufruf durch den Herold, der Kläger ein. Dann wurde der Angeklagte gerufen und hereingeführt, und entsprechend den gesetzlichen Bestimmungen, die für Attika und den Areopag Gültigkeit besitzen, ermahnte der Ausrufer die Anwälte, ausschließlich zur Sache zu sprechen und keine Gefühlsausbrüche zu provozieren.

Daß sich dies alles tatsächlich so abspielte, habe ich aus verschiedenen Gesprächen von Zeugen entnehmen können, die ich mit anzuhören Gelegenheit hatte. Wie aber der Kläger seine Sache im einzelnen vertrat, wie sie der Angeklagte zu widerlegen suchte, kurz und gut, von Reden und Gegenreden weiß ich nichts, da ich ja weit weg an meiner Krippe stand; und was ich nicht weiß, das kann ich auch nicht erzählen. Aber was ich erfuhr, das will ich gerne in diesem Bericht noch erwähnen: Sobald das Hin und Her des Wortwechsels zu Ende war, beschloß man, die Wahrheit und Zuverlässigkeit der Vorwürfe durch gründliche Beweise zu erhellen und sich in einer solchen Sache nicht mit Vermutungen und Verdachtsmomenten zu begnügen; daher müsse unbedingt der Sklave, der angeblich einzig und allein den Hergang wisse, geladen werden. Dieser Schurke aber, den weder die Würde des Hauses noch die hochansehnliche Versammlung, geschweige denn sein böses Gewissen aus der Fassung brachten, wußte mit der größten Unverfrorenheit seine lügnerischen Erfindungen als Wahrheit hinzustellen und führte aus: Der junge Mann habe ihn in seiner Empörung über die Zurückweisung durch seine Stiefmutter kommen lassen und ihm aufgetragen, ihren Sohn zu ermorden, um sich zu rächen; er habe ihm für seine Verschwiegenheit eine große Belohnung in Aussicht gestellt und ihn im Fall seiner Weigerung mit dem Tod bedroht; er habe ihm das eigenhändig gemischte Gift übergeben, damit er es seinem Bruder reiche, habe aber schließlich aus Argwohn, er könne den Becher als Beweisstück des Verbrechens aufheben, den Trank mit eigener Hand dem Knaben gereicht. Nach dieser wahrscheinlich klingenden und mit erheuchelter Unterwürfigkeit ängstlich vorgebrachten Aussage wurde die Beweisaufnahme abgeschlossen.

Keiner der Richter war dem jungen Mann gegenüber so unvoreingenommen geblieben, daß er ihn nicht für eindeutig der Schuld überführt hielt und dazu verurteilt hätte, in den Sack eingenäht zu werden.

Schon sollten die Stimmtafeln, die alle das gleiche Urteil trugen, nach alter Sitte in die eherne Urne geworfen werden – und nach dieser Handlung wäre das Schicksal des Angeklagten unwiderruflich besiegelt und keine Korrektur mehr möglich gewesen, die Verfügungsgewalt über sein Leben wäre dem Henker übertragen worden –, als einer der Richter, ein Greis von erprobter Zuverlässigkeit und von besonderer Autorität, Arzt von Beruf, den Schlitz der Urne mit seiner Hand zudeckte, damit niemand vorschnell sein Täfelchen einwerfen könne, und dem hohen Gericht vorwarf:

»Bis auf den heutigen Tag hat mein Lebenswandel zu meiner Befriedigung eure Zustimmung gefunden. Und so werde ich nicht dulden, daß an diesem fälschlich beschuldigten jungen Mann ein eindeutiger Justizmord begangen wird und daß ihr, von einem nichtswürdigen Sklaven belogen, wider Eid und Pflicht euer Urteil fällt. Religion und Gewissen fordern von mir, daß ich die Wahrheit sage. So hört von mir folgenden Sachverhalt:

Hier dieser Schurke kam vor kurzem zu mir und bot mir einhundert Goldstücke für ein rasch wirkendes Gift, das für einen Kranken benötigt werde, bei dem keine Hoffnung mehr bestehe und der unsägliche Qualen leide, denen er sich zu entziehen wünsche. Ich merkte jedoch sehr bald aus dem üblen Zusammenhang der Reden dieses Bösewichts, daß hier ein Verbrechen ins Werk gesetzt werden sollte, gab ihm aber gleichwohl einen Trank; ich gab ihn, doch im Hinblick auf ein eventuelles gerichtliches Nachspiel nahm ich die gebotene Summe nicht an, sondern sagte: ›Um sicherzugehen, daß es sich bei diesen Goldstücken hier nicht um minderwertige oder gefälschte Stücke handelt, bitte ich dich, sie mir hier in diesem Beutel mit deinem Ring zu versiegeln, bis sie morgen in unserer Gegenwart von einem Wechsler geprüft werden!‹ Er ließ sich überreden und versiegelte das Geld. Als der Kerl dort dem Gericht vorgeführt wurde, ließ ich den Beutel gleich durch einen meiner Diener aus meinem Hause holen; hier ist das Geld, ich stelle es für die Untersuchung zur Verfügung. Er mag sich davon überzeugen, daß es sich um sein Siegel handelt. Wie aber kann der Bruder der Mörder sein, wenn dieser hier das Gift beschafft hat?«

Da bekam es der Bösewicht gewaltig mit der Angst zu tun, sein bisher so lebhaftes Gesicht wurde kreidebleich, und an allen Gliedern brach ihm der kalte Schweiß aus. Unruhig trat er von einem Bein aufs andere, kratzte sich bald hier, bald da den Kopf und murmelte zusammenhangloses Zeug, so daß keiner mehr von seiner Unschuld überzeugt war. Als aber seine Schlauheit wieder Oberwasser gewonnen hatte, war des Leugnens kein Ende, und er zieh den Arzt der Lüge. Als dieser sah, daß nicht nur sein Ansehn vor Gericht, sondern auch seine Glaubwürdigkeit auf dem Spiel stand, bemühte er sich mit doppeltem Eifer um die Überführung des Bösewichts, bis endlich die Amtsdiener auf Befehl des Gerichts die Hände des ruchlosen Sklaven packten, ihm seinen eisernen Ring abzogen und diesen mit dem Siegel des Beutels verglichen; das Ergebnis bestärkte den aufgekommenen Verdacht. Rasch waren nach griechischer Sitte die Foltergeräte, Rad und Marterbank, herbeigeschafft. Doch mit merkwürdiger Verstocktheit blieb er trotz Geißel und Feuer standhaft.

Da sprach der Arzt: »Ich werde nicht zulassen, nein, weiß Gott nicht, daß dieser unschuldige junge Mann widerrechtlich zum Tode verurteilt wird und daß der Schurke dort unseres Gerichts spottet und der Strafe für sein Verbrechen entgeht! Und dies ist das Beweisglied in dem zur Verhandlung stehenden Fall. Als jener Schurke das Gift kaufen wollte, schien es mir mit meinem Beruf als Arzt unvereinbar, ein tödlich wirkendes Mittel zu verabreichen, denn ich hatte gelernt, daß Heilkunst nicht dem Verderben, sondern dem Wohl der Menschheit zu dienen habe; auf der anderen Seite aber fürchtete ich, wenn ich sein Ansinnen ablehnte, durch die untunliche Weigerung erst recht dem bösen Vorhaben Vorschub zu leisten, indem er sich dann anderenorts den Todestrank beschaffen oder auch mit dem Schwert oder einer anderen Waffe die geplante Untat ausführen werde; so gab ich ihm ein Gift, das nur ein Schlaftrunk war, den Saft der Alraune, der als ein bewährtes Betäubungsmittel gilt und einen todähnlichen Schlaf bewirkt. Es ist kein Wunder, daß dieser Kerl in seiner Verzweiflung, da es bei den nun einmal bestehenden Gesetzen um Tod und Leben geht, die Folterqualen als das kleinere Übel immer noch leichter erträgt. Wenn aber der Knabe wirklich den von mir eigenhändig gemischten Trank genommen hat, dann lebt er, ruht und schläft nur und wird den tiefen Schlummer rasch abschütteln und ins Bewußtsein zurückkehren. Wurde er aber ermordet, ist er wirklich tot, so hat sein Tod eine andere Ursache.«

Diese Worte des Greises fanden allgemeine Zustimmung, und man begab sich sogleich zu dem Grab, in welchem die sterbliche Hülle des Knaben beigesetzt war. Keiner der Richter, keiner der Vornehmen und keiner aus dem Volk fehlte, als man sich dort voller Neugier versammelte.

Und wirklich! als der Vater mit seinen eigenen Händen den Sargdeckel entfernt, sieht er, wie sein Sohn, der soeben den totenähnlichen Schlaf abgeschüttelt hat, wieder zum Leben erwacht und sich aufrichtet; er schließt ihn in seine Arme, drückt ihn an sich und führt ihn, der Worte nicht mächtig in der Freude des Augenblicks, hinaus zu den Leuten. Und so, wie er war, noch eingehüllt in das Sargtuch, bringt man den Knaben vor Gericht. Nun wird das Verbrechen des ruchlosen Sklaven und des noch ruchloseren Weibes aufgedeckt, und die Wahrheit kommt ans Licht; die Stiefmutter wird mit lebenslänglicher Verbannung bestraft, der Sklave aber wird ans Kreuz geschlagen. Dem braven Arzt beläßt man unter allgemeiner Zustimmung die Goldstücke als Belohnung für den rettenden Schlaftrunk.

Und die berühmte und oft berufene Geschichte jenes alten Mannes endete somit, wie es der Würde der göttlichen Vorsehung entsprach, indem er sich innerhalb kurzer Frist völlig vereinsamt und dann plötzlich wieder als Vater zweier Söhne sah.

Mich aber warfen die Wogen des Schicksals weiter hin und her.

Jener Soldat, der mich ohne Verkäufer und für gar nichts erstanden hatte, sollte auf Befehl seines Vorgesetzten ein Schreiben an den großen Kaiser nach Rom bringen und verhandelte mich daher für elf Denare an zwei Sklaven in der Nachbarschaft, die Brüder waren.

Diese dienten einem sehr reichen Herrn. Der eine von ihnen war Bäcker, der Brot und süßes Backwerk herstellte, der andere ein Koch, der ausgezeichnet abgeschmeckte Soßen und Fleischgerichte zuzubereiten wußte. Sie lebten zusammen in einem gemeinsamen Raum und hatten mich gekauft, weil ich die zahlreichen Gerätschaften tragen sollte, die zur Versorgung ihres Herrn auf seinen vielen Reisen erforderlich waren.

Die Brüder nahmen mich also als dritten in ihre Stubengemeinschaft auf, wobei sich Fortuna mir niemals gnädiger erzeigt hat. Abends, wenn ihr Herr gespeist hatte, brachten sie von dem reichgedeckten und wohlbeschickten Tisch manche gute Kostprobe mit nach Hause: der eine Ferkel, Fasan, Fisch und Fleischgerichte aller Art, der andere Brot, Zuckerwerk, Gebäck, Mehlspeisen, Kuchen und alle möglichen anderen mit Honig gesüßten Leckereien. Kaum hatten sie ihr Zimmer verschlossen, um sich im Bad zu erfrischen, als ich mir die vom Himmel bescherten Näschereien bestens schmecken ließ. So töricht und so echt eselhaft war ich nämlich nun wieder nicht, daß ich diese herrlichen Gaben verschmäht und garstiges Heu gefressen hätte!

Lange Zeit konnte ich meinem diebischen Gelüst ungestört frönen, denn aus Vorsicht begnügte ich mich trotz dem großen Vorrat mit kleinen Kostproben hier und da, und meinen Herren kam es gar nicht in den Sinn, ihrem Esel zu mißtrauen. Als ich mich aber immer sicherer fühlte und kaum noch mit einer Entdeckung rechnete, schnappte ich mehr und mehr gerade die besten Brocken und suchte mir die leckersten Süßigkeiten aus, bis die Brüder argwöhnisch wurden; wenn sie sich auch von mir noch immer nichts Derartiges träumen ließen, so paßten sie jetzt doch sehr scharf auf, wer sie täglich so schädige.

Schließlich beschuldigten sie sich sogar gegenseitig des gemeinen Diebstahls, und nun beobachtete einer den anderen, und jeder zählte und kennzeichnete seinen Teil. Endlich riß dem einen die Geduld.

»Das ist weder recht noch zumutbar«, schimpfte er, »daß du Tag für Tag die besten Bissen schnappst und verkaufst, um dich heimlich zu bereichern, und dann den Rest mir gleich zu gleich teilen willst! Wenn du unseren gemeinsamen Haushalt satt hast, so können wir unsere Sachen getrennt verwahren und trotzdem Brüder bleiben. Mir scheint nämlich, wenn das auf die Dauer so weitergeht, wird es in Zukunft nur noch Zank und Streit geben!«

Der andere entgegnete: »Deine Dreistigkeit ist in der Tat erstaunlich! Tag für Tag bestiehlst du mich, und während ich mich schon lange heimlich darüber ärgere und es mir widerstrebt, den eigenen Bruder des gemeinen Diebstahls zu beschuldigen, kommst du meiner Beschwerde zuvor! Aber gut, daß die Sache zur Sprache kommt und wir uns endlich darüber verständigen, wie dem Übel abgeholfen werden soll, damit der heimliche Groll nicht noch zu einem Bruderkampf führt wie bei Eteokles und Polyneikes!«

So und ähnlich zankten die Brüder und schworen beide, weder betrogen, geschweige denn gestohlen zu haben. Es sei aber unerläßlich, den Dieb mit allen Mitteln ausfindig zu machen, der ihnen solchen Schaden zufüge; denn der Esel, der einzige, der noch da sei, käme schließlich als Liebhaber solcher Speisen, wie sie täglich verschwänden, ebensowenig in Frage, wie von solchen Riesenfliegen in ihrer Kammer die Rede sein könne, wie einst die Harpyien waren, die dem Phineus die Mahlzeit plünderten.

Inzwischen aber setzte ich, durch das regelmäßige Essen herausgefüttert und durch die menschlichen Speisen wohl gemästet, am ganzen Leibe fetten Speck an, meine Haut fühlte sich weich und samtig an, mein Fell war glatt und glänzend. Und unter dieser Schönheitsblüte witterten meine Herren Unrat. Sie sahen, daß mein Rücken immer runder wurde, während das Heu tagtäglich liegenblieb, und wandten mir daher ihre volle Aufmerksamkeit zu. Zur gewohnten Stunde schlossen sie die Türe zu, als wollten sie sich ins Bad begeben, während sie mir in Wahrheit durch einen schmalen Spalt zusahen, wie ich an den herumstehenden Leckereien naschte. Ohne an ihren Schaden zu denken, wunderten sie sich über die seltsamen Gelüste des Esels und brachen in schallendes Lachen aus. Sie riefen nach und nach ihre Freunde herbei, um ihnen das genäschige Langohr vorzuführen. Schließlich war das Gejohle so groß, daß es auch zu den Ohren ihres Herrn drang, der zufällig vorüberging.

Er wollte wissen, was es Gutes zu belachen gebe, und als er den Sachverhalt erfuhr, blickte er auch seinerseits durch den Spalt und freute sich königlich; und schließlich mußte auch er so lachen, daß ihm der Leib wehtat; er ließ die Tür öffnen, trat ein, stellte sich neben mich und sah mir zu. Und da Fortuna mir endlich etwas freundlicher zu lächeln schien und die Fröhlichkeit der Umstehenden mir Zutrauen einflößte, ließ ich mich nicht im geringsten stören und fraß in aller Seelenruhe weiter, bis der Herr, dem ein so ungewohntes Schauspiel großen Spaß machte, mich ins Haus bringen ließ, ja mich sogar eigenhändig in den Speiseraum führte, wo er einen Tisch aufzustellen und alle möglichen Gerichte Gang für Gang aufzutragen befahl.

Und obwohl ich schon ziemlich satt war, machte ich mich mit Genuß über die angebotenen Speisen her, um mich bei dem Herrn um so beliebter und angenehmer zu machen. Man überlegte, was einem Esel besonders zuwider sein könne, und setzte es mir vor, um meinem Geschmack auf die Spur zu kommen; ich fraß Fleisch mit Würzkraut, scharf gepfeffertes Geflügel und Fisch mit einer ganz komplizierten Soße.

Der ganze Raum dröhnte vor Gelächter. Plötzlich rief ein Witzbold: »Gebt doch dem Kameraden da auch einen Schluck Wein!« – »Wohlgesprochen, du Schelm!« meinte der Herr. »Es ist gar nicht ausgeschlossen, daß unser Hausgenosse auch einen Becher Honigwein zu schätzen weiß!« Und dann rief er: »Heda, Junge, spül den goldenen Becher aus, füll ihn mit Honigwein und biete ihn unserem Fresser an; sag ihm auch, daß ich ihm ein ›Wohl bekomm's!‹ wünsche.« Die ganze Gesellschaft wartete gespannt. Ich ließ mich nicht aus der Ruhe bringen und schlürfte in aller Gelassenheit mit vornehm gespitzten Lippen den ganzen Pokal in einem Zug aus. Wie aus einer Kehle brüllten alle: »Prost!«

Schließlich rief der Herr, außer sich vor Vergnügen, seine Sklaven, die mich gekauft hatten, und ließ ihnen den vierfachen Preis erstatten, mich aber übergab er einem seiner Freigelassenen, der sein besonderes Vertrauen hatte, und empfahl mich seiner sorglichsten Obhut. Dieser fütterte mich wohlwollend und gutmütig heraus, und um sich bei seinem Patron noch beliebter zu machen, suchte er mir allerhand Kunststücke zu dessen Belustigung beizubringen.

Zuerst lehrte er mich, mit aufgestützen Ellbogen bei Tisch zu liegen, dann zu ringen und sogar mit erhobenen Vorderfüßen zu tanzen, schließlich aber, als ganz besondere Sensation, mich durch Kopfnicken mit ihm zu unterhalten und auf seine Worte einzugehen, indem ich, wenn ich etwas nicht wollte, den Kopf hob, und wenn ich etwas wollte, ihn senkte, und wenn ich Durst hatte, mich nach dem Mundschenk umsah und ihm durch Zublinzeln zu verstehen gab, daß er mir einschenken solle. Das alles fiel mir sehr leicht, da ich all diese Faxen auch ohne Anweisung hätte machen können. Ich fürchtete nur, wenn ich mich ohne Lehrmeister wie ein Mensch aufführen würde, könnte man das als ein schlimmes Vorzeichen auffassen, mich als Unglückstier und Ungeheuer schlachten und den Geiern als fetten Fraß überlassen.

Inzwischen hatte sich das Gerücht von meinen Wunderkünsten so verbreitet, daß mein Herr überall bekannt und berühmt war: »Das ist der Mann, dessen Freund und Tischgenosse ein Esel ist, der sich auf Ringkämpfe versteht, ein Esel, der tanzen kann, ein Esel, der die menschliche Sprache versteht und der sich durch Kopfnicken verständlich zu machen weiß!«

Aber nun möchte ich noch, was sich schon längst gehört hätte, nachtragen, wer der Mann war und woher er stammte: Thiasus – so hieß mein neuer Herr – stammte aus Korinth, der Hauptstadt der Provinz Achaia, und hatte entsprechend seiner Geburt und seinem Stand die ganze Ämterlaufbahn durchmessen, bis er schließlich jüngst auf die Dauer von fünf Jahren in die oberste Verwaltung gewählt worden war, wobei er für diesen hohen Ehrentag ein dreitägiges Gladiatorenspiel versprochen hatte, um seine Freigebigkeit in erweitertem Rahmen unter Beweis zu stellen. Und weil er das Volk für sich einzunehmen wünschte, war er sogar bis nach Thessalien gereist, um die besten wilden Tiere und berühmte Gladiatoren anzukaufen. Schließlich war alles nach Wunsch besorgt und beschafft, und er begab sich wieder auf die Heimreise. Dabei verzichtete er auf seine glänzenden Wagen und ließ die bequemen Kutschen mit und ohne Dach unbenutzt am Schluß des Zuges mitführen, desgleichen auch die thessalischen Reitpferde und die gallischen Zugtiere aus wertvollster Zucht, um, was seine Person betraf, mich höchstselbst zu besteigen, nachdem er mich mit goldenem Geschirr, buntem Sattel, purpurnen Decken, silbernen Zügeln, gestickten Gurten und klingenden Schellen hatte großartig ausstaffieren lassen. Unterwegs schmeichelte er mir mit freundlichen Worten und versicherte mir unter anderem, daß es ihm eine große Freude sei, in seinem Reittier zugleich auch einen Tafelgenossen zu sehen.

Als wir die Reise teils zu Lande und teils zur See hinter uns und Korinth erreicht hatten, strömten die Bürger scharenweise zusammen, weniger Thiasus zu Ehren, wie mir schien, als vielmehr, um mich zu bestaunen. Mein Ruf war mir so vorausgeeilt, daß ich für meinen Wärter keine kleine Einnahmequelle war. Als er sah, daß viele Leute meine Possen zu sehen begehrten, ließ er sie gegen ein Eintrittsgeld herein, indes er mich hinter Schloß und Riegel hielt, und gewöhnte sich alsbald an einen ganz netten Nebenverdienst.

Zu diesen Interessenten gehörte auch eine einflußreiche und vermögende Dame. Nachdem sie, wie die anderen auch, für die Besichtigung bezahlt und sich an meinen verschiedenen Scherzen begeistert hatte, geriet sie in ein immer größeres Entzücken und merkwürdiges Gelüst nach mir. Weil sie keine andere Möglichkeit sah, gegen diese sonderbare Leidenschaft anzugehen, begehrte sie als eine zweite Pasiphaë – diesmal allerdings mit einem Esel – inbrünstig nach meiner Umarmung. Schließlich erkaufte sie sich für eine entsprechend hohe Summe bei meinem Pfleger ein nächtliches Beisammensein; er willigte ein, ohne sich Gedanken zu machen, was für ein Reiz von mir ausgehen könne, und kümmerte sich, ganz Geschäftsmann, nur um seinen Vorteil.

Als wir zu Abend gegessen und den Speiseraum des Herrn verlassen hatten, wartete die Dame bereits in meinem Schlafzimmer! Große Götter, was für Vorbereitungen waren da getroffen worden, welch eine Pracht! Vier Verschnittene bereiteten auf der Erde rasch einen weichen Pfühl aus vielen leichten und luftigen Daunenkissen, über den sie sorgsam eine mit Gold und tyrischem Purpur bestickte Decke breiteten; und auf dieser verteilten sie noch eine Anzahl kleinerer, herrlich duftender Kissen, wie sich vornehme Damen ihrer gern als Wangenpolster oder Nackenpolster bedienen. Dann zögerten sie die Freuden ihrer Herrin nicht länger durch ihre Anwesenheit hinaus, sondern schlossen die Tür des Schlafraums und entfernten sich. Hier im Gemach aber durchstrahlten hell schimmernde Kerzen das nächtliche Dunkel.

Nun legte sie alle Hüllen ab und auch die Binde, die ihre zarten Brüste umschloß, trat nahe ans Licht und salbte sich ausgiebig aus einem Zinngefäß mit wohlriechendem Öl, mit dem sie auch mich versorgte und mit besonderer Hingabe meine Nüstern salbte. Dann küßte sie mich stürmisch – keine Küsse, wie sie im Freudenhaus zwischen billigen Mädchen und sparsamen Besuchern gewechselt werden, sondern voller Empfindung und Zärtlichkeit – und liebkoste mich und sprach: »Ich liebe dich!« und »Du gefällst mir!« oder »Dich nur habe ich lieb!« und »Ohne dich kann ich nicht leben!« und was sonst noch die Frauen sagen, um zu verführen und um ihre Zuneigung zum Ausdruck zu bringen. Dann faßte sie mich am Halfter und zog mich zu sich auf das Bett. Ich machte ihr dabei keine Mühe, denn ich hatte ja gelernt, mich hinzulegen, und es war auch nichts Neues und Schwieriges für mich, wenn ich – besonders nach so langer Zeit – die Umarmungen einer so schönen und leidenschaftlichen Frau über mich ergehen lassen sollte. Und das um so mehr, als ich reichlich guten Wein genossen hatte und die duftenden Salben meine Begierde erregten.

Trotzdem hatte ich Angst, mit meinen langen und zu vielen Beinen auf eine so vornehme Dame zu treten und so zarte und schimmernde Glieder, die wie Milch und Honig waren, mit meinen derben Hufen zu umschlingen, die zierlichen, von ambrosischem Schmelz feuchten Purpurlippen mit meinem so ungeschlachten und riesigen Maul und seinen Quadern von Zähnen zu küssen, und schließlich und zu guter Letzt auch, wie eine Dame, und sei sie noch so sinnlich bis in die Fingerspitzen, einen so übergroßen Körperteil aufnehmen würde. Und wehe mir, wenn ich einer so vornehmen Dame ein Leid zufügen würde: Ich würde den wilden Tieren vorgeworfen und zu einer Schaunummer auf dem Fest meines Herrn gemacht werden.

Sie aber hörte nicht auf, mir mit zärtlichen Koseworten, vielen Küssen, süßem Schmeicheln und Augenzwinkern zuzuflüstern: »Da bist du ja, mein Täubchen, mein Spätzlein!« Und dann beruhigte sie mich, daß all meine Befürchtungen gegenstandslos und meine Sorgen unbegründet waren. Sie umschlang mich, so eng sie konnte, und nahm mich ganz, wahrhaftig ganz in sich auf! Und sooft ich mich zurückzog, um sie zu schonen, so oft drängte sie ungestüm nach, umschlang meinen Rücken und drängte sich an mich, bis ich tatsächlich befürchtete, mir fehle noch ein bißchen, um sie restlos zufriedenstellen zu können, und im Ernst argwöhnte, die Mutter des Minotaurus habe sich nicht ohne Grund einen muhenden Liebhaber auserkoren. – Nachdem wir auf diese Weise eine recht arbeitsame und schlaflose Nacht verbracht hatten, verabredete die Dame mit meinem Wärter den gleichen Preis für die kommende Nacht und begab sich, um nicht gesehen zu werden, noch vor Tagesanbruch hinweg.

Mein Pfleger hatte keine Bedenken, ihr abermals den Gefallen zu tun, weil er nicht nur sehr großzügig dafür bezahlt wurde, sondern weil er seinem Herrn auch ein neues Schauspiel bieten konnte. Unverzüglich entdeckte er ihm das ganze Theater unserer Liebesfreuden. Jener aber belohnte den Freigelassenen reichlich und wünschte mich öffentlich auftreten zu lassen. Da aber weder jene meine treffliche Gemahlin wegen ihrer gesellschaftlichen Stellung noch sonst ein anderes weibliches Wesen, auch nicht für viel Geld, sich dazu herbeilassen wollte, machte man ein minderwertiges Subjekt ausfindig, das vom Statthalter dazu verurteilt war, den wilden Tieren vorgeworfen zu werden; sie sollte mit mir zusammen im Theater in aller Öffentlichkeit auftreten.

Im Zusammenhang mit ihrer Bestrafung hatte ich von folgenden Geschehnissen gehört:

Der Vater ihres Mannes hatte vor Antritt einer Reise seiner Frau, der Mutter ihres jungen Gatten, die er in anderen

Umständen zurückließ, aufgetragen, das Neugeborene sofort zu töten, falls sie ein Kind des schwachen Geschlechts zur Welt brächte. Während der Abwesenheit ihres Mannes gebar sie nun tatsächlich ein Mädchen, versagte jedoch ihrem Mann den Gehorsam – die natürliche Mutterliebe war der stärkere Trieb – und ließ das Mädchen von den Nachbarn aufziehen; ihrem Mann erzählte sie nach dessen Rückkehr, sie habe ein Mädchen geboren und töten lassen. Als die Jungfrau erblüht war und hätte heiraten sollen, die Mutter aber nicht ohne Wissen ihres Mannes die Tochter standesgemäß ausstatten konnte, blieb ihr nur die Möglichkeit, das ängstlich gehütete Geheimnis ihrem Sohn zu entdecken. Sie dachte dabei auch an die Gefahr, daß dieser im Ungestüm seines jugendlich heißen Dranges unglücklicherweise ahnungslos an seine ebenfalls nichtsahnende Schwester geraten könne.

Der sich seiner Verantwortung bewußte junge Mann wahrte seiner Mutter gegenüber ebenso den Gehorsam, wie er auch seiner Schwester gegenüber gerne seinen Pflichten nachkam. Er hütete das Geheimnis des Hauses in ehrfürchtigem Schweigen und kam unter dem Vorwand der selbstverständlichen Nächstenliebe seinen brüderlichen Verpflichtungen nach; er nahm das verlassene und der elterlichen Fürsorge beraubte Mädchen aus der Nachbarschaft in den Schutz seines Hauses auf, um sie möglichst bald einem ihm in treuer Freundschaft verbundenen Kameraden zur Frau zu geben und zu Lasten seines eigenen Vermögens mit einer großzügigen Mitgift zu versorgen.

Aber diese schönen, löblichen und in aller Aufrichtigkeit getroffenen Vorkehrungen scheiterten am grausamen Walten Fortunas, die in das Haus des jungen Mannes die wilde Eifersucht schickte. Vom ersten Augenblick an begann seine Gattin – eben jene, die jetzt den wilden Tieren vorgeworfen werden sollte – das Mädchen als Nebenbuhlerin oder Ehebrecherin erst zu verdächtigen, dann zu hassen und schließlich mit den grausamsten Todesschlingen zu umgarnen.

Endlich kam ihr der folgende schändliche Gedanke: Sie

stahl den Ring ihres Mannes, reiste aufs Land und schickte einen ihr zwar treu ergebenen Sklaven, der sich aber sonst um Treu und Glauben wenig scherte; er sollte dem Mädchen ausrichten, der junge Herr habe sich auf sein Landgut begeben und wünsche sie zu sehen; sie solle allein und ohne Begleitung so rasch wie möglich kommen. Und um ja keinen Zweifel auftauchen zu lassen, gab sie ihm den ihrem Mann gestohlenen Ring als Zeichen der Glaubwürdigkeit seiner Botschaft mit. Das junge Mädchen gehorchte der Weisung ihres Bruders – nur sie wußte um dieses Verwandtschaftsverhältnis –, und nachdem sie obendrein auch noch den Ring sah, machte sie sich unverzüglich der Aufforderung entsprechend ohne Begleitung auf den Weg. Als sie aber auf das Betrugsmanöver hereingefallen war und in der sorgsam geknüpften Schlinge steckte, riß die vor Eifersucht ohne Maß und Ziel rasende treffliche Gattin der Schwester ihres Mannes zuerst die Kleider vom Leib und peitschte sie bis aufs Blut, dann aber, als sie die Wahrheit herausschrie, daß es sich um einen Irrtum handle und daß sie nicht die Buhlerin, sondern die Schwester ihres Mannes sei, und das Wort Bruder immer wiederholte, hielt sie das für eine Lüge und Erfindung und brachte sie auf die grausamste Weise um, indem sie ihr mit einem glühenden Holzscheit zwischen die Schenkel fuhr.

Auf die Nachricht von ihrem schrecklichen Tod eilten der Bruder und der Bräutigam herbei und beweinten laut klagend das Mädchen, das sie zu Grabe trugen. Der junge Mann aber war durch den so schrecklichen und so unverdienten Tod seiner Schwester tief erschüttert und empfand so großen Schmerz, daß ihn ein fast an Wahnsinn grenzender Zorn befiel und er so fieberte, daß eine Abhilfe dringend geboten schien. Seine Frau aber, wenn ein Weib mit einer derartigen Gesinnung einen solchen Namen überhaupt noch verdient, begab sich zu einem Arzt von entsprechender Gewissenlosigkeit, dessen Künste ihm schon zu vielen Siegen verholfen hatten, auf die er mit Stolz zurückblickte, und bot ihm auf der Stelle fünfzig Sesterzen, wenn er ihr ein rasch wirkendes

Gift verkaufe und sie den Tod ihres Mannes dafür einhandle! Nachdem man einig geworden war, wurde so geredet, als bedürfe man zur Beruhigung des Magens und zum Entzug von Galle eines derartigen Trankes, wie ihn die Fachleute als Lebenselixier bezeichnen, doch wurde ein Todeselixier gemischt. Und in Gegenwart einiger Freunde und Verwandten sowie des Gesindes wollte der Arzt dem Kranken den eigenhändig sorgfältig zubereiteten Trank reichen.

Aber da fiel ihm das freche Weib vor aller Augen in den Arm, das sowohl den Mitwisser ihres Verbrechens aus dem Wege räumen als auch das versprochene Geld sparen wollte, hielt den Becher fest und rief: »Nicht eher, verehrter Arzt, nicht eher sollst du meinem teuren Mann den Becher reichen, als bis du selber einen guten Teil davon getrunken hast! Denn woher soll ich wissen, ob er nicht ein gefährliches Gift enthält? Dir, einem so klugen und erfahrenen Mann, wird es nichts ausmachen, wenn ich als fromme und um das Leben ihres Gatten bangende Frau die nötige Vorsicht walten lasse.«

Dieser geradezu unwahrscheinliche Streich des entsetzlichen Weibes kam so unerwartet, daß der Arzt fern jeder vernünftigen Überlegung und völlig ratlos war; hier galt kein langes Bedenken, und um nicht durch sein Erschrecken oder Zögern sein schlechtes Gewissen zu verraten, tat er rasch einige tiefe Züge aus dem Becher. Auf diesen Beweis der Zuverlässigkeit hin vertraute der junge Mann, nahm den Becher und trank aus, was ihm gereicht wurde. Nachdem der Arzt auf diese Weise die Situation für den Augenblick gemeistert hatte, wollte er so schnell wie möglich nach Hause, um dem tödlichen Gift durch ein rettendes Mittel zu begegnen. Doch mit verruchter Tücke vollendete das furchtbare Weib, was sie begonnen hatte, und ließ ihn nicht von ihrer Seite, »bevor«, wie sie sagte, »der Trank im Magen seine heilsame Wirkung offenbart«, sondern erst nachdem er ihr mit Bitten und Betteln zugesetzt hatte, erlaubte sie ihm endlich, sich zu entfernen. Inzwischen aber hatte sich das Gift durch den ganzen Körper verbreitet und war bis ins

Mark gedrungen, ehe er mit Müh und Not schon halb bewußtlos und unter den größten Schmerzen sein Haus erreichte. Kaum noch vermochte er seiner Frau zu erzählen, was vorgefallen war, und ihr aufzutragen, wenigstens den versprochenen Lohn für den zweifachen Mord einzufordern, als dieser hochberühmte Arzt auf so gewaltsame Weise sein Leben einbüßte und seinen Geist aufgab.

Doch auch der junge Mann hatte ihn nicht überlebt, sondern war unter den heuchlerischen Lügentränen seiner Frau auf die gleiche Weise gestorben. Einige Tage später, nachdem die Trauerfeierlichkeiten abgeschlossen waren und er schon im Grabe lag, war die Frau des Arztes da und verlangte den Lohn für den zweifachen Mord. Jenes Weib aber blieb sich selber treu, und während sie der Redlichkeit Gewalt antat, trug sie deren Schein zur Schau und stand höflich Rede, wobei sie alles mehr als bereitwillig zusagte und versprach, den vereinbarten Lohn sogleich auszuhändigen, nur erbitte sie noch ein geringes Quantum jenes Trankes, damit sie ihr begonnenes Unternehmen zu Ende führen könne.

Wozu noch viel Worte? Von den schlauen Ränken umgarnt, willigte die Arztfrau ein, und um sich der reichen Dame besonders gefällig zu erweisen, eilte sie nach Hause, holte die ganze Büchse mit dem restlichen Gift und händigte sie ihr aus. Diese war nun für weitere Verbrechen genügend versorgt und ließ ihre blutbefleckten Hände nach Belieben schalten und walten.

Ihr war noch ein Töchterchen von ihrem eben vergifteten Mann verblieben. Unzufrieden damit, daß die Gesetze diesem Kind zwangsläufig die ganze väterliche Hinterlassenschaft zusprechen, trachtete sie wie nach dem Erbe ihrer Tochter so auch nach deren Leben. Nachdem sie sich Gewißheit darüber verschafft hatte, daß die Mütter verstorbener Kinder deren unselige Erbschaft antreten, erwies sie sich als Mutter, wie sie sich als Gattin erwiesen hatte; sie veranstaltete ein Essen und räumte bei dieser Gelegenheit sowohl die Frau des Arztes wie auch das eigene Kind mit dem gleichen Gift aus dem Wege. Auf das junge Leben, die zarten und schwachen Innenorgane des Kindes, wirkte das Gift sofort; die Frau des Arztes aber schöpfte, als sie fühlte, wie das giftige Unheil sich seinen mörderischen Weg in die Lungen suchte, Verdacht, und als sich die erste Atemnot bemerkbar machte, ward ihre Vermutung zur Gewißheit, und sie eilte, so schnell sie konnte, zum Haus des Statthalters, bat ihn unter lautem Geschrei um Hilfe, verursachte einen Volksauflauf und erreichte, daß ihr für die Aufdeckung so ungeheuerlicher Verbrechen auf der Stelle Haus und Ohren des Statthalters offen standen. Und kaum hatte sie die Verbrechen des abscheulichen Weibes von Anfang an berichtet, als es sich plötzlich wie eine Wolke über ihren Geist legte und ihr schwindelte; ihre eben noch halb geöffneten Lippen schlossen sich, und sie brach mit knirschenden Zähnen zu Füßen des Statthalters tot zusammen. Der vielerfahrene Mann ließ die zahlreichen Untaten der Giftmischerin nicht erst durch langen Verzug in Vergessenheit geraten, sondern befahl, sofort die Bedienten des Weibes zu ergreifen, und zwang sie auf der Folter, die Wahrheit auszusagen. Daraufhin verkündete er, daß die Missetäterin zum mindesten den wilden Tieren vorzuwerfen sei – eine Strafe, die zwar keineswegs der Ungeheuerlichkeit ihrer Verbrechen entsprach, doch eine andere, angemessenere Marter stand nicht zur Verfügung.

Und mit diesem Weib sollte ich öffentlich Beilager halten!

Mit Beklemmung und Angst sah ich dem Beginn der Spiele entgegen und wollte mir mehrmals lieber den Tod geben, als mich durch die Berührung mit einer solchen Verbrecherin zu schänden und durch die Schmach der öffentlichen Zurschaustellung alle Scham preiszugeben. Aber ohne menschliche Hände und Finger konnte ich, mit meinen plumpen Hufen, unmöglich ein Schwert zücken! Doch ein Funken Hoffnung tröstete mich in meinem großen Unglück, denn schon schmückte der beginnende Frühling die Welt mit Blütenknospen und kleidete die Wiesen in einen purpurnen Blumenflor; und schon brachen an ihrem dornigen Gestrüpp mit süßem Wohlgeruch die Rosen auf, die mich wieder in meine frühere Gestalt des Lucius zurückverwandeln sollten.

Und wirklich, der Tag der Spiele war da! Unter dem Jubel des Volkes wurde ich zum Amphitheater geführt. Während die Spiele mit pantomimischen Tänzen eröffnet wurden, stand ich vor dem Eingang und rupfte munter das üppige Gras, das am Wegrand sproßte, indes ich meinen neugierigen Augen bisweilen einen Blick durch das offene Tor auf die reizenden Darbietungen gönnte.

Knaben und Mädchen in frischer Jugend, von schönster Gestalt und in glänzenden Gewändern, tanzten mit graziösen Schritten und in reizvoller Ordnung einen griechischen Waffenreigen, wobei sie sich bald im Kreis bewegten, bald in schrägen Reihen verschränkten, dann wieder ein großes Viereck bildeten, um sich erneut in zwei getrennte Gruppen aufzulösen. Dann machte ein Trompetensignal dem Schauspiel mit seinen vielfach wechselnden Bildern ein Ende, der Vorhang verhüllte die Bühne, und die Dekoration wurde umgebaut.

Ein Berg aus Holz war zu sehen, der jenen von Homer besungenen Berg Ida vorstellte, mit großem Geschick aufgebaut und mit Gebüsch und lebenden Bäumen bepflanzt, von dessen Gipfel aus einer künstlich angelegten Quelle frisches Wasser herniederfloß. Einige Ziegen rupften Kräuter, während ein schön geschmückter junger Mann, wie Paris in einem von den Schultern herabhängenden phrygischen Mantel und mit einer goldenen Mütze auf dem Kopf, den Hüter der Tiere spielte. Neben ihm stand ein schöner Knabe, nackt bis auf den kurzen Mantel, den er über die linke Schulter geschlagen hatte, mit blondem Lockenhaar und zwei kleinen goldenen Flügeln, die mit goldenen Bändern befestigt waren; sein Heroldsstab verriet ihn als Merkur. Im Tanzschritt schwebte er herbei, in der Rechten einen vergoldeten Apfel haltend, den er dem Darsteller des Paris reichte; dabei richtete er pantomimisch Jupiters Auftrag aus, zog sich schnell wieder zurück und entschwand den Blicken.

Nun erschien ein Mädchen mit hoheitsvoller Miene, in der

man Juno erkannte; das Haupt nämlich umschloß ein schimmerndes Diadem, und außerdem trug sie ein Zepter.

Dann stürmte ein anderes Mädchen herein, die man sogleich als Minerva erkannte, da ihr Haupt ein strahlender, mit einem Ölzweig umkränzter Helm zierte; sie trug den Schild, schwang die Lanze und sah aus wie die Göttin auf dem Schlachtfeld.

Zu diesen aber trat noch ein drittes Mädchen von ganz besonderer Anmut, deren ambrosischer Leib sie als Venus zu erkennen gab, die jungfräuliche Venus, deren vollendete Schönheit nackt und unverhüllt sich darbot, außer daß ein zarter Seidenschleier ihre Scham beschattete, ohne sie zu verhüllen. Bald hob ein neugieriger Wind kosend den leichten Flor und ließ die Blüte der Jugend sehen, bald drückte er ihn an ihren Leib, so daß die verführerischen Konturen ihrer Glieder hervortraten. Die beiden Farben, in denen die Göttin sich zeigte, waren das Weiß ihres Leibes, weil sie vom Himmel abstammte, und das Blau ihres Mantels, weil das Meer sie geboren hatte.

Jedes der drei Mädchen, welche die Göttinnen darstellten, hatte ein Gefolge; mit Juno kamen Kastor und Pollux, von zwei jugendlichen Schauspielern dargestellt, die runde, mit einem Stern geschmückte Helme trugen. Unter den Klängen einer jonischen Flöte trat Juno ruhig und natürlich vor und versprach dem Hirten mit hoheitsvollen Gesten die Herrschaft über ganz Asien, wenn er ihr den Preis der Schönheit zuerkenne.

Minerva im Schmuck ihrer Waffen folgten als waffentragende Begleiter zwei Knaben, Schrecken und Furcht darstellend, die einen Schwerttanz aufführten. Ein Pfeifer, der hinter ihnen herging, spielte eine dorische Kriegsweise und mischte hohe schmetternde Trompetenklänge mit tiefen pathetischen Tönen, um ihrem feurigen Reigen entsprechenden Schwung zu verleihen. Die Göttin gab mit herrischem Haupt, drohenden Blicken und raschen, hastigen Bewegungen dem Paris energisch zu verstehen, daß sie ihn durch Siege und glänzende Auszeichnungen zu einem berühmten

Helden machen werde, wenn er ihr den Preis der Schönheit zuspreche.

Aber siehe, da stand Venus unter dem lauten Beifall des Theaters mitten auf der Bühne, süß lächelnd und umgeben von einer Schar fröhlicher Knaben. Wie aus Milch und Blut, waren sie wirklich wie Amoretten, die vom Himmel oder vom Meer herbeigeflattert schienen; mit ihren niedlichen Flügeln und Pfeilen und ihrer reizenden Erscheinung entsprachen sie durchaus einer solchen Vorstellung, als sie mit flammenden Fackeln der Göttin voranleuchteten wie zum Hochzeitsschmaus. Nun strömten anmutige Scharen junger Mädchen herein, hier als reizende Grazien und dort als liebliche Horen, feierten ihre Göttin mit einem kunstvollen Reigen und streuten einzelne und zum Strauß gebundene Blumen, um der Herrin aller Lust mit den Gaben des Frühlings zu schmeicheln.

Schon ließen vielstimmige Flöten liebliche lydische Weisen erklingen. Während sie die Herzen der Zuschauer süß bewegten, schritt, weit süßer noch, Venus dahin, sich anmutig bewegend, sanft sich wiegend, um mit leise nickendem Haupt und den Flötenklängen entsprechenden Gebärden mit bald sanft geschlossenen, bald lebhaft geöffneten Augen ihr Verlangen zu äußern, ja, fast nur mit den Blicken zu tanzen. Als sie vor ihren Richter hintrat, schien die Bewegung ihrer Arme dem Paris eine ihm selbst an Schönheit durchaus vergleichbare Gemahlin zu verheißen, falls er ihr vor den anderen Göttinnen den Vorzug gebe. – Da reichte der junge Phryger dem jungen Mädchen willigen Herzens den goldenen Apfel als Zeichen des Sieges.

Wundert ihr euch da noch, ihr Schwachköpfe, vielmehr ihr Schafe vor Gericht, nein, ihr Geier im Talar, daß heutzutage alle Richter ihr Urteil für Geld verkaufen, wenn schon am Anfang aller Geschichte sich in einen Streit zwischen Göttern und Menschen die Bestechung eingemischt hat und der durch des höchsten Jupiter Beschluß eingesetzte erste Richter, ein Bauer und Viehhirt, sein Urteil um den Gewinn von Sinnenlust und zum Verderben seines ganzen Stammes verkauft hat! Auch aus der Folgezeit sind in der Tat ähnliche Beispiele von edlen Fürsten der Achaier bekannt; wurde doch der durch Bildung und Gelehrsamkeit ausgezeichnete Palamedes aufgrund falscher Anschuldigungen wegen Verrates verurteilt, und dem durch unüberwindliche Tapferkeit ausgezeichneten Helden Aiax wurde der nur mittelmäßige Odysseus vorgezogen. Und war es um das Urteil der Athener besser bestellt, die doch als Gesetzgeber in hohem Ansehen stehen und kluge Meister aller Wissenschaften sind? Wurde nicht jener Greis voll göttlicher Weisheit, den der delphische Gott als den weisesten aller Sterblichen bezeichnete, durch die Machenschaften und auf Betreiben einer niederträchtigen Interessengruppe verleumdet und als angeblicher Verderber der Jugend, die er doch zügelte und im Zaum zu halten versuchte, durch den tödlichen Saft eines Giftkrauts hingerichtet! Ein Schandfleck in der Geschichte dieses Volkes, den keine Ewigkeit ausbleicht, da bis auf den heutigen Tag die edelsten Geister seiner heiligen Lehre folgen und voll Verlangen nach ewiger Seligkeit auf seinen Namen schwören!

Doch damit niemand an diesem Ausbruch meiner Entrüstung Anstoß nimmt und sagt: »Jetzt hält uns der Esel auch noch eine Moralpredigt!« will ich wieder zu meiner Geschichte zurückkehren.

Paris hatte sein Urteil gefällt, Juno und Minerva traten traurig und sichtlich erbost von der Bühne ab, indem sie ihrer Entrüstung über die Zurückweisung durch entsprechende Gebärden Ausdruck verliehen. Venus aber gab froh und jubelnd ihre Befriedigung durch einen Tanz zu verstehen, dem sich der ganze Chor anschloß.

Nun sprang auf dem Gipfel des Berges aus einem versteckt angebrachten Rohr in Wein aufgelöster Safran empor und ergoß sich zerstäubt niedersprühend in einem duftenden Regen über die weidenden Ziegen, deren leuchtendes Weiß sich in ein Safrangelb verwandelte. Und als das ganze Theater von köstlichem Duft erfüllt war, tat sich die Erde auf und verschlang den hölzernen Berg.

Und schon kam ein Soldat mitten über die Bühne gerannt, um auf Verlangen des Volkes jenes Weib aus dem Kerker zu holen, das, wie schon erzählt, wegen ihrer vielfachen Mordtaten verurteilt war, den wilden Tieren vorgeworfen zu werden, nachdem sie vorher mit mir herrliche Hochzeit gehalten haben würde. Und schon wurde das uns als Hochzeitsbett bestimmte Lager mit aller Sorgfalt hergerichtet, das von indischem Schildpatt glänzte und über dessen flaumigen Pfühl eine schimmernde Seidendekke gebreitet war.

Aber ich fürchtete mich, ganz abgesehen von der Schande, vor allen Leuten ein Beilager zu halten, und abgesehen von der Berührung des verbrecherischen Weibes, vor allem vor dem Tod, denn ich sagte mir: Keine Bestie, die man hereinläßt, um das Weib zu zerreißen, kann so vernünftig oder so abgerichtet oder so geschickt sein, daß sie sich auf das an meiner Seite liegende und mit mir im Liebesakt zusammenhängende Weib beschränkt und mich als nicht verurteilt und nicht schuldig verschont.

Da mir natürlich noch mehr als an der Rücksicht auf meine Schamhaftigkeit an der Erhaltung meines Lebens gelegen war, benutzte ich den Augenblick, da mein Wärter ganz damit beschäftigt war, mein Lager herzurichten, und das übrige Personal sich teils auf das Tiergefecht vorbereitete, teils in seinen Gedanken noch bei dem eben gesehenen, aufreizenden Schauspiel weilte, so daß ich unbeaufsichtigt blieb und auch niemand daran dachte, mich braven Esel bewachen zu müssen, um nach und nach und ganz verstohlen einen Fuß vor den anderen zu setzen und, als ich den nächsten Ausgang erreicht hatte, mich unbemerkt hinauszustehlen – und dann auf und davon! Nach einem Dauerlauf über volle sechs Meilen erreichte ich Kenchreä, das zu der glänzenden Kolonie Korinth gehört und vom Ägäischen oder Saronischen Meer bespült wird. Im dortigen Hafen, einem überaus sicheren Zufluchtsort für Schiffe, wimmelte es von Menschen. Also mied ich das Gewühl und suchte mir eine einsame Stelle am Strand aus, wo ich in unmittelbarer Nähe der Brandung im weichen Bett des Sandes meine erschöpften Glieder ausstreckte und mir Ruhe gönnte.

Und kaum hatte der Sonnenwagen das Ziel des Tages erreicht und sich herabgesenkt, als mich im Abendfrieden süßer Schlummer überkam.

ELFTES BUCH

Etwa um die erste Nachtwache schrecke ich auf und sehe in gleißend hellem Glanz die Vollmondscheibe aus den Meeresfluten emportauchen. Tiefe Nacht umfängt mich mit geheimnisvollem Schweigen, und ich fühle die Gewißheit der hoch droben über das Menschenwesen allerhabenen waltenden Göttin; wie nicht nur alles, was lebt und webt, sondern auch die unbeseelte Natur vom Walten und Wirken ihrer göttlichen Helle Leben empfängt; wie alle Wesen auf Erden, am Himmel und im Meer mit ihrem Zunehmen wachsen und mit ihrem Abnehmen verkümmern. Mir war, als sei das Schicksal meiner langen und qualvollen Leiden endlich satt und gewähre mir, wenn auch spät, die Hoffnung auf Erlösung; und so beschloß ich, die erhabene Erscheinung der vor mir aufgehenden Göttin im Gebet anzurufen.

Rasch schüttelte ich alle Schlaftrunkenheit ab, stand munter auf, um mich durch ein Bad im Meere zu reinigen; siebenmal tauchte ich mein Haupt in die Fluten – hat doch der göttliche Pythagoras eben diese Zahl als besonders geeignet für kultische Handlungen bezeichnet – und schickte frohen und zuversichtlichen Herzens mit tränenüberströmtem Antlitz mein Gebet hinauf zu der allgewaltigen Göttin.

»Königin des Himmels! – seist du Ceres, die gütige Urmutter der Kornfrucht, die in ihrer Freude über die wiedergefundene Tochter den Menschen, die sich gleich den wilden Tieren von Eicheln nährten, eine mildere Nahrung wies und nun die eleusinischen Gefilde bewohnt; – seist du die himmlische Venus, die im Urbeginn der Welt durch ihren Sohn

Amor die getrennten Geschlechter vereinte, die menschliche Fortpflanzung stiftete und nun im meerumflossenen Heiligtum zu Paphos verehrt wird; – seist du des Phöbus Schwester, die durch ihren hilfreichen Beistand, den sie Gebärenden leistet, viele Völker gedeihen ließ und nun im herrlichen Tempel zu Ephesus Anbetung genießt; – seist du vielleicht auch die dreigestaltige Proserpina, die mit grausigem Nachtgeheul den Geistern gebietet und die Riegel der Erde hütet, während sie selbst entlegene Haine durchirrt, wo ihr mancherlei Kult zuteil wird: Göttin, die du mit fraulich sanftem Schimmer die Städte erhellst, mit feuchtem Strahl die reichen Saaten ernährst und nach der Sonne Umlauf dein wechselnd Licht regelst: mit welchem Namen, nach welchem Brauch und in welcher Gestalt auch immer man dich rufen muß: hilf mir jetzt in meiner höchsten Not, laß nicht ganz mich zugrunde gehen, schenke mir endlich nach so viel Leid Ruhe und Frieden! Laß es genug sein der Qual, der Gefahren! Erlöse mich aus meiner Tiergestalt, gib mich den Meinen zurück, laß mich wieder Lucius sein! Und sollte der unerbittliche Zorn einer beleidigten Gottheit auf mir lasten, dann sei mir zu sterben vergönnt, wenn mir nicht vergönnt ist zu leben!«

Als ich auf diese Weise gebetet und mein Leid geklagt hatte, kehrte ich an meinen vorherigen Ruheplatz zurück, und aufs neue bemächtigte sich ein süßer Schlaf meiner Sinne. Kaum war ich entschlummert, siehe, da stieg mitten aus dem Meer, das auch den Himmeln heilige Antlitz erhebend, die hehre Erscheinung empor; und mir war, als träte nach und nach die strahlende Gestalt, so wie sie dem Meer entaucht war, vor mich hin. Ich will versuchen, die wunderbare Erscheinung zu schildern, wenn je dem Menschenmund in seiner Armut ihre Beschreibung verstattet ist oder der Gottheit Macht mir die Fülle der Beredsamkeit will angedeihen lassen.

Üppig wallende Locken flossen in reichen Flechten lieblich über den göttlichen Nacken. Den hohen Scheitel schmückte ein Kranz aus bunten Blumen; in der Mitte über der Stirn erglänzte mit mattem Schein eine runde Scheibe wie ein Spiegel, nein, ein Abbild des Mondes, um das sich auf beiden Seiten gewundene Schlangen ringelten, während sich von oben her Ähren der Ceres darüberneigten. Ihr aus feinem Leinen gewebtes Gewand schillerte in allen Farben, bald blendend weiß wie der Tag, bald goldgelb wie Krokusblüten und bald in flammendem Rosenrot; und was meinen Blick schon von weitem blendete, war ein nachtschwarzer Mantel von schimmerndem Glanz, der unter ihrem rechten Arm hindurchgezogen und über die linke Schulter geschlagen war, von wo aus die geraffte Fülle des Stoffes in zahlreichen Falten niederfiel, während den Saum zierlich geknotete Fransen schmückten.

Über die angewebte Verbrämung und den Mantel selbst waren funkelnde Sterne ausgestreut, und in ihrer Mitte flammte der Vollmond in seiner ganzen Pracht. Rings um den ganzen Saum des herrlichen Mantels zog sich ein ununterbrochenes Rankwerk aus Blumen und Früchten aller Art. Und welche Attribute führte die Göttin! In der Rechten hielt sie eine eherne Klapper, durch deren schmales, gurtartig gebogenes Blech in der Mitte einige Stäbe gesteckt waren, die beim Schütteln des Armes einen schwirrenden Dreiklang hören ließen. Von ihrer Linken aber hing ein goldenes Trinkgeschirr herab, über dessen Henkel, soweit er sichtbar war, sich mit erhobenem Kopf und geblähtem Hals eine Schlange aufrichtete. An den ambrosischen Füßen trug sie aus den Fasern der Siegespalme geflochtene Sandalen. Also geschmückt und Arabiens selige Wohlgerüche ringsum verbreitend, würdigte sie mich ihrer göttlichen Anrede:

»Siehe, dein Gebet ist zu mir gedrungen, Lucius, ich bin dir erschienen, ich, die Mutter der Schöpfung, Herrin aller Elemente, Keimzelle der Geschlechterfolge, höchste Gottheit, Königin der Geister, Himmelsherrin und Inbegriff der Götter und Göttinnen, deren Wink des Himmels strahlende Höhen, des Meeres wohltätiges Walten und der Unterwelt vielbeweintes Schweigen gehorchen; ein Wesen in vielerlei Gestalt, in wechselnden Gebräuchen und unter mancherlei

Namen vom ganzen Erdkreis verehrt. Dort nennen mich die uralten Phryger Göttermutter von Pessinus, hier die attischen Ureinwohner Kekropische Minerva, da die meerumfluteten Cyprier Venus von Paphos, die pfeiltragenden Kreter Diktynnische Diana, die dreisprachigen Sikuler Stygische Proserpina und die alten Eleusinier Aktäische Ceres; andere nennen mich Juno, andere Bellona, diese Hekate, jene Rhamnusia, und die von den Strahlen der aufgehenden Sonne zuerst begrüßten Äthiopier beider Länder und die ob ihrer uralten Weisheit berühmten Ägypter, die mich durch besondere Bräuche ehren, heißen mich mit meinem wahren Namen Königin Isis!

Ich bin dir erschienen aus Erbarmen mit deinem Geschick, ich bin dir erschienen aus Gnade und Huld. Laß ab zu weinen, laß ab zu klagen, verscheuche den Gram! Der Tag des Heils dämmert herauf kraft meiner Allmacht. Richte denn deinen Sinn achtsam auf meine Gebote!

Der Tag, den diese Nacht gebiert, ist mir von alters her heilig. Die Winterstürme sind vorüber und die tosenden Meereswogen geglättet: Meine Priester weihen dem wieder befahrbaren Meer ein neugezimmertes Schiff als Erstling der Seefahrt. Ihrem heiligen Umzug sollst du weder bekümmerten noch weltlich gesinnten Herzens entgegengehen.

Auf mein Geheiß wird ein Priester im Festzug schreiten, der an dem Sistrum in seiner rechten Hand einen Kranz von Rosen hängen hat. Zögere nicht, dich durch die Menge zu drängen und dich im Vertrauen auf meine Huld der Prozession zu nähern, um sanft, als wolltest du des Priesters Hand küssen, die Rosen abzurupfen und dich im Nu der Haut des mir längst schon verhaßten und garstigen Tieres zu entledigen! Fürchte nicht, daß zu schwer ist, was ich dir auftrage! Denn in diesem Augenblick, da ich dir hier erscheine, gebiete ich auch dort meinem Priester im Traum, was zu tun ist. Auf mein Geheiß wird das sich im Festzug drängelnde Volk dir Platz machen, und niemand wird bei den frohen Zeremonien und im festlichen Schauspiel an deinem häßlichen Äußeren Anstoß nehmen oder gar, wenn du dich plötzlich verwandelst, dir mißtrauen und dich böswillig verleumden. Nur denke daran und erinnere dich stets, daß du dein ganzes ferneres Leben lang bis zum letzten Atemzug mir gehörst! Billig schuldest du der, durch deren Gnade du wieder zum Menschen wurdest, deine künftige Lebenszeit.

Aber ein glückliches Leben, ein ruhmvolles Leben erwartet dich unter meiner Obhut. Und wenn die Frist deines zeitlichen Daseins abgelaufen ist und du in die Unterwelt eingehst, so wirst du auch dort mich, die du hier erblickst, unter der Erde des Acherons Finsternisse erleuchten und den stygischen Räumen gebieten sehen und mich, indem du die elysischen Gefilde bewohnst, auch dort anbetend verehren als deine huldvolle Beschützerin. Und wenn du dir durch unermüdlichen Gehorsam, durch treue Dienste und strenge Enthaltsamkeit unsere Gnade verdienst, so wisse, daß es einzig in meiner Macht steht, dein Leben dir auch über die vom Schicksal gesetzte Spanne hinaus zu verlängern!«

Nachdem die unbesiegliche Gottheit also ehrwürdig gesprochen, löste sie sich in sich auf. Unverzüglich erhob ich mich, rasch den Schlaf abschüttelnd, voller Bangen und Freude und schweißüberströmt vor Erregung über die herrliche Erscheinung der mächtigen Göttin, die mir so nahe war; ich besprengte mich mit Meerwasser und ließ, ihrer hohen Befehle eingedenk, ihre Ermahnungen der Reihe nach an meinem geistigen Auge vorüberziehen.

Bald wich auch das schwarze Nachtgewölk, und die goldene Sonne ging auf. Und siehe! schon füllte die Menge in ganzen Scharen im frommen Triumph die Straßen. Und ganz abgesehen von mir selber, schienen mir auch alle anderen so fröhlich, daß ich die Empfindung hatte, auch die Tiere aller Art, die Häuser und der Tag selber zeigten mir ein heiter lächelndes Gesicht. Auf den gestrigen Rauhreif war ein überraschend sonniger und milder Tag gefolgt, die sangeslustigen Vögel stimmten dem lauen Frühling ein liebliches Lied an und huldigten der Mutter der Gestirne, der Schöpferin der Zeiten und der Herrin des ganzen Weltalls mit schmeichelnden Weisen. Auch die Bäume, mit schwellenden Früchten gesegnet oder auch Schatten spendend, lösten sich im linden Südwind aus ihrer Starre zu prangenden Blattknospen und rauschten und säuselten mit sanft sich wiegenden Zweigen; die Zeit der brausenden Stürme war vorüber, die schäumende Flut hatte sich beruhigt, und das Meer spülte und spielte sanft an den Strand; der Himmel aber war von dunklen Wolken reingefegt und strahlte im hellen und hehren Blau seines Lichts.

Und siehe, da erschienen auch schon die Herolde des großen Festzugs, ein jeder nach Lust und Laune aufs schönste geschmückt: einer mit umgeschnalltem Wehrgehenk als Soldat, ein anderer mit übergeworfenem Mantel, Stiefeln und Spieß als Jäger, wieder ein anderer hatte sich mit vergoldeten Schuhen, seidenem Gewand, kostbarem Schmuck und aufgestecktem Haar als Frau verkleidet und kam mit wiegenden Schritten daher. Noch ein anderer mit Beinschienen, Schild, Helm und Schwert schien direkt aus der Gladiatorenkaserne zu kommen. Einer spielte mit Fasces und Purpursaum den hohen Beamten, ein anderer mit Mantel und Stab, Flachsandalen und struppigem Bocksbart wollte ein Philosoph sein, andere mit verschiedenen Ruten traten als Vogelsteller oder Fischer auf. Es war auch eine zahme Bärin in einem Frauenkleid zu sehen, die man in einer Sänfte spazierentrug; ein Affe mit Tuchmütze und gelber phrygischer Schärpe hielt wie der Hirt Ganymed einen goldenen Becher; und ein Esel mit angeklebten Flügeln neben einem gebrechlichen Greis stellten Bellerophon und Pegasus dar, so daß man über beide lachen mußte.

Nach diesen Maskenscherzen, die dem allenthalben umherschwärmenden Volk großes Vergnügen machten, kam endlich die feierliche Prozession der gnadenreichen Göttin einhergezogen: Frauen, in schimmernd weißen Gewändern mit frischen Frühlingsblüten im Haar, herrlich zu schauen, trugen verschiedenes Kultgerät und streuten auf dem Weg, den der heilige Zug nahm, Blumen aus ihrem Schoß; andere trugen auf ihrem Rücken blinkende Spiegel, um der nahenden Göttin zuvorkommend aufzuwarten; einige mit elfenbeinernen Kämmen gaben durch die Bewegungen und Gebärden der Arme und Finger zu verstehen, daß sie das königliche Haar zu schmücken hätten; wieder andere träufelten Salben und köstlichen Balsam und besprengten die Straßen; ihnen schloß sich eine große Schar beiderlei Geschlechts an, die mit Laternen, Fackeln, Kerzen und sonstigen Lichtern dem Sproß der himmlischen Gestirne huldigte. Dann ertönten liebliche Weisen, Pfeifen und Flöten in süßen Melodien. Ein anmutiger Chor der schönsten Jugend in schneeweiß glänzenden Festkleidern sang ein wunderbares Lied, das ein talentvoller Dichter dank der Hilfe der Musen vertont und eingeübt hatte und dessen Inhalt ein Vorgesang zu den feierlichen Gebeten war. Nun kamen auch die dem großen Serapis geweihten Flötenspieler, die ihre Querpfeife nach der rechten Seite angesetzt hatten und eine dem Tempel und dem Gott heilige Weise spielten, und dazu die zahlreichen Herolde, die dem heiligen Zug Platz zu machen geboten.

Jetzt zogen die in den heiligen Dienst Eingeweihten vorüber, Männer und Frauen jeglichen Standes und Alters, im strahlenden Weiß des Leinenkleides, die Frauen das salbenfeuchte Haar mit duftigen Schleiern bedeckt, die Männer mit glattrasiertem Kopf oder blanker Glatze, irdische Wahrzeichen der erhabenen Lehre, die mit ehernen, silbernen und sogar goldenen Klappern rasselten und bimmelten; die heiligen Oberpriester wandelten in enganliegenden weißen Leinengewändern, die von der Brust bis zu den Füßen hinabreichten, und stellten die charakteristischen Symbole der allgewaltigen Gottheiten zur Schau. Der erste von ihnen trug eine helleuchtende Lampe, jedoch ganz unähnlich den Lampen, deren wir uns bei Festmählern bedienen, sondern vielmehr eine Art goldenes Schifflein, das aus einer Öffnung in seiner Mitte eine große Flamme emporsandte. Der zweite war ähnlich gekleidet und trug in beiden Händen einen Altar, Nothelfer genannt, wobei dieser besondere Name auf die hilfreiche Fürsorge der hohen Göttin hinweist. Ein dritter trug eine Palme mit goldenen Blättern und außerdem einen Heroldsstab nach Art des Merkur. Der vierte wies als Zeichen der Gerechtigkeit die Nachbildung einer flach ausgestreckten linken Hand vor, die in ihrer natürlichen Schwäche, ohne Falsch und ohne Geschick, ein der Gerechtigkeit angemesseneres Symbol zu sein scheint als die rechte; außerdem trug er noch ein zitzenförmig gebildetes Goldgefäß, aus dem er Opfermilch spendete. Der fünfte trug eine goldene Getreideschwinge, gefüllt mit goldenen Reisern, und der letzte eine Amphore.

Unmittelbar hinter ihnen nahten sich die Götter höchstselbst, die auf menschlichen Füßen einherzuwandeln geruhten; hier der schauerliche Wanderer zwischen Ober- und Unterwelt, das erhabene Antlitz im Wechsel von Schwarz und Gold, den Hundekopf hoch erhebend, Anubis, in der Linken den Heroldsstab führend und in der Rechten einen grünen Palmwedel schwingend. Ihm schloß sich eine sich aufrichtende Kuh an, eine Kuh als der Allgebärerin Fruchtbarkeitssymbol, die der glückliche Träger aus der Schar der Tempeldiener gewichtig auf seinen Schultern trug. Ein anderer trug den Schrein der Geheimnisse, in dessen Tiefen die verschwiegenen Insignien des erhabenen Kultes allen unsichtbar ruhten. Wieder ein anderer hielt in seinem seligen Schoß das ehrwürdige Bild des höchsten Wesens, das mit keinem Haustier, keinem Vogel, keinem Wild, geschweige denn mit einem Menschen Ähnlichkeit hatte, sondern als tiefsinnige Erfindung schon um seiner Einzigartigkeit willen achtungsgebietend war und jedenfalls das unaussprechlich heilige Symbol des innigen und unter tiefstem Schweigen zu hütenden Glaubens darstellte, gebildet aus blitzendem Gold: Es handelte sich um eine kleine, sehr kunstvoll geformte Urne mit rundem Boden, die außen mit den wunderbaren Bildzeichen der Ägypter geschmückt war; der nicht besonders lange Hals endete in einem weit vorstehenden Schnabel, während auf der Gegenseite ein stark ausladender Henkel angebracht war, um welchen sich eine Schlange wand, die ihren gesträubten Schuppenhals blähend emporreckte.

Und siehe, nun nahte sich auch der verheißene Helfer der allgegenwärtigen Gottheit: Als mein Retter und Erlöser nahte sich der Priester und hielt, entsprechend der Verheißung der göttlichen Offenbarung, in seiner Rechten das Sistrum der Göttin und für mich einen Kranz – bei Gott! tatsächlich einen Kranz für mich, der ich nach so viel Leid und Elend, nach so viel bestandenen Gefahren dank der Fürsorge der großen Göttin nun die mit mir so grimmig kämpfende Fortuna überwinden sollte! – Dennoch ließ ich mich nicht in meiner überschwenglichen Freude dazu hinreißen, in rüder Weise loszugaloppieren und durch mein viehisches Ungestüm die feierliche Prozession zu stören, sondern ich schritt gemessen und durchaus menschlich gesetzt nach vorn, wobei ich mich mit meinem Leib sachte durch die Menge schlängelte, indes das Volk, offenbar einer göttlichen Eingebung folgend, zur Seite wich.

Der Priester aber, wie ich aus seinem Verhalten schließen konnte, erinnerte sich an die nächtliche Verheißung und blieb voller Verwunderung über deren Eintreffen stehen, streckte von sich aus die Rechte vor und hielt mir den Kranz genau vor das Maul. Da faßte ich ängstlich und klopfenden Herzens das schimmernde Gewinde aus lieblichen Rosen mit begehrlichen Lippen und schlang es, nach Erfüllung lechzend, hinunter. Und die himmlische Verheißung betrog mich nicht: Plötzlich fällt die garstige Tiergestalt von mir ab! Erst rieseln die grauen Borsten zu Boden, dann bildet sich die feiste Schwarte wieder zurück, der dicke Wanst glättet sich, die Hufe werden wieder zu Füßen mit Zehen, die Hände sind keine Füße mehr, sondern strecken sich und laufen in schmale Finger aus, der lange Hals verkürzt sich, Maul und Kopf runden sich, die großen Ohren gewinnen ihre alte Form zurück, die Zahnquader erhalten menschliche Zierlichkeit, und was mich am meisten beschämt hat – der Schwanz – ist fort! Das Volk staunt, die Frommen neigen sich vor der augenscheinlichen Macht der erhabenen Gottheit, der traumhaft wunderbaren und spielerischen Verwandlung, und die Hände zum Himmel aufgehoben, preist man laut aus einem Munde die zum Ereignis gewordene Gnade der Göttin.

So stand ich starr vor Staunen und wortlos da, mein Verstand vermochte eine so plötzliche, so überschwengliche Freude nicht zu fassen, ich wußte nicht, was ich als erstes sagen, welcher Worte sich meine zurückgewonnene Sprache bedienen sollte, welche Äußerungen am angemessensten wären, mit welchen und wie vielen Worten ich der allmächtigen Göttin Dank sagen sollte! Der Priester jedoch, der dank göttlicher Eingebung meine Leidensgeschichte von Anfang an kannte, gab zunächst, obgleich er selbst durch das Wunder zutiefst ergriffen war, durch einen Wink zu verstehen, man möge mich mit einem Leinengewand bedecken. Denn kaum war die üble Eselsgestalt von mir abgefallen, da versuchte ich mich durch Zusammenpressen der Schenkel und sorgsames Vorhalten der Hände mit einer natürlichen Bedeckung rechtschaffen zu schützen, soweit dies einem Nackten möglich ist. Doch zog einer aus der frommen Schar, ohne sich zu besinnen, sein Obergewand aus und warf es mir eilends über. Als dies geschehen war, richtete der Priester den verklärten und wahrhaft erdenfernen Blick auf meine Erscheinung und hob also an:

»Viele Leiden mancher Art hast zu erduldet und bist von den großen Heimsuchungen und allgewaltigen Stürmen der Fortuna umhergetrieben worden, um schließlich hier an diesem Altar des Friedens und der Barmherzigkeit zu rasten, Lucius! Weder deine Herkunft noch dein Stand oder dein ausgezeichnetes Wissen sind dir eine Hilfe gewesen, sondern vielmehr bist du in haltlosem Ungestüm und jugendlichem Leichtsinn niedriger Wollust verfallen, und deine sträfliche Neugier hat dir schlimmen Lohn eingebracht. Nun aber hat dich die blinde Fortuna im Augenblick der größten Gefahr in ihrer ziellosen Bosheit durch Zufall hier an diese Stätte des Heils geführt! Jetzt gehabe sie sich wohl, lasse an andern ihre Wut aus und suche sich andere Opfer ihrer Grausamkeit! Denn an jenen, die sich unsere hehre Göttin als Diener erkoren hat, versagt die Macht des Zufalls. Wo sind nun die

Räuber, die wilden Tiere, der Frondienst und die ewigen Irrfahrten, wo die tägliche Todesangst, geschickt von der ruchlosen Fortuna!

Du stehst jetzt unter der Obhut einer sehenden Fortuna, die mit ihrem Lichtglanz auch die anderen Götter erleuchtet! Sei heiter, wie es deinem weißen Gewande ansteht, schließe dich fröhlich dem prangenden Umzug deiner göttlichen Wohltäterin an! Schauen mögen die Ungläubigen, schauen und ihren Irrtum erkennen: Siehe, nun feiert, aus seiner bisherigen Drangsal erlöst durch die Fürsorge der großen Isis, Lucius einen frohen Triumph über Fortuna!

Doch um sicher und beschirmt hinfort zu wandeln, tritt ein in unseren heiligen Orden, der dich einlädt, folge den Satzungen unseres Glaubens und nimm aus freiem Willen das Joch des Gehorsams auf dich! Je früher du dich dem Dienst der Göttin weihst, desto eher genießt du die Frucht deiner Freiheit!«

Also salbungsvoll sprach der treffliche Priester, dann schnappte er nach Luft und schwieg still. Ich aber schritt in der frommen Schar dem heiligen Zug voran, der ganzen Stadt bekannt, die mit Fingern auf mich wies und sich zunickte. Alle Leute unterhielten sich über mich: »Das ist er, den die erhabene Allmacht der Göttin heute verwandelt und wieder zum Menschen gemacht hat. Wahrlich, er ist glücklich und dreimal selig! Er hat sich durch die Unschuld und Reinheit seines früheren Lebenswandels die so hohe Gunst des Himmels gewonnen, daß er nun nach seiner Wiedergeburt sogleich in die heilige Gefolgschaft aufgenommen wurde!«

Unter solchen Reden und dem Lärm der Festgebete zogen wir weiter, um uns am Meeresstrand jener Stelle zu nähern, wo ich tags zuvor als Esel meinen Stall gefunden hatte. Und hier war es, wo die Götterbilder den Bräuchen entsprechend aufgestellt wurden und der Oberpriester ein kunstvoll gefertigtes und mit geheimnisvollen ägyptischen Bildzeichen rundherum geschmücktes Schiff weihte, das, nach frommem Gebet aus keuschem Mund mit brennender Fackel, Ei und

Schwefel von jedem Makel befreit, der Göttin zu Nutz und Frommen dargebracht wurde. In das lichte Segel des Weiheschiffs waren goldene Schriftzeichen eingewoben. Diese Schriftzeichen waren ein Gebet um glückliche Seefahrt im neuen Jahr. Hoch ragte der runde Pinienmast, hell glänzend und weithin sichtbar durch die leuchtende Markierung; der Goldbelag des wie ein Schwanenhals ausladenden Vorderstevens blitzte, und das ganze Schiff war aus spiegelblank poliertem, hellem Zitrusholz. Nun trugen alle, Gläubige wie Ungläubige, Körbe mit Spezereien und anderen Opfergaben herbei und gossen ein Milchgetränk auf die Wellen, bis das mit reichen Spenden beladene und von Segenswünschen begleitete Schiff sich von den Ankertauen löste und vom frischen Wind hinaus aufs Meer getrieben wurde. Als es sich schon so weit entfernt hatte, daß es kaum noch zu sehen war, nahm jeder der Träger sein heiliges Gerät wieder auf, und alles machte sich fröhlich in ähnlich wohlgeordnetem Festzug wieder auf den Rückweg zum Tempel.

Als wir den Tempel wieder erreicht hatten, begaben sich der Oberpriester und wer Götterbilder trug oder in den Kult des Allerheiligsten eingeweiht war in das Gemach der Göttin, wo die lebenspendenden Bildwerke wieder an ihrem gewohnten Platz aufgestellt wurden. Dann trat einer von ihnen, den alle als Schriftgelehrten bezeichneten, vor das Tor, lud die Vereinigung der Pastophoren, wie sich das hochheilige Kollegium nannte, zur Versammlung, las von einer erhöhten Kanzel herab aus einem Buch Segenssprüche vor für den Großen Kaiser, den Senat, die Ritterschaft und das ganze römische Volk, für Matrosen und Schiffe, die unserem Weltreich untertan sind, und verkündete dann in griechischer Sprache und nach griechischem Brauch den Beginn eines neuen Jahres der Seefahrt. Daß dies für alle eine Segensbotschaft war, bestätigte der allgemeine Beifall.

Nun küßte die Menge die silbernen Füße der über den Stufen stehenden Göttin, dann ging man freudig erregt, Reiser, Zweige und Kränze tragend, nach Hause. Aber ich konnte mich nicht entschließen, auch nur einen Finger breit von der Stelle zu weichen, sondern in Betrachtung des Bildes der Göttin versunken gedachte ich meiner früheren Abenteuer.

Unterdessen jedoch hatte die geflügelte Fama ihre Schwingen nicht ruhen lassen und nicht gesäumt, sondern die Nachricht von der fürsorglichen Gnade der huldreichen Göttin und meinen merkwürdigen Erlebnissen bis in meine Heimat getragen. So legten Freunde, Diener und alle nahen Blutsverwandten die Trauer ab, die sie auf die falsche Nachricht von meinem Tod hin getragen hatten, und kamen voller Freude ein jeder mit irgendeinem Geschenk angereist, um den aus der Unterwelt Zurückgekehrten zu sehen. Ihr Anblick war ein wahres Labsal, da ich kaum noch gehofft hatte, sie jemals wiederzusehen; für ihre ehrenvollen Gaben aber dankte ich ihnen um so mehr, als meine Angehörigen vorsorglich hatten genügend bringen lassen, um mir mit Kleidung und Aufwand Bewegungsfreiheit zu verschaffen.

Nachdem ich jeden gebührend begrüßt und ausführlich von meinen früheren Nöten und meinen jetzigen Freuden erzählt hatte, begab ich mich wieder zu der Göttin, deren Anblick mir so teuer war, mietete mir im Tempelbezirk ein Haus und richtete mich dort ein, um mich zunächst als Laie, in Gemeinschaft mit den Priestern und in nächster Nähe der angebeteten Himmelsmacht, dem Dienst der Göttin zu widmen. Es verging keine Nacht und kein Schlaf schloß meine Augen, ohne daß die Göttin mir erschienen wäre und mich immer wieder mit heiligen Geboten ermahnte, mich ihrem Dienst zu weihen, für den ich längst schon ausersehen sei.

So sehr es mich auch danach verlangte, hielt mich dennoch eine heilige Scheu zurück, weil mir bekannt geworden war, daß die Glaubensgefolgschaft unbedingten Gehorsam, Enthaltsamkeit und Entbehrungen aller Art auferlegte und voraussetzte, daß ein so vielen Wechselfällen preisgegebenes Dasein durch strenge Umsicht in geregelte Bahnen gelenkt werde. Je mehr ich das bedachte, je mehr eilte ich mit Weile.

Eines Nachts träumte mir, der Oberpriester schütte vor mir seinen vollen Schoß aus, und auf meine Frage: »Was hat das zu bedeuten?« erwiderte er, das seien die Schätze, die man mir aus Thessalien geschickt habe; auch sei mein Diener namens Candidus von dort eingetroffen. Als ich erwacht war, überlegte ich hin und her, was das Traumgesicht bedeuten könne, da ich sicher war, niemals einen Diener jenes Namens gehabt zu haben. Was es jedoch auch immer besagen mochte, ich war fest überzeugt, daß es etwas Gutes bedeute, wenn man mir Schätze verhieß. So erwartete ich ungeduldig und auf eine freudige Überraschung gefaßt die morgendliche Öffnung des Tempels. – Die weißen Vorhänge werden aufgezogen, wir verrichten andachtsvoll vor dem Angesicht der Göttin unser Gebet, der Priester vollzieht im Rundgang von Altar zu Altar feierlich die heilige Handlung, bittet um Segen und gießt aus einer Opferschale das aus dem Allerheiligsten geschöpfte Quellwasser, während nach vollzogenem Ritus die Schar der Frommen den jungen Tag begrüßt und die erste Stunde verkündet! – Siehe, da treffen aus Hypata kommend meine Diener ein, die ich dort zurückgelassen hatte, als mich Photis in so böse Abenteuer verstrickte. Sie hatten natürlich von meinen Erlebnissen gehört und brachten auch mein inzwischen mehrmals wieder verkauftes Pferd mit, das sie an dem Brandmal auf dem Rücken erkannt und wieder zurückerstanden hatten.

Nun staunte ich wirklich über die Sinnfälligkeit meines Traumes, der mir, ganz abgesehen von dem verheißenen Gewinn, in meinem Diener Candidus mein Pferd wiedergeschenkt hatte – einen Schimmel!

Nach diesem Erlebnis widmete ich mich mit um so größerem Eifer dem kultischen Dienst, als mir die gegenwärtigen Wohltaten ein Pfand der Zukunftshoffnung waren. Und nicht minder regte sich von Tag zu Tag mehr und mehr mein Begehren, die Weihen zu nehmen, und ich hatte mich immer wieder mit inständigen Bitten an den Oberpriester gewandt und ihn ersucht, mich endlich in die Geheimnisse der Heiligen Nacht einzuführen. Dieser aber, ein ernster und im Ruf der lautersten Frömmigkeit stehender Mann, verstand es mit Güte und Milde, wie Eltern die verfrühten Wünsche ihrer

Kinder hinhalten, meine Ungeduld zu zügeln und mich auf einen günstigen Zeitpunkt zu vertrösten. Den Tag der Weihe bestimme der Wink der Göttin, und auch den Priester, der die heilige Handlung vornehme, erwähle ihre Fürsorge; desgleichen bestimme eine ähnliche Weisung auch den Aufwand an Zeremonien.

All diesem hätten auch wir uns in Geduld zu unterwerfen, meinte er, denn ich müsse mich sowohl vor Ungeduld als auch vor Ungehorsam hüten und beide Sünden vermeiden, weder im Augenblick der Berufung zögern noch ihrem Befehl vorgreifen. Auch sei keiner aus seiner Gemeinschaft so gottvergessen, vielmehr so wahnbesessen, daß er es wage, ohne ausdrücklichen Befehl der Herrin auch an ihn, durch eine eigenmächtige und frevlerische Handlung unsühnbare Schuld auf sich zu laden; die Riegel der Unterwelt wie auch der Schutz des Lebens seien in die Hand der Göttin gegeben, und die Unterweisung selbst vollziehe sich in der freiwilligen Preisgabe an den Tod und der Erlösung aus Gnade; die allmächtige Göttin pflege vor allem jene zu berufen, die nach vollbrachter Lebenszeit auf der Schwelle des Daseins als die zuverlässigsten Hüter der großen Glaubensgeheimnisse in ihrer Obhut gewissermaßen zu einem neuen Dasein wiedergeboren werden. Also müsse auch ich mich dem himmlischen Gebot fügen, auch wenn mich die sichtbare Gnade der großen Gottheit längst zu dem hohen Dienst erkoren und berufen habe. Und ebenso wie ihre übrigen Diener möge ich mich schon jetzt unreiner und sündiger Speise enthalten, um desto rascher zu den geheimen Mysterien des reinsten Glaubens vorzudringen.

Also der Priester; und ich ließ mich durch keine Ungeduld in meinem Gehorsam beeinträchtigen, sondern widmete mich in ruhiger Gelassenheit und in löblichem Schweigen Tag für Tag eifrig dem Dienst an den heiligen Institutionen.

Und der mächtigen Göttin segenbringende Güte enttäuschte mich nicht und quälte mich nicht durch langen Aufschub, sondern im Dunkel der Nacht offenbarte sie mir die undunkle Verheißung: Gekommen sei der Tag, den ich stets ersehnt, an dem mein Herzenswunsch in Erfüllung gehe; zugleich bestimmte sie, mit welchem Aufwand ich für den Bittgottesdienst sorgen solle, und berief ihren Oberpriester Mithras, der mir nach ihren Worten durch schicksalhafte Konstellation der Gestirne verbunden war, zum Vollzug der Weihehandlung.

Diese und andere gnadenreiche Gebote der hehren Göttin erfrischten mein Herz, und kaum dämmerte der Tag, als ich den Schlaf abschüttelte und zur Zelle des Priesters eilte, der eben aus seinem Gemach trat, als ich ihn begrüßte. Ich wollte meine Aufnahme fordern, nun gleichsam als eine heilige Pflicht. Doch als er mich sah, sprach er mich also an: »Heil dir, Lucius, den die erhabene Gottheit so huldvoller Ehren würdigt!« Und dann fügte er noch hinzu: »Was zögerst du noch und verweilst dich? Heute ist der Tag, den du so innig herbeigewünscht hast und an dem du auf himmlisches Geheiß der vielnamigen Göttin durch diese meine Hände zu den Geheimnissen des heiligen Dienstes eingehen sollst!« Und damit legte mir der freundliche Greis die Rechte auf und führte mich geradewegs zur Pforte des weiträumigen Tempels; und nachdem entsprechend dem feierlichen Brauch die Öffnungszeremonien vollzogen und das Morgenopfer dargebracht war, entnahm er dem Schrein des Allerheiligsten in unverständlichen Schriftzeichen geschriebene Bücher, die entweder durch formelhafte Tierbilder oder verschränktes, radförmig gewundenes und verschlungenes Rankenwerk vor der Neugier Uneingeweihter gesicherte Formeln enthielten. Hieraus verkündete er mir, welche Vorbereitungen zum Zweck der Weihe vonnöten seien.

Diese besorgte ich voller Eifer und auf großzügige Weise entweder selber, oder ich ließ sie durch meine Gefährten treffen.

Und als es nach den Worten des Priesters an der Zeit war, führte er mich im Geleit der frommen Gemeinde ins nächste Bad, wo er nach der üblichen Waschung ein Gebet verrichtete und mich durch Besprengen läuterte. Nun führte er mich wieder in den Tempel zurück, während inzwischen der Tag bereits zu zwei Dritteln vergangen war, und hieß mich gerade vor die Füße der Göttin hintreten, um mir nach der Erteilung geheimer Weisungen, über die ich zu schweigen habe, vor allen Anwesenden laut und deutlich ein zehntägiges Fasten, die Enthaltung von allem Fleisch und von Wein zu gebieten. Diese heiligen Vorschriften erfüllte ich mit aller Gewissenhaftigkeit, und dann war auch schon der Tag des göttlichen Gelöbnisses da, und die Sonne sank und führte den Abend herauf. Und siehe, da kamen von allen Seiten die Gläubigen herbei, um mich nach altem heiligen Brauch mit Ehrengaben zu bedenken. Dann zogen sich die Laien zurück, ich wurde in ein neues Leinengewand gehüllt, und der Priester ergriff meine Hand, um mich in das Innere des Heiligtums zu führen.

Es mag sein, du wißbegieriger Leser, daß du gerne erfahren möchtest, was hier gesprochen und was getan wurde; ich würde es dir sagen, wenn ich es sagen dürfte; du würdest es erfahren, wenn du es erfahren dürftest. Doch Ohr und Zunge würden gleich schwere Sünde begehen, gottlose Geschwätzigkeit oder frivole Neugier. Aber im übrigen will ich dich, da dich vielleicht fromme Erwartung erfüllt, nicht länger auf die Folter spannen. So höre denn und glaube, was wahr ist! – Ich nahte mich der Grenzscheide zwischen Leben und Tod und schritt über Proserpinas Schwelle, ich fuhr durch alle Elemente und kehrte zurück, ich erschaute um Mitternacht der Sonne weißes Licht, ich sah die Götter des Himmels und der Unterwelt von Angesicht zu Angesicht und verneigte mich vor ihnen. – Das ist es, was du nun wohl gehört hast, aber nicht ermessen kannst. So vernimm wenigstens, was ohne Sünde Uneingeweihten verkündet werden darf.

Es war Morgen geworden, als ich nach Beendigung der Feierlichkeiten heraustrat, geheiligt durch zwölf Stolen, in gewiß sehr frommem Ornat, von dem zu sprechen mich keine Beschränkung hindert, nachdem damals genügend Augenzeugen zur Stelle waren. In der Mitte des Tempels mußte ich mich auf ein vor dem Bild der Göttin errichtetes hölzernes Podium stellen, gekleidet in ein feines Leinengewand mit farbenprächtiger Stickerei. Von den Schultern hing rückwärts bis zu den Fersen ein kostbarer Mantel herab. Auf diesem waren in bunten Farben alle möglichen Tiere abgebildet: hier indische Drachen, dort hyperboreische Greife, gefiederte Flügelwesen, wie sie eine andere Welt hervorbringt. Die Geweihten bezeichnen diese Art Gewand als Olympische Stola. In der rechten Hand hielt ich eine brennende Fackel, und um mein Haupt schlang sich ein herrlicher Kranz aus Palmenblättern, die es wie mit einem Strahlenkranz umgaben. So ward ich geschmückt wie der Sonnengott und gleich einer Bildsäule aufgestellt, und als der Vorhang plötzlich aufgezogen wurde, drängten sich die Leute, um mich zu sehen. Dann feierte ich den festlichen Tag meiner Weihe mit einer köstlichen Tafel und einem unterhaltsamen Gelage. Auch noch am dritten Tag fanden Feierlichkeiten ähnlicher Art mit einem frommen Frühmahl und der üblichen Schlußfeier der Ordensweihe statt.

Ich blieb noch einige wenige Tage, um die unbeschreibliche Wohltat der Nähe des Götterbildes auszukosten, dem ich mich für einen nie zu vergeltenden Gnadenakt verpflichtet fühlte. Dann aber schickte ich mich auf das Geheiß der Göttin, der ich in Demut einen meinen Verhältnissen entsprechend bescheidenen Dank abgestattet hatte, zur Heimkehr an, wenn ich auch die Bande der glühenden Hingabe an meine Wohltäterin nur mit Mühe zu lösen vermochte. Ich warf mich vor ihrem Angesicht nieder und badete lange mit meinem tränenüberströmten Antlitz ihre Füße und sprach, von immer erneutem Schluchzen unterbrochen und mit halb erstickter Stimme:

»Heilige Göttin und Menschheitsretterin immer und ewig, allzeit hilfreicher Hort der bedürftigen Sterblichen, die du die Schwachen mit mütterlicher Fürsorge umgibst! Kein Tag und kein Schlaf, kein kleinster Augenblick vergeht ohne deinen Gnadensegen, ohne daß du zu Wasser und zu Lande die Menschen behütest, mit hilfreicher

Hand des Lebens Stürme beschwichtigst, die verstrickten Fäden des Geschicks wieder entwirrst, der Fortuna Wüten beschwichtigst und böser Sterne verderblichen Lauf hemmst. Dich ehren die Himmlischen, dich achtet die Unterwelt; du läßt das All kreisen, entzündest die Sonne, herrschst über die Welt und trittst den Tartarus unter deine Füße. Dir gehorchen die Sterne, dir folgen die Jahreszeiten, dir jauchzen die Geister, dir dienen die Elemente. Auf deinen Wink wehen die Winde, werden Wolken, sprießen die Saaten, wachsen die Sprosse. Vor deiner Herrlichkeit erbeben die Vögel des Himmels, das Wild in den Bergen, die Schlangen am Boden und die Wale im Meer. Mir aber gebricht es an Gaben, dein Lob zu singen, und fehlt es an Gütern, dir Opfer zu bringen. Mir steht nicht die Fülle der Sprache zu Gebote, um die Empfindung deiner Herrlichkeit zum Ausdruck zu bringen, und hätte ich tausend Münder und Zungen in gleicher Zahl und wäre der Strom meiner Rede unerschöpflich. Was aber Frömmigkeit allein und Armut vermögen, das soll meine Sorge sein: Ewig sollen dein göttliches Antlitz und dein heiliger Name hochverehrt in meines Herzens innerstem Schrein beschlossen, bewahrt und behütet sein!«

Nachdem ich also zu der erhabenen Gottheit gebetet hatte, umarmte ich Mithras, den Priester und nun auch meinen Vater, hing an seinem Hals, küßte ihn und bat ihn um Vergebung, daß ich ihm all seine Wohltaten nicht angemessen vergelten könne.

Nach endlosen Danksagungen trennte ich mich schließlich von ihm und machte mich auf den Weg, um nach so langer Zeit mein Vaterhaus wiederzusehen; doch schon wenige Tage später schnürte ich auf Geheiß der mächtigen Göttin erneut mein Bündel, bestieg ein Schiff und reiste nach Rom. Im sicheren Geleit günstiger Winde erreichte ich bald den Augustushafen, von wo aus ich im raschen Wagen am Vorabend der Dezember-Iden in der heiligen Stadt eintraf. Und seither war es meine vornehmste Sorge, täglich vor der Himmelskönigin Isis zu knien, die hier nach der Lage ihres Tempels als »Isis vom Marsfeld« sich besonders inniger Verehrung erfreut. Fremd im Tempel, aber heimisch im Glauben, war ich ihr verläßlichster Diener.

Und siehe, als der mächtige Sonnengott den Tierkreis durchlaufen hatte und ein Jahr vollendet war, erschien mir in ihrer immerwachen Fürsorge meine wohltätige Gottheit im Traum und mahnte mich erneut zur Weihe, zum heiligen Dienst. Ich konnte Sinn und Ziel nicht begreifen; war ich doch der Meinung, schon längst am Mysterium teilzuhaben.

Und während ich meine frommen Bedenken teils im Herzen erwäge und teils im Gespräch mit Glaubensbrüdern erörtere, wird mir eine neue wunderbare Erkenntnis zuteil: Ich sei wohl mit den Sakramenten der Göttin versehen, aber noch nicht von den Sakramenten des großen Gottes und obersten Göttervates, des unbesieglichen Osiris, erleuchtet!

Wenn auch beider Gottheit und Glaubensvorstellung verbunden seien, ja eine Einheit bildeten, so bestehe dennoch in den Sakramenten ein Wesensunterschied. Somit müsse ich mir darüber im klaren sein, daß ich auch dem großen Gott meine Gefolgschaft schulde. – Die Sache war bald zur Entscheidung gereift. Schon in der nächsten Nacht erschien mir einer der Geweihten in einem leinenen Gewand, der Thyrsusstäbe, Efeuranken und andere geheime Attribute vor meinem Hausaltar niederlegte, sich auf meinem Sessel niederließ und ein feierliches Mahl ansagte, wie es dem Brauch entsprach. Zudem zeigte er mir als Erkennungszeichen seine verkrümmte linke Ferse, die ihn etwas hinken ließ. Nach so eindeutiger Willenskundgebung der Götter waren alle Zweifel behoben, und als ich der Göttin meine morgendliche Aufwartung gemacht hatte, suchte ich festzustellen, wer der Erscheinung in meinem Traumgesicht am ähnlichsten wäre.

Und die Bestätigung blieb nicht aus. Ich sah, daß einer der Pastophoren nicht nur hinkte, sondern auch in Haltung und Kleidung genau der nächtlichen Erscheinung entsprach und, wie ich später erfuhr, Asinius Marcellus hieß – ein Name nicht ohne Beziehung zu meiner Verwandlung. Ich zögerte nicht und wandte mich an ihn, der bereits um das bevorstehende Gespräch wußte, da auch an ihn auf ähnliche Weise der Ruf ergangen war, mich zu weihen. In der Nacht zuvor hatte ihm geträumt, er habe den großen Gott bekränzt und dabei aus seinem aller Menschen Geschicke kündenden Mund von einem aus Madaura stammenden Mann gehört, dem er ungeachtet seiner bescheidenen Verhältnisse sogleich die Weihen zuteil werden lassen solle. Denn durch seine Vorsehung werde dieser dereinst als Gelehrter großen Ruhm ernten, ihm selbst aber werde großer Gewinn beschieden sein.

So war ich zur Weihe bestimmt, doch ergab sich aus meinen geringen Mitteln sehr gegen meinen Wunsch eine Verzögerung. Meiner schwachen Kasse war durch den Reiseaufwand zugesetzt worden, und außerdem war das Leben in der Hauptstadt weit kostspieliger als der frühere Aufenthalt in der Provinz. So beengte mich Armut, und das Wasser stand mir bis zum Halse, wie die Redensart heißt. Nichtsdestoweniger bestand die Gottheit mit Nachdruck auf ihrem Wunsch. Oft genug schon war zu meiner großen Bestürzung die Mahnung und schließlich sogar der Befehl ergangen, so daß ich denn meine wenigen letzten Kleidungsstücke verkaufte, um eine ausreichende Summe aufzutreiben. Genau das war mir aufgetragen worden: »Für irgendein nichtiges Vergnügen würdest du deine Lumpen sicher hergeben, und jetzt zögerst du, für die dir bevorstehenden Feierlichkeiten eine Armut auf dich zu nehmen, die dich niemals gereuen wird!«

Also wurde denn alles hinlänglich vorbereitet, wieder beschränkte ich mich zehn Tage lang auf fleischlose Kost und ließ mir auch das Haupt scheren; dann wurde ich in den nächtlichen Feiern des Götterfürsten erleuchtet und oblag mit voller Hingabe dem heiligen Dienst der verschwisterten Glaubensbekenntnisse. Dies war mir ein großer Trost in der Fremde und ermöglichte mir darüber hinaus auch eine behaglichere Lebensführung. – Wieso? Weil ich Wind in die Segel bekam und bei Gericht als Anwalt in lateinischer Sprache mein bescheidenes Auskommen fand.

Und dann, nach kurzer Zeit, werden mir ganz überraschend wie durch ein Wunder neue Götterbefehle zuteil und heischen von mir, mich noch einer dritten Weihe zu unterziehen! Es war keine geringe Sorge, die mich fragen und voller Zweifel meditieren ließ, was dieser neue und unbegreifliche Ruf des Himmels zu bedeuten habe und woran es nach der zwiefachen Weihe noch fehlen könne: »Es ist ganz klar, daß mich die beiden Priester in die Irre geführt oder mir etwas vorenthalten haben!« Und ich begann wahrhaftig ihre Ehrlichkeit in Zweifel zu ziehen. So irrte ich über das Meer der aufgewühlten Gedanken und war der Verzweiflung schon nahe, als mir ein freundliches Traumgesicht zuteil ward!

»Sei außer Sorge!« hieß es. »Nichts ist bei den früheren Riten versäumt worden! Freue dich vielmehr und jauchze, daß die Götter dir so gewogen sind! Was anderen kaum einmal vergönnt ist, soll dir dreimal zuteil werden, und diese Zahl sei dir Gewähr – sie ist es – ewiger Seligkeit! Im übrigen ist die dir bevorstehende Erhöhung ein dringendes Gebot, wenn du dich darauf besinnst, daß die Gewänder der Göttin, die du in der Provinz angelegt hast, im dortigen Heiligtum verblieben sind und daß du zu Rom an Feiertagen ebensowenig in ihnen deine Gebete verrichten, wie du dich, wenn die Weisung ergeht, im Schmuck des heiligen Ornats zeigen kannst. So denn Heil, Glück und Segen, laß dich freudigen Herzens abermals weihen, wie es die großen Götter dich heißen!

Soweit die hehre Offenbarung des gottgesandten Traums, was zu tun sei. Und ohne die Angelegenheit weiterhin sich selbst zu überlassen oder auf spätere Zeit zu verschieben, teilte ich sogleich meinem Priester mit, was ich geträumt hatte, unterwarf mich auf der Stelle dem Gebot des Fleischverzichts, wobei ich die der traditionellen Vorschrift entsprechende Fastenzeit freiwillig über die gebotenen zehn Tage hinaus verlängerte, und beschaffte die für die Zeremonie erforderliche Ausstattung mehr aus frommem Eifer denn nach dem Maß meiner Mittel. Und ich hatte wahrhaftig weder Umstände noch Unkosten zu bereuen! Wieso auch? War ich doch dank der großzügigen Fürsorge der Götter zu ganz netten Einkünften bei Gericht gekommen.

Schließlich würdigte mich nach nur wenigen Tagen im Traum der großen Götter Größter, der Größten Höchster, der Höchsten Mächtigster und der Mächtigsten König, Osiris, nicht in angenommener Gestalt, sondern von Angesicht zu Angesicht seiner hochheiligen Anrede: Ich solle auch fürder auf dem Forum als Anwalt tätig sein trotz aller Ausstreuungen Übelwollender, die meine Ausbildung und meine gründlichen Kenntnisse provozieren könnten. Und um mich in der Gemeinde der Glaubensdiener auszuzeichnen, berief er mich in das Kollegium seiner Pastophoren, ja sogar in die Gemeinschaft der auf fünf Jahre eingesetzten Dekurionen.

So ließ ich mir wieder den Kopf scheren und waltete in dieser ehrwürdigen und seinerzeit unter Sulla gegründeten Brüderschaft, ohne mich meiner Glatze zu schämen oder sie zu bedecken, vielmehr sie allenthalben offen zur Schau stellend, mit Freuden meines Amtes.

ANHANG

ERLÄUTERUNGEN

13 *Bunte Halle:* die ausgemalte Halle (Stoa) in Athen, von der die Philosophenschule der Stoiker ihren Namen herleitet.

88 *jener Hirt:* Anspielung auf die Entscheidung des Paris (s. Namensverzeichnis), der im Schönheitsstreit gegen Juno und Athene für Aphrodite entschied.

110 *dein Vater:* Anspielung auf die heimliche Liebschaft zwischen der Gattin des Gottes Hephaistos, Aphrodite, und dem Kriegsgott Ares, der hier (wie schon bei Simonides, Fragment 43) zum Vater des Eros avanciert.

115 *Murtische Säulen:* im Circus Maximus zu Rom befindliche Wendeschranken, deren Name auf eine altrömische, dort früher verehrte Göttin zurückgeht.

125 *jener Hirtenjunge:* Ganymed (vgl. Namensverzeichnis).

157 *Thrasyllos ... Namen:* Thrasyllos, griechisch = »der Verwegene«.

170 *Hindin an Stelle einer Jungfrau:* Anspielung auf die Sage von Iphigenie (s. Namensverzeichnis).

183 *göttlicher Sänger, vielgewandter Held:* ironischer Vergleich zwischen dem Helden des Eselsromans und dem homerischen Heros Odysseus durch Anspielung auf die ersten Verse der ›Odyssee‹.

204 *bekanntes Sprichwort:* im Gegensatz zur Fassung Lukians hier im Zusammenhang mit der Grundthematik des Apuleius, der Neugier und ihren fatalen Folgen, als Anlaß zur Entstehung einer Redensart, die allzuviel Wißbegier geißelt.

226 *von Homer besungen:* Anspielung auf die Hochzeit von Zeus und Hera, ›Ilias‹ 14, 292ff.

229 *jener Greis:* Sokrates.

249 *Augustus-Hafen:* Ostia, der Hafen Roms. – *Dezember-Iden:* 13. Dezember.

250 *Asinius Marcellus:* Der Name ist abgeleitet von lateinisch *asinus* = »Esel«.

NOVELLISTISCHE EINLAGEN

VERZEICHNIS DER WICHTIGSTEN NAMEN UND BEGRIFFE

Achaia: das an den Golf von Korinth angrenzende Küstengebiet der Peloponnes

Achaier: homerischer Name für die Griechen

Acheron: Fluß in Epirus, aufgefaßt als Eingang zur Unterwelt, als ihr Hauptfluß und zugleich Name für diese überhaupt

Adonis: Fruchtbarkeitsgott, Geliebter der Liebesgöttin und (während des Winters) der Herrin der Unterwelt: Er wird auf der Jagd von einem Eber zerrissen, erwacht aber im Frühjahr wieder zum Leben und ist so Symbolfigur der Vegetation

Ägion: Aigion, Stadt am Südufer des Golfes von Korinth

Aias: Die ›Ilias‹ erzählt von zwei griechischen Helden, beide mit dem Namen Aias: der sogenannte »Große«, Sohn des Telamon, des Königs von Salamis; und der sogenannte »Kleine«, Sohn des Königs der Lokrer, Oileus, berühmt als schneller Läufer; da er bei der Eroberung Trojas Kassandra vom Altar der Athene fortriß und mißhandelte, ließ ihn die Göttin auf der Heimreise untergehen

Ajax, Aiax: s. u. Aias

aktäisch = attisch

Aktäon, Aktaion: Jäger, beobachtete Artemis/Diana beim Bade; wurde von ihr in einen Hirsch verwandelt, den die eigenen Hunde zerrissen

Aktium: Ort an der Westküste Griechenlands, war 31 v. Chr. Stätte der Entscheidungsschlacht zwischen Octavian (später: Augustus) und seinen Gegnern Antonius und Kleopatra

Althaea: Gattin des Oineus und Mutter mehrerer Kinder, u.a. des Meleager

Ambrosia: die Speise der Götter

Amor: Sohn der Venus, Liebesgott

Anubis: ägyptische Gottheit mit dem Kopf eines Schakals

Apollo(n): Sohn des Zeus/Jupiter und der Leto/Latona, Zwillingsbruder der Artemis/Diana, Orakel-, Heils- und Musengott

Areopag: Hügel westlich der Akropolis von Athen, alte Blutgerichtsstätte

Argiver: Bewohner des Gebietes von Argos auf der Peloponnes

Argus: ein hundertäugiger Riese, der die in eine Kuh verwandelte Io bewachen mußte; sprichwörtlich die »Argus-Augen« als Symbol für Wachsamkeit

Arion: Dichter aus Lesbos, 7. Jahrhundert v. Chr.; er soll von einem Delphin auf dessen Rücken aus den Fluten gerettet worden sein

Atrium: Vorhalle des römischen Hauses

Attis: ursprünglich wohl eine Vegetationsgottheit, in der Sage der jüngere Begleiter der Göttin Kybele, deren Anhänger seinen Tod im Kult beklagten

Aurora: die Göttin der Morgenröte

Bacchantin: Anhängerin des Bakchos, als Teilnehmerin ekstatischer, orgiastischer Kulte vorgestellt

Bacchus: der Gott des Weines (= Dionysos)

Baktrien, baktrisch: eine Satrapie des persischen Reiches im Norden des heutigen Afghanistan

Bellerophon: ein Enkel des Sisyphos, der das Flügelpferd Pegasos zu reiten vermochte, aber von Zeus/Jupiter bei dem Versuch, den Olymp zu erreichen, herabgestürzt wurde; auch mit ihm ist das Josephs-Motiv verbunden: er weist Stheneboia, die Gattin des Königs Proitos von Tiryns, zurück, wird von ihr fälschlich beschuldigt und von ihm mit einer Art Urias-Brief zum lykischen König Iobates gesandt, in dessen Auftrag er u.a. die Chimära tötet

Bellona: römische Kriegsgöttin

Bergnymphe: s. u. Nymphen

Ceres: italische Vegetationsgottheit, mit Demeter gleichgesetzt, Schützerin der Feldfrucht

Chaldäer: Babylonier, Astrologen und Wahrsager

Charon: Fährmann, der die Toten in die Unterwelt bringt

Chimära: feuerspeiendes Fabelwesen, aus Löwe, Ziege und Drache zusammengesetzt

Cupido: Gott leidenschaftlicher Liebe

Dekurionen: Mitglieder des Gemeinderates, genossen größtes Ansehen bei ihren Gemeinden

Delphi: am Parnaß in Mittelgriechenland, berühmt durch die Orakelstätte Apollons

Delphischer Gott: Apollon

Denar: römische Silbermünze, zunächst gleich 10, später gleich 16 Asse

Diana = Artemis, Zwillingsschwester des Apollon, die jungfräuliche »Herrin der Tiere«

diktynnisch: von Diktynna, einer alten kretischen Göttin, die mit Diana gleichgesetzt wurde

Dionysos: der Gott des Weines; der Name wird metonymisch auch für das Getränk gebraucht
Dirke: Gattin des Thebanerkönigs Lykos, wurde von Stieren zu Tode geschleift
Dis: der Gott, der über die Unterwelt gebietet (griechisch Pluton)

Echo: Nymphe, die durch göttliche Strafe nur als »Echo«-Stimme weiterlebt
Eleusis: Ort nordwestlich von Athen, berühmt durch sein Heiligtum der Demeter/Ceres
elysische Gefilde: Gefilde der Seligen in der Unterwelt
Endymion: Geliebter der Mondgöttin Selene/Luna, dem Zeus/Jupiter ewige Jugend gewährte, später auch ewigen Schlaf
Epona: Göttin der Pferde und Esel
Eteokles: Sohn des Ödipus, mit dem sein Bruder Polyneikes um die Macht in Theben Krieg führte (›Sieben gegen Theben‹), bis sie sich gegenseitig töteten
Europa: mythische Königstochter, in die sich Zeus/Jupiter verliebte und die er in Gestalt eines Stieres nach Kreta entführte; nach ihr trägt der Erdteil seinen Namen

Fama: personifiziertes Fabelwesen, »das Gerücht«
Fasces: Rutenbündel, die als Amtszeichen der römischen Würdenträger ihnen von Liktoren vorangetragen wurden
Fortuna: die personifizierte Gottheit des Glücks
Furien: Rachegeister, Erinnyen

Ganymed: troischer Prinz, der Schönste der Sterblichen, darum von der Herde, die er auf dem Idagebirge hütete, durch den Adler des Zeus/Jupiter entführt, im Olymp Geliebter des Zeus und Mundschenk der Götter
Geryones: dreileibiger Riese, von Herakles bezwungen
Göttermutter: Kybele, auch Große Mutter genannt, aus Phrygien stammende Göttin der Natur
Grazien: Göttinnen der Anmut, Begleiterinnen der Venus

Harpyien: Fabelwesen, vorgestellt als Vögel mit Frauenköpfen, die den Menschen Nahrung raubten oder besudelten; die Argonauten erlösten den Thrakerkönig Phineus von dieser Plage
Hekale: von Kallimachos als freundliche Gastgeberin in ärmlicher Hütte geschildert, die dem Theseus vor seinem Kampf mit dem marathonischen Stier Aufnahme bot
Hekate: Totengöttin, spukhaft vorgestellt als gespenstische nächtliche Erscheinung mit Hunden und Wölfen, Geistern und Fackeln u.ä.

Helios: der Sonnengott, die Sonne

Herakles: Sohn der Alkmene und des Zeus/Jupiter, berühmt durch seine zwölf heldischen »Arbeiten«, z.B. Säuberung des Augiasstalles, Entführung des Höllenhundes Kerberos u.ä. (vgl. Tiryns)

Herkules: lateinisch für Herakles

Horen: Töchter der Themis und des Zeus/Jupiter, drei Göttinnen, die Wachsen, Blühen und Reifen verkörperten und auch die Jahreszeiten symbolisierten; oft mit den Chariten = Grazien und den Musen zusammengstellt oder in eins gesetzt

Hymettos: Gebirge im Osten von Athen, berühmt durch seinen Honig

hyperboreisch: aus dem hohen Norden

Ida: Gebirge südlich von Troja

Inachus: Name des Hauptflusses von Argos wie des Flußgottes, der im Streit zwischen Poseidon und Hera/Juno um Argos für die Göttin entschieden und ihren Kult eingeführt hatte

Isis: ägyptische Göttin, Gattin des Osiris, Mutter des Horus, im Hellenismus und in der Kaiserzeit im ganzen Mittelmeerraum als große Gottheit kultisch verehrt

Isthmos: die Landenge von Korinth

Julisches Gesetz: Gesetz des Augustus, das den Ehebruch unter Strafe stellte

Juno/Iuno: griechisch Hera, die Schwester und Gattin des Zeus/Jupiter, Schützerin der Ehe

Jupiter = Zeus, der oberste Gott des Olymp

Kalypso: Nymphe, die den schiffbrüchigen Odysseus aufnahm und sieben Jahre bei sich behielt, bis sie ihn auf Befehl des Zeus ziehen lassen mußte

Kappadozien: kleinasiatisches Land, später römische Provinz

Kastor und Pollux: die Dioskuren (»Zeussöhne«), Brüder der Helena; als Kastor umkam, bat Pollux Zeus/Jupiter, seine Unsterblichkeit mit dem Bruder teilen zu dürfen, so daß sie nun abwechselnd jeder je einen Tag im Himmel und im Hades verbrachten; für ihre Bruderliebe versetzte Zeus sie als das Sternzeichen der Zwillinge an den Himmel

kekropisch: von Kekrops, dem Urkönig Athens

Kentauren: Fabelwesen, halb Mensch, halb Pferd; sie berauschten sich bei einer Hochzeitsfeier der Lapithen und wollten ihnen ihre Frauen rauben, wurden aber in blutigem Kampf abgewiesen – ein in der antiken Kunst oft dargestellter Mythos

Knidos: Stadt an der Südwestspitze Kleinasiens, berühmt durch ihr Aphrodite-Heiligtum
Kokytos: ein Strom der Unterwelt
Kreon: König von Korinth, Vater der Glauke, um deretwillen Jason seine Gattin Medea verstieß
Kythera: Insel südöstlich der Peloponnes, auch als Geburtsort der Aphrodite genannt

Lakedämon: Sparta
Lapithen: s. u. Kentauren
Larissa: Stadt im Nordosten Thessaliens
lethäisch: aus dem Fluß Lethe, dem Fluß des Vergessens, aus dem alle Verstorbenen beim Eintritt in die Unterwelt tranken
Lex Cornelia: ein römisches Gesetz der im Text bezeichneten Art ist uns unbekannt; dem Inhalt entspricht die Lex Fabia (Ulpian, ›Digesten‹ 48, 15,1)
lydisch: aus Lydien stammend, der Landschaft im mittleren Westkleinasien; nach ihr wurde eine Tonskala benannt
Lynkeus: besaß der Sage nach den schärfsten Blick aller Menschen und vermochte sogar feste Gegenstände und die Erde zu durchschauen, so daß er durch diese Gabe sprichwörtlich wurde

Mars = Ares, der Gott des Krieges
Marsfeld: in Rom, im Tiberbogen, gelegen
Medea: kolchische Königstochter, die dem Anführer der Argonauten, Iason, bei der Gewinnung des Goldenen Vlieses hilft und ihm auf seiner Flucht folgt. Als er sich einer anderen Prinzessin zuwendet, vergiftet sie diese und tötet ihre eigenen, von Iason empfangenen Kinder
Meleager: Sohn der Althaea, tötete im Kampf die Brüder seiner Mutter, die zur Rache ein Holzscheit ins Feuer warf, an das seit seiner Geburt sein Leben magisch gebunden war
Memphis: Stadt in Unterägypten, Residenz der Pharaonen
Merkur = Hermes, der Götterbote
Minerva = Athena, Tochter des Zeus/Jupiter, Göttin der Weisheit und der Künste
Minotaurus: Sohn aus der Verbindung zwischen der kretischen Königin Pasiphaë mit einem Stier, daher ein stierköpfisches Mischwesen, im Labyrinth versteckt, wohin ihm die tributpflichtigen Athener regelmäßig Jünglinge und Jungfrauen senden mußten, die er tötete
Musen: die Göttinnen der Dichtkunst
Mutter vom Ida = Göttermutter
Mysterien: Geheimriten verschiedener antiker Kulte, über die die Teilnehmer striktes Stillschweigen bewahren mußten

Nektar: der Trank der Götter
Nereus: Meergott
Nummen: allgemeiner lateinischer Ausdruck für »Münzen«
Nymphen: niedere weibliche Gottheiten der Natur

Odyssee: das homerische Epos von der Heimkehr des Odysseus, sprichwörtlich für »Irrfahrt«
Odysseus: der homerische Heros, später auf Ithaka kultisch verehrt
Okeanus: der das feste Land umfließende Weltstrom und seine gleichnamige Gottheit
Olymp: Bergmassiv in Nordgriechenland, Wohnsitz der Götter
Orkus: Herrscher der Unterwelt, die auch selbst mit seinem Namen benannt wurde
Orpheus: mythischer Sänger und Lautenspieler, der mit seiner Musik Naturwunder vollbringen konnte; da er nach dem Verlust seiner Gattin Eurydike keiner Frau mehr Interesse entgegenbrachte, starb er, zerrissen und zerschunden von den darüber erzürnten thrakischen Mänaden
Osiris: ägyptische Gottheit, schon früh den Griechen bekannt und auch mit Dionysos gleichgesetzt; im Kult der Isis hat er die Rolle des zerstückelten, verstreuten, aufgesammelten und neubelebten Gottes

Palämon: freundlicher Meeresgott
Palamedes: Sohn des Nauplios, aufgrund einer Intrige des Odysseus vom griechischen Heer vor Troja hingerichtet und so Musterfall eines Justizmordes
Pan: arkadischer Hirtengott, vorgestellt als Mischwesen mit Bocksfüßen und -hörnern, lüstern den Nymphen nachjagend, die Pan-Flöte spielend, bisweilen unerwartet »panischen« Schrecken verbreitend
Paphos: Stadt auf Zypern, berühmt durch ihren Aphroditetempel
Paris: trojanischer Prinz von besonderer Schönheit, sprichwörtlich als Verführer (der Helena)
Pasiphaë: s. u. Minotaurus
Pastophoren: Priester, die das Bild eines Gottes in einem Schrein umhertragen
Pegasus: Fabelwesen, wurde, als Perseus die Gorgo tötete, als geflügeltes Pferd geboren, von Bellerophon gefangen und geritten, so daß dieser nun die Chimära und die Amazonen besiegen konnte; Pegasus brachte durch das Aufstampfen seines Hufes am Helikon die Quelle Hippokrene hervor
Pessinus: Stadt in der Mitte Kleinasiens, Hauptkultort der Göttermutter

Pharsos: Insel vor Alexandria, von Alexander dem Großen durch einen Damm mit dem Festland verbunden, berühmt durch den dort errichteten riesigen Leuchtturm (italienisch: *faro*)
Phineus: s. u. Harpyien
Phoebus: Beiname Apolls
Phrixus: sollte mit seiner Schwester Helle vor den Ränken der Ino, der Tochter des Kadmos, auf einem Widder mit goldenem Vlies aus Orchomenos nach Kolchis gerettet werden; während er heil ankam, stürzte Helle in das nach ihr Hellespont benannte Meer
Phryger: s. u. Paris
Phrygischer Mundschenk: Ganymed
Platää: Stadt in Böotien
Plutarch aus Chaironea in Böotien: ca. 45–125 n. Chr., der berühmte Verfasser von Biographien und philosophischen Schriften
Pollux: s. u. Kastor
Polyneikes: s. u. Eteokles
Portunus: römischer Hafengott, später mit Palämon gleichgesetzt
Proserpina: griechisch Persephone, Gemahlin des Pluto, die Herrin der Unterwelt, oft mit Hekate gleichgesetzt
Protesilaos: der erste der vor Troja gefallenen Griechen, wurde seiner Gattin Laodameia, da er ihr gleich nach der Hochzeit entrissen worden war, von Hades für kurze Zeit zurückgegeben; danach tötete sie sich selbst
Pythagoras aus Samos: der berühmte Philosoph, aus der 2. Hälfte des 6. Jahrhunderts v. Chr.
Pythisches Orakel: Orakel Apolls

Quiriten: älteste Bezeichnung der römischen Bürger

Sabadius: thrakisch-phrygische Gottheit, mit Dionysos gleichgesetzt, besonders von den Unterschichten akzeptiert; sein Kult war im römischen Reich weit verbreitet
Salacia: Wassergottheit
Satyrn: ausgelassene Begleiter des Dionysos, mit Pferdeschwanz und Hufen
Serapis: ägyptische Gottheit (Name: Osiris, Apis), wohl von Ptolemäus I. (367–283 v. Chr.) eingeführt, um als Reichsgott Ägypter und Griechen zu verbinden, durch Handelsbeziehungen bald im Mittelmeerraum weit verbreitet; nach Tacitus (›Historien‹ 4, 84,5) gleichgesetzt teils mit Äsculap, teils mit Osiris, teils mit Zeus/Jupiter, teils mit dem Gott der Unterwelt
Sesterze: die kleinste Silbermünze der römischen Republik, = $2^1/_2$ As, den sie 123/122 v. Chr. als Rechnungsmünze ersetzte, später auch aus Messing geprägt

Sextus aus Chaironea: unterrichtete die späteren Kaiser L. Verus und Mark Aurel, der ihn in seinen ›Selbstbetrachtungen‹ (1, 9) erwähnt

Sibylle: weissagende Priesterin des Apoll

siebentoriges Theben: die Hauptstadt Böotiens, im Unterschied zum hunderttorigen Theben in Ägypten

Sirenen: fabelhafte Mischwesen mit Vogelleib und Frauenkopf, die betörend singen und so Seefahrer ins Verderben locken. Als Odysseus sie zu überlisten vermag, stürzen sie sich ins Meer, allein Parthenope taucht wieder auf und gibt der Stadt Parthenope (= Neapel) ihren Namen

Sistrum: bronzene Klapper im Ritual des Kultes der Isis

Sokrates: 469–399 v. Chr., der berühmte athenische Philosoph. – Ferner Figur des ›Goldenen Esels‹

Styx, stygisch: Fluß der Unterwelt, auch allgemein als »Unterwelt« gebraucht, und dazugehöriges Adjektiv

Sulla: 138–78 v. Chr., römischer Politiker und Feldherr, 88 Marsch auf Rom, nach Kriegen und Bürgerkriegen 82 Diktator, anschließend Neuordnung der Verfassung, 79 freiwilliger Rücktritt

Syrische Göttin: Der Ausdruck bezeichnete im Hellenismus und später die Atargatis-Derketo, in gewissen Zügen ähnlich der phönizischen Astarte/Aphrodite und der kleinasiatischen Großen Mutter; Lukian widmete ihr eigens eine Schrift

Tainaros: Lakoniens (und damit der Peloponnes) Südspitze, heute Kap Matapan

Tartarus: die Unterwelt

Theseus: Athens Nationalheros, der, wie Herakles, das Land von zahlreichen Ungeheuern und Räubern reinigte, im Labyrinth auf Kreta den Minotaurus tötete, die Lapithen gegen die Kentauren unterstützte, Vater des Hippolytos, Teilnehmer am Argonautenzug, Stifter der Panathenäen, eines Festes zu Ehren der Göttin Athene

Thrakien: Gebiet nördlich von Griechenland, zwischen Makedonien, der Donau und dem Schwarzen Meer

Thyrsosstab: mit Efeu umwundener Stab, Zeichen des Bacchus-Dienstes

Triton: Mischwesen, halb Mensch, halb Fisch, im Meer wohnend vorgestellt; oft beim Blasen von Muschelhörnern dargestellt

Tunika: das römische Untergewand

Venus = Aphrodite, die Göttin der Liebe

Vulkan: griechisch Hephaistos, der hinkende Feuer- und Schmiedegott, Gatte der Venus

Zakynthos: Insel westlich der Peloponnes, heute Zante
Zerberus: dreiköpfiger Hund am Eingang zur Unterwelt
Zitrusholz: das wohlriechende Holz des orientalischen Lebensbaumes

LITERATURHINWEISE

Abhandlungen

1. Zum Roman insgesamt

H. Gärtner, Der antike Roman – Bestand und Möglichkeiten, in: Vorschläge und Anregungen, hrsg. von P. Neukam, München 1980, S. 24–56.
T. Hägg, The Novel in Antiquity, Oxford 1983.
N. Holzberg, Der antike Roman, München-Zürich 1986.

2. Zum griechischen Roman

Beiträge zum griechischen Liebesroman, hrsg. von H. Gärtner, Hildesheim-Zürich-New York 1984.
C. W. Müller, Der griechische Roman, in: Griechische Literatur (Neues Handbuch der Literaturwissenschaft 2), hrsg. von E. Vogt, Wiesbaden 1981, S. 377–412.
E. Rhode, Der griechische Roman und seine Vorläufer (1876), Darmstadt 1974/[5].
O. Weinreich, Der griechische Liebesroman, Zürich 1962.

3. Zum römischen Roman

P. G. Walsh, The Roman Novel – The ›Satyricon‹ of Petronius and the ›Metamorphoses‹ of Apuleius, Cambridge 1970.

4. Zur Entstehung des Romans

G. Anderson, Ancient fiction – The novel in the Graeco-Roman world, Totowa (New Jersey) 1984.
K. Kerényi, Die griechisch-orientalische Romanliteratur in religionsgeschichtlicher Beleuchtung, Darmstadt 1973/[3].
H. Kuch, Gattungstheoretische Überlegungen zum antiken Roman, Philologus 129, 1985, S. 3–19.
E. Schwartz, Fünf Vorträge über den griechischen Roman, Berlin 1943/[2].

5. Zur Erzähltechnik

B. Effe, Entstehung und Funktion ›personaler‹ Erzählweisen in der Erzählliteratur der Antike, Poetica 7, 1975, S. 135–157.
T. Hägg, Narrative technique in ancient Greek romances, Stockholm 1971.

Zu Apuleius

Ausgabe

Apuleius, Metamorphoseon libri XI, hrsg. von R. Helm, Leipzig 1931/³.

Ausgabe und Übersetzung

Apuleius, Der goldene Esel, hrsg. und übersetzt von E. Brandt-W. Ehlers, München-Zürich 1989/⁴.

Abhandlungen

Amor und Psyche, hrsg. von G. Binder und R. Merkelbach (Wege der Forschung 126), Darmstadt 1968.
Aspects of Apuleius' Golden Ass, hrsg. von B. L. Hijmans-R. Th. van der Paardt, Groningen 1978.
E. Burck, Vom Menschenbild in der römischen Literatur, Heidelberg 1966.
G. F. Giancotti, ›Romanzo‹ e ideologia – Studi sulle Metamorfosi di Apuleio, Neapel 1986.
P. James, Unity in Diversity – A Study of Apuleius' Metamorphoses, Hildesheim-Zürich-New York 1987.
J. J. Winkler, Auctor and actor – A Narratological Reading of Apuleius' Golden Ass, Berkeley 1985.
A. Wlosok, Zur Einheit der Metamorphosen des Apuleius, Philologus 113, 1969, S. 68–84.

INHALT

Anhang